失業問題の政治と経済

加瀬和俊
田端博邦 【編著】

日本経済評論社

はしがき

　本書は東京大学社会科学研究所のスタッフが1998年度後期に東京大学教養学部の1～2年生を対象として行なった連続講義「雇用と失業の政治と経済」をもとにしている。

　社会科学研究所では,「全学自由研究ゼミナール」の制度にのっとって,毎年度,教養課程の学生に対して一定のテーマに沿った講義を行なっているが,1998年度においては,にわかに深刻化してきた失業問題を取り上げることになった。そこで,経済学・法学・政治学等のディシプリンを異にし,日本か外国かという研究対象地域を異にし,現状と歴史という研究対象時期を異にするスタッフが,それぞれの専門の利点を生かしながら,同時に現代日本の失業問題に関してあるべき方策を考えるという講義の基本的課題を念頭において,自分の専門範囲を超えて講義をすることとし,14名のスタッフが1コマずつ分担して授業を行なった。本書はその講義を,原稿提出期限である1999年夏までの情報を加えて取りまとめたものである。

　各章のテーマは以下のごとくである。

　第1章から第5章までは,日本の失業問題を種々の側面から検討している。

　まず第1章「日本における失業問題の現局面」は,全体の導入部として,1990年代不況の下で,特に97年以降において急速に悪化している日本の失業問題について,その特徴,原因,失業対策の動向等を中心に概観している。

　第2章「雇用政策と法」は,失業という経済的現象は法によって解決することはできないという前提に立ちつつ,法は失業問題に対して何が出来るのかを検討し,民法と雇用政策法の失業の捉え方の相異と関連等の理論的問題にふれた上で,現代日本の雇用政策法の解説を行なっている。

　第3章「日本の雇用政策」は,「日本経済の構造改革にともなう雇用・失業

問題の解決に役立つ雇用政策のあり方は何か」という視点から，雇用政策の経済的研究の流れを整理し，雇用対策法に基づく雇用対策基本計画や地域雇用開発政策の特徴・問題点を解説している。

　第4章「失業対策の歴史的展開」は，戦前・戦後を通じて日本において展開された公的部門における失業者の直接雇用政策（失業救済事業，失業対策事業）を対象として，政策が実施された背景，事業の特徴的仕組み，政策目的と実際の効果のズレとその原因等について分析している。

　第5章「成果主義と評価制度そして人的資源開発」は，リストラの進行とも関係して変容しつつある企業内における従業員の業績・能力評価の実態を，評価を担当する管理職に対するアンケート調査の分析を通じて解明している。

　つづく第6章から第9章までは，外国の雇用・失業問題を扱っている。

　第6章「アジア通貨・経済危機と労働問題」は，アジアの発展途上国における急速な経済成長過程における労働事情のあり方が，1997年の通貨・経済危機の勃発によってどのように変容を迫られ，現在どのような対応策がとられようとしているのかについて，タイを事例として具体的に論じている。

　第7章「アジア経済危機のジェンダー分析」は，アジア経済危機による雇用状況の悪化の影響が，労働者に平均的に及ぼされているのではなく，種々の側面において女子労働者に特に厳しくなっている事実とその背景事情を，アジアの研究者たちの共同研究の成果を紹介しながら明らかにしている。

　第8章「変容する社会国家と大学」は，「雇用と失業問題」と大学教育との関連を念頭に置きながら，資本主義経済の社会への直接的影響を制御しようとする「社会国家」ドイツにおいて，大学制度の改訂問題がどのように進展しているのかを分析し，ドイツ資本主義が要請するグローバル・スタンダードと「社会国家」・大学との関係の再構築のあり方について検討している。

　第9章「脱社会主義と失業問題――七つの論点――」は，1989年以降，社会主義的計画経済から資本主義的経済へ転換した旧社会主義諸国における失業問題を，ポーランドを中心とし，ロシア，ハンガリー，チェコの実情にもふれながら分析する。「失業が存在しない」建前で作られていた社会主義期の諸制度

が，体制転換にともなう高い失業率の下で急激な変更を迫られ，ドラスティックな再編成が進行している様相が描かれている。

　第10章「失業のマクロ経済学入門」は，失業の発生メカニズムについての新古典派理論とケインズ派理論の相違について解説した上で，不完全情報下での労働者の勤労のインセンティヴを考慮に入れて失業理論の展開を行なっている。

　第11章「失業の統計」は，失業統計を利用する際に知っておかなければならない各種の失業統計の特徴と各統計の相互関係を具体的に解説し，失業統計の国際比較についても言及し，さらに，それぞれの統計によって把握される今日の失業実態の種々相をまとめている。

　本書の読者としては，もとになった講義がそうであったように，大学生を主として想定しているが，各種の側面から失業問題に迫るための視点と情報を提供することを意図している著作として，現代の雇用・失業問題に興味を持つ多くの人たちに読んでいただき，一層の深刻化が予想されている失業問題の理解と解決に向けた議論のために，本書が小さな素材になることができるように願っている。

加瀬　和俊

目　　　次

はしがき　i

第1章　日本における失業問題の現局面　……………………加瀬和俊

　　はじめに　1
　　1　失業の深刻化——その実態——　1
　　2　失業者増加の背景　10
　　3　失業対策の方向性　12

第2章　雇用政策と法——失業を中心に——　………………田端博邦

　　はじめに　23
　　1　失業問題について法は何をなしうるか　23
　　2　法はどのような観点から関与すべきか　37
　　3　雇用・失業問題に法はどのように対処しているか
　　　　——日本の雇用政策法——　43
　　むすび　54

第3章　日本の雇用政策　………………………………………仁田道夫

　　はじめに　57
　　1　『日本経済と雇用政策』　58
　　2　1980年代以後の雇用政策　63
　　3　雇用対策基本計画　64
　　4　地域雇用開発　68
　　5　構造改革と雇用政策　70

第4章　失業対策の歴史的展開
　　　——日本における失業救済事業の経験から——　………加瀬和俊

　はじめに　77
　1　公的就業機会創出政策の開始（1925～28年度）　81
　2　失業救済事業の全面展開——1929年度以降——　87
　3　戦後の失業対策事業　97
　おわりに　104

第5章　成果主義と評価制度そして人的資源開発…………佐藤博樹

　はじめに　109
　1　短期的成果主義と人的資源開発　111
　2　人事評価の現状と課題　117
　3　小　括　125

第6章　アジア通貨・経済危機と労働問題
　　　——タイの事例——　……………………………………末廣　昭

　はじめに　129
　1　経済ブーム下での労働市場の変化　131
　2　通貨・経済危機以後の労働問題　140
　3　政府と労働組合・労働団体の対応　145
　4　アジア通貨・経済危機と労働問題　153

第7章　アジア経済危機のジェンダー分析
　　　——雇用，失業，生活と政策——　………………………大沢真理

　はじめに　159
　1　「ジェンダー」，「ジェンダーと開発」，「ジェンダー分析」　160
　2　経済危機の影響とジェンダー　166
　3　経済危機への対処方策とジェンダー　171
　4　結論：ジェンダー関係を転換させるための政策環境　179

第8章　変容する社会国家と大学
　　　――現代ドイツの雇用と失業問題の周辺――……………広渡清吾

　　1　ドイツの赤緑連立政権の成立とその政策　183
　　2　社会国家の概念規定と内容　189
　　3　大学「改革」と社会国家　196

第9章　脱社会主義と失業問題――七つの論点――………小森田秋夫

　　はじめに　207
　　1　「失業のない社会」の光と陰
　　　　　――社会主義経済と完全雇用――　208
　　2　脱社会主義と失業発生の諸要因　212
　　3　マクロ経済指標と失業率――国別の偏差――　216
　　4　失業者のプロフィール――地域・年齢・教育・性――　218
　　5　＜隠れた失業＞と＜隠れた就業＞――失業の現実の規模――　221
　　6　失業対策のモデル　223
　　7　「早すぎた福祉国家」のゆくえ――改革か解体か？――　226

第10章　失業のマクロ経済学入門……………………………大瀧雅之

　　はじめに　237
　　1　新古典派経済学の考え方　237
　　2　ケインズ経済学の考え方　242
　　3　不完全情報下の労働者のインセンティヴ
　　　　　――「ディシプリン」の社会的価値――　245
　　むすび　248

第11章　＜解説＞失業の統計……………………………………松井　博

　　はじめに　251
　　1　失業の測定　251
　　2　主要統計の概要　262

第1章　日本における失業問題の現局面

加瀬　和俊

はじめに

　本章では，先進国の中でも最も失業率が低い国として知られていた日本が，1990年代，特に97年以降において，失業率を急速に上昇させてきた事実に着目し，本書全体の導入部として，失業の実態，その原因，失業対策の動向等について概観する。

1　失業の深刻化——その実態——

(1)　失業関連の諸指標

　失業に関連した直接的ないし間接的な統計指標はいくつかあり，通常それらを組み合わせて失業の実態が検討される。
　第一は，総務庁が毎月実施している「労働力調査」による完全失業者数[1]と完全失業率（労働力人口に対する完全失業者の比率）である。これは抽出調査に基づいて全国の完全失業者数を推計し，それを各種の属性ごとに区分したものであるが，それによると，1999年6月現在の完全失業者数は329万人であり，1990年の134万人（暦年平均）から毎年上昇を続けて現在に至っている。
　やや長期的にこの推移を見ると，高度成長期から1974年までは，完全失業者

は50〜70万人台，完全失業率は1.3％前後で推移してきた。しかしオイルショック後の「減量経営」の下で1975年に100万人を超え，以後緩やかに上昇して84〜88年には150〜170万人台で推移した。バブル末期に低下した後，90年代不況に入ってこの数値は再び上昇を始め，95年に初めて200万人を超え，99年2月に300万人を超えた。100万人から200万人に増加するのには20年かかったのに，200万人が300万人になるにはわずか4年足らずしかかからなかったことになる。

また完全失業率は76年に初めて2.0％になって以降，80年代半ばに2.8％まで上昇したが，バブル期には低下し，90年代に再び増加して95年に3％を超え，98年3月以降4％台に載っている。このように90年代，特に95年以降に失業者数が急増したことが確認できる。

第二は，全国の公共職業安定所における求人数と求人倍率（求人数を求職者数で除した商）である。求人倍率には，調査月に新規に提出された求人数を新規の求職者数で除した「新規求人倍率」と，調査月以前から累積された求人数・求職者数の比率を示す「有効求人倍率」の二種がある。ただし公共職安で求職している者は求職者全体の一部にすぎないし，求職者の中にはほかの仕事に従事していて完全失業者ではない者もいるから，求職者と完全失業者とは一致しない。とはいえ，失業者が増加すれば求職者も増加すると考えられるから，その増加は雇用状況悪化の別の指標としての意味を持つ。この統計によれば全国の月間有効求職者数（新規学卒，パートを除く）は1999年5月で225万人（有効求人倍率0.40）であり，97年2月の159万人（同0.79）に比較して新規就労機会が見出しにくくなった状況を教えている[2]。

この推移を長期的に見ると，一般職業紹介の有効求人倍率（新規学卒者を除く）は，66年度まで1に満たなかったが，67〜74年に1を超えた。オイルショック後の75〜87年には再び1以下となったが，バブル経済下で1を超えた後，93年以降1を下回り，97年の0.72から98年の0.53へと急落している。新規求人倍率は有効求人倍率より常に高い値を示しているが，97年の1.20から98年の0.92へと急落し，就労機会の減少を示している。

第三は，失業保険の受給者数である。失業保険（雇用保険の失業給付）を受けている者は失業者のうちで雇用保険制度が適用される職場に勤務していて雇用保険の保険料を払っていた者だけであり，新規学卒者・自営業従事者・専業主婦であった者等や雇用保険対象外の零細企業に勤務していた者はその対象でないので，完全失業者よりも範囲が狭い。さらに失業保険は最高300日で支給期限が切れるし，自己都合退職者の場合には退職後3カ月間は支給されないから，失業後，その期間に該当している者も受給者ではない。失業保険（一般求職者給付）の受給者数は98年度平均で105万人であり，完全失業者数の半ばにもならないが，1990年平均の48万人から一貫して増加を続けている[3]。

　このように，以上のいずれの指標によっても，近年の日本の失業者は確実に増加しているといえる。

(2) 失業者数・失業率上昇の内実

　上で確認した失業状況の大まかな推移を前提として，以下表1-1を参照しつつ，やや詳細に最近の失業率上昇の中身を整理しておこう。

①男女別構成

　完全失業者数は1999年5月現在では男子が207万人，女子が127万人である。男子の方が相当に多いが，労働力人口も男子の方が多いため，完全失業率は男子が5.11％，女子は4.51％であって大きな開きはない（99年4月に男子の完全失業率が初めて5％を超えた事実は，マスコミでも大きく報道され，記憶に新しいところである）。なお，失業の男女差については，「失業頻度」は女子がずっと高いのに対して，「失業継続期間」は男子の方が長いという一貫した型が知られている[4]。

　完全失業率が女子の方がやや低いからといって，女子が男子よりも容易に仕事を見つけているとは言えない。男女雇用機会均等法の下でも，大卒男子の就職事情が「氷河期」になると大卒女子は「超氷河期」となることはよく知られているが，その背景には，女子は正社員としてではなく，派遣労働者・契約社

表1-1 完全失業者の

		男					
		1996年	1997年		1998年		1999年
		12月	3月	9月	5月	9月	5月
完全失業者	a	127	137	142	176	178	207
就業者	b	3,869	3,876	3,890	3,883	3,854	3,843
完全失業率	b/(a + b)	3.18	3.41	3.52	4.34	4.41	5.11
完全失業者の求職理由別内訳	非自発的離職	40	42	36	61	64	77
	自発的離職	44	45	56	53	58	65
	学卒未就職	5	8	6	8	8	15
	その他	31	37	37	46	41	43
完全失業者の年齢階層別内訳	～29歳	42	54	51	63	64	76
	30～	21	20	20	24	29	30
	40～	24	27	32	29	36	45
	55～	40	37	40	51	50	56
完全失業者の世帯内位置別内訳	世帯主	57	51	59	77	70	87
	その他の家族	51	64	62	72	80	92
	単身世帯	18	23	22	28	28	28
失業保険受給者数		41	40	46	50	56	54

出典：総務庁『労働力調査報告』。労働省職業安定局雇用保険課『雇用保険事業月報』。
注：(1) 失業保険受給者は，一般求職者給付の基本手当受給者数。
　　(2) 掲出した月は男子の完全失業者数が前後の月の中でピークを示す時点である。

表1-2 有効求人倍率（男女計）

年月	合計	～19歳	20～	25～	30～	35～	40～	45～	50～	55～	60～	65～
1996.12	0.76	2.97	0.93	0.91	1.36	1.64	1.30	0.65	0.55	0.27	0.07	0.28
1997. 3	0.78	2.52	0.84	0.90	1.39	1.65	1.35	0.68	0.59	0.30	0.09	0.27
6	0.66	2.24	0.74	0.75	1.15	1.39	1.14	0.59	0.50	0.25	0.07	0.18
9	0.72	2.62	0.84	0.81	1.25	1.49	1.24	0.63	0.53	0.26	0.07	0.26
12	0.68	2.84	0.88	0.81	1.18	1.45	1.21	0.60	0.49	0.24	0.07	0.25
1998. 3	0.61	1.95	0.68	0.69	1.04	1.26	1.07	0.54	0.44	0.23	0.07	0.22
6	0.46	1.46	0.53	0.52	0.78	0.93	0.79	0.41	0.32	0.17	0.06	0.14
9	0.49	1.66	0.60	0.55	0.82	0.99	0.85	0.43	0.32	0.17	0.06	0.20
12	0.48	1.75	0.63	0.56	0.79	0.97	0.82	0.41	0.29	0.15	0.06	0.21
1999. 3	0.50	1.51	0.58	0.57	0.82	0.99	0.86	0.43	0.30	0.17	0.07	0.18
5	0.40	1.17	0.46	0.45	0.66	0.80	0.69	0.36	0.24	0.13	0.05	0.11

出典：労働省職業安定局雇用政策課『職業安定業務月報』。
注：(1) 常用労働者について（ただし新規学卒者を除き，常用的パートを含む）。

推移

(単位：万人，％)

女					
1996年	1997年		1998年		1999年
12月	3月	9月	5月	9月	5月
81	97	94	117	117	127
2,586	2,613	2,706	2,714	2,672	2,689
3.04	3.58	3.36	4.13	4.20	4.51
17	13	17	26	23	30
38	46	45	42	52	53
2	11	4	8	7	9
20	24	24	35	29	30
37	50	47	55	55	59
15	16	18	21	21	24
18	22	18	27	26	29
12	9	11	12	13	14
8	9	9	8	11	10
62	77	72	92	90	100
12	10	14	16	16	17
42	40	47	46	53	49

員・パート等で調達しようとする企業の方針が存在している。

②年齢別構成

年齢階層別の完全失業率を見ると[5]，1970年代からすでに若年者の完全失業率は30歳代前後に比べて高かったが，今日ではその開きが相当大きくなっており，1998年には，男子では15〜19歳が12.0％，20〜24歳が7.3％と高く，40〜54歳が最低の2.5％で，55〜59歳が3.6％，60〜64歳が10.0％と再び高くなっている。他方，女子では男子と同様のカーブを描くがその程度は男子ほど極端ではない。

次に表1-2によって年齢階層別の有効求人倍率を見ると，19歳未満は現在でも1を超えており統計的には求人の方が多いといえるが，20歳代では0.5を下回っており，30〜44歳よりも低率である。常用労働者としての求職であるとはいえ，19歳未満は中学・高校卒業者に限定されていることもあって試用期間的性格が強く，失業も求人も多く，流動的な状況にあるといえる。これに対して20歳代では，安定した収入を確保する必要性があるために，労働力の流動性がそれだけ低まり，企業の求人も慎重になっていると見られる。他方，45歳以上層においては有効求人倍率は若年層に比べて相当に低く，いったん失業すると再就職が困難な事情がうかがわれる。

雇用の悪化はどの世代にも固有の苦痛を与えており，かつての「金の卵」のように，それに無縁な世代はなくなってしまった。まず，新規学卒者について

は，長期的な先行き見通し難の下で，企業が新規学卒者の採用数を減少させている結果，高校・大学を卒業しても就職口のない「就職浪人」が増加している。たとえば1999年3月の高校卒業生のうち就職を希望して実際に就職できた者は89.9％にとどまり，初めて90％を割ったという[6]。また，「大学や高校などを卒業してから一度も職についていない学卒未就職者」が99年3月には30万人に達したと報道された[7]。

　他方，リストラ対象である中高年労働者の再就職難については，公共職安における求職実態等に即して報道されているが，総務庁『求職状況実態調査』によると，1998年8月の失業者のうち，35～54歳では，仕事につけない理由として「求人の年齢と自分の年齢が合わない」点を挙げた者が39％にも達しており，55歳以上の数値とほぼ同じになっている[8]。

③世帯内の位置別構成

　失業の深刻度を示す指標として，完全失業者の世帯内に占める位置についての統計が利用されている。表1-1によれば，最近においては，男子世帯主の失業者が顕著に増加し，女子単身世帯の失業者も急増しており，失業の質的深刻化が進行していると見られる。

④求職理由別構成

　統計項目としての「自発的離職」は実質的な解雇・人員整理に当たる「希望退職」を含んでいるから，より有利な就業機会を求めて離職したことを決して意味していないが，ひとまずその統計項目に従っても，表1-1に見られるように1998～99年には男女ともに「非自発的離職」が急増していることが明瞭であり，『労働白書』[9]もこの事実に大きな注意を向けている。また，『経済白書』[10]は，『労働力調査特別調査』（総務庁統計局，1999年2月実施）を用いて，「会社倒産・解雇・希望退職等の雇用削減に関わる失業の占める比率」が35～44歳で44.8％，45～54歳の59.0％と高率である事実を重視している。このように，中高年世代において雇用状況の悪化に強いられて失業せざるをえなくなっ

た人々が顕著に増加していることは否定できない。

⑤失業期間別構成

　現に失業している者，再就職できた者の両者を含む平均失業期間は，男子が96年＝4.97カ月，97年＝4.99カ月，98年＝5.42カ月，女子がそれぞれ2.78カ月，2.88カ月，3.09カ月であり[11]，いずれも長期化傾向にあること，男子の方がかなり長いことがわかる。職安関係の調査によれば，失業後，5カ月程度で失業者の6割程度は再就職できるが，4割は残ってしまうことが指摘されている。「"浪人期間"が長くなると求人側も採用を渋るし，求職者本人もブランクを埋めるのに苦労」するので，「再就職は鮮度の落ちない2〜3カ月が勝負」と言われている[12]。このため，いったん職を失った者の中には，賃金等の労働条件が相当に悪化するにもかかわらず，ともかくも早期に再就職せざるをえないという脅迫観念にさいなまれている者が少なくない。

⑥職業別構成

　従来からも流動的で，職場を変わる際に摩擦的な失業期間を経験することの多かった中小企業のブルーカラーだけではなく，大企業のホワイトカラーにおいても失業が増加していることが1990年代不況下での新しい事態である。特に1997年における拓銀，山一証券の倒産による大卒社員の一斉解雇は，ホワイトカラーにとっての失業の深刻さ，再就職の難しさを示し，国民の失業問題意識にとっても重要なインパクトを与え，消費の低迷の一因ともなった。

　『経済白書』はこの点について，次のように分析している。「ブルーカラー労働者は雇用過剰感が高いが……雇用調整も比較的早期に行われる」が，「ホワイトカラー労働者の中では，事務・管理労働者が景気循環にかかわらず傾向的に過剰感が強く，企業による雇用維持もあって，雇用調整が緩やかなものとなっており，ひとたび過剰感が高まると調整が長引」き，「今後経済が回復過程に入っても，事務・管理労働者については引き続き過剰感が存在し，職種の転換などの対策が困難な場合には，失業が長期にわたって発生してしまう可能性

があろう」[13]。

⑦小　括

　以上のように，1997年以降の失業者の増加は，従来の不況期にも見られたそれと比較して，量的にも質的にも様相を異にしているといえる。その背景として象徴的な事態の一つは，戦後一貫して増加してきた雇用労働者数が，1998年に初めて減少に転じ，労働市場の絶対的縮小を示したことである[14]。

　いま一つの重要な背景は，雇用形態のいわゆる多様化が進み，常用労働者から非常用・不安定雇用の労働者に移らざるをえない者が増加していることである。パート，アルバイト，派遣社員の構成比は男女共通に上昇しているが，この事実は労働者側に視点を置けば，「正社員がリストラされ，パートなどの『不安定雇用』が補う形で，雇用の質が一段と悪化している」[15]として警戒されている一方，企業の側に視点を置けば，「好きな時に，好きなだけ，必要な質の労働者を調達できる」という労働力のジャスト・イン・タイム方式として歓迎されることになる[16]。

(3)　諸外国の失業の特徴と日本との差異

①先進国における雇用・失業の2タイプ

　先進国の失業・雇用状況については，アメリカ型とドイツ・フランス型に区別して論じられることが多い。アメリカでは解雇の自由が強く，労働市場は流動性が高いため，失業は景気の変動に敏感に反応し，失業発生率は高く，失業期間は短い。それに対して，解雇規制の厳しいドイツ・フランスでは，企業にとって雇用調整がむずかしい（解雇が困難，その結果として新規採用に消極的になる）ので，失業率は景気変動に連動しにくく，失業は構造的になり，個々の失業者の失業期間は長いというわけである[17]。

　日本はこれまで企業が解雇を避ける傾向が強く，結果的にはドイツ・フランスに類似していたといえるが，1990年代においてはグローバリゼーションの名の下に，アメリカ型への急速な接近が見られる。このためアメリカ・オランダ

の失業・雇用状況について注目されることが多いが，アメリカにおいては1992年の7.2％から現在の4％台まで失業率を下げてきた過程で，「容赦ない人員削減」の時代に入り，「突然の解雇通知などのドライな手法が定着」している事実が伝えられている[18]。それは市場経済に依拠した一種のワーク・シェアリングと見られないこともないが，労働者達が平均的に仕事・労働時間を分け合うのではなく，不安定就業者の一群が肥大化する方向が進んでいるといわれている[19]。

②先進国以外での失業

　アジアにおいても1997年の金融危機に端を発した不況と企業再編の下で，かつてであれば顕在化しなかったであろう失業者が増加した。自営業部門から切り離され，生活水準を落とせない状況になった新中産階級が経済成長期に急増したために，失業問題が顕在化せざるをえなくなったのである。

　たとえば韓国では，1998年に経済成長率がマイナス6％へと落ちこんだ結果，失業者数は97年の56万人から98年の146万人へと3倍近くにも跳ね上がった[20]。また，中国では国有企業が市場経済にそって「下崗」（一時帰休）を強力に進めた結果，1998年の都市部失業人口は1200万人前後と推計されており，実質的な失業率は6～7％とされている[21]。またアジアの途上国においては，失業保険の制度が全くない国が多いため，97年の通貨危機後の失業者増加の下では，失業対策として国際援助に支えられた公共事業に依存せざるをえない現状であるという[22]。

　市場経済化の過程にある旧社会主義国においても失業問題は深刻である。たとえばロシアでは経済再建が順調に進まず，1998年現在で失業率は11.8％を示しており，ポーランド，ハンガリーもそれぞれ10.4％，9.1％と高率である[23]。

2 失業者増加の背景

(1) 循環的要因——景気変動——

1990年代における長期不況,特に97,98年における経済成長率の低下が労働力需要量を抑制していることは明らかである。特に不良債権の累積にともなう銀行の貸ししぶりの結果,中小企業の活動力が低下し,結果的に中小企業の雇用維持力が低下していることを通産省が明らかにしている[24]。

(2) 産業構造＝就業構造の変容

個別産業内部の労働生産性の向上と国際分業の進展によって,第一次産業はもちろん,第二次産業でも就業者数は減少している。たとえば,製造業の就業者数は1990年の1,505万人から98年の1,382万人まで一貫して低下傾向を示してきた。90年代には鉱工業生産指数の低下（95年を100とすると91年が106.3,98年が98.5）[25]も進んでいる。

第一次・第二次産業の就業者の減少は第三次産業の就業者の増加によって吸収されていたが,1990年代にはその産業部門間の就労者数の調整規模が新規学卒層では果たせないほど大きくなったことによって,中高年の個々の労働者が産業・職業の変更を迫られるようになった。しかし,どの産業でも圧縮対象とされているホワイトカラー層が自らブルーカラーに転じることが容易でないように,個々の労働者の経歴・意識によってその移動はスムーズには進展していない。

加えて,サービス業,金融保険業等の職種でリストラが激しく進行していることからも知られるように,第三次産業においても非常用的不安定就業者を除けば就業者数が増えなくなってしまったのである。

（3） 企業の雇用調整

　1990年代不況の下で，企業の雇用過剰感が強まり，競争力回復のために人件費削減と労働生産性向上のためのリストラクチャリングが展開されている。たとえば『日本経済新聞』の推計によると，企業の過剰雇用数は560万人と試算されており[26]，これが300万人余の完全失業者に加われば，失業率は一挙に3倍近くに跳ね上がることになる。

　日本的労使関係の特徴としての，可能な限り雇用を維持しようとする傾向は，今日でもなくなってしまったとはいえないが，従来とは量的にも質的にも異なる内容で人員整理が進行している。第一に，新規事業分野の創出や関連企業との連繋を通じて過剰雇用者を活用してきた大企業が，事業分野の本業への絞り込みを進め，あるいは下請企業との関係を市場主義的なドライな関係に修正し，過剰雇用の企業内ないし系列内抱え込みの基盤を自ら壊さざるをえなくなっていることである。第二に，不良債権対策として公的資金を導入した金融機関にあっては，国家的支援の代償として人員削減を含む人件費コストの引下げを社会的公約として表明し，自らの融資先に対しても，その方向での経営再編を迫っていることである。第三に，政府の労働政策が，雇用調整助成金の制度的変化や労働基準法の改訂に端的に示されるように，雇用の「流動化」・「フレキシブル化」の方向に大きく変化し，その方向にそったリストラ策に支援を限定する傾向を強く打ち出していることである。特に政府が，失業の増加を抑えるのではなく，「景気回復のためには失業の増加は避けられない」として企業にとっての雇用調整の自由度を拡大する方向を鮮明にしたことは重要である。

　こうしたリストラの進行は，当然に企業内の労使関係を大きく変容させる。その進度は一直線には進まないであろうが，賃金を変動費とするためにパート・派遣社員の増加，解雇の自由化を進め，「雇用のジャスト・イン・タイム化」を進めることによって終身雇用の下にある労働者の範囲を圧縮していくという方向が確実に進行している。特に，リストラの焦点とされているホワイトカラーにあっては，「能力主義」管理を可能とする「成果」の測定に恣意性が

避けられないだけに，企業内の人間関係が重苦しいものになっていると言われている。1998年に中高年の自殺者が急増して，平均寿命を引き下げるまでになった事実も，こうしたリストラに関連している[27]。

学卒時一括採用，終身雇用制度を基軸にした日本的雇用慣行の変化は，バブル期までは，若者の志向の変化，より広くは，労働力供給側の性格の変化に原因を求めて説明されてきた。現在でもその要因が全く消えてしまったわけではないが，端的に買い手市場化した企業側の都合のよい採用方法，労務管理方法への変容が強力に進められていることが注目される。

3 失業対策の方向性

(1) 失業保険制度の改変論議

日本の失業保険制度は先進国の中では，給付期間が短いこと，失業者の中で実際に受給している者の割合が低いこと，低失業率の下で保険財政が長く黒字であったこと等の点でなおその充実が求められる状態にとどまっている[28]。

にもかかわらず失業者増加の趨勢の下で保険財政の悪化が危惧され，給付条件の切り下げが構想されている。もちろんそれは，失業保険制度を一律に圧縮するのではなく，深刻な状態に陥っている失業者に給付を限定しようとする方向である。それは企業が従業員の生存権を雇用責任として引き受けることをやめて解雇の自由を実質的に拡張し，国家にその対策を委ねるという方向であるといえる。

ちなみに経団連は，1999年5月18日に発表した「わが国産業の競争力強化に向けた第一次提言」で，「非自発的失業で扶養家族をもつ中高年層の失業者と自発的失業で扶養家族を持たない若年層の失業者との間で，給付に格差を設ける等の措置を講ずべきである」と提言し[29]，労働省も同じ方向に向けて制度改正を準備しつつある。

(2) 雇用流動化政策への転換

　失業が増加しつつある時の第一次的な対応は，政府が企業による解雇を抑制することである。日本においては第一次オイルショック後の「減量経営」化の流れの中で人員整理が進められた際に解雇反対の裁判が多数提起され，それに対する判決を通じて，民法や労働基準法の規定を越えて，解雇権の濫用の法理が形成されてきた。その内容は，(1)人員整理が企業経営上の十分な必要性に基づいていること，(2)人員削減の手段として配転，出向，一次帰休，希望退職募集等の他の手段を試みてもなお必要な削減数が達成されず，指名解雇がやむをえないと認められること，(3)被解雇者の選定が客観的で合理的な基準を公平に適用して決められていること，(4)労働組合ないし労働者と誠意をもって協議を行なうという手続き的な妥当性が満たされていること，という四点のうちの一つでも欠いた場合には，解雇権の濫用としてその解雇が否定されるというものである[30]。

　政府は個別の労働政策においてもこうした枠組みを支持する方向をとった。そのための典型的施策は，休業・出向等の形で企業が過剰労働力を抱えていくことを支援し，あるいは企業に在職したままで職業訓練を受けることができるようにする雇用調整助成金制度であった。雇用調整助成金は，①景気低迷で業績が悪化している業種，②産業構造の変化で雇用量の減少を余儀なくされている業種を指定し，その業種に属する企業が一時帰休，教育訓練，出向などを行なう際に賃金の一部を助成するものである。

　失業の「予防」に重点を置くこうした政策は，1990年代の不況過程で，企業にとって容認できないものとなってきた。過剰雇用を企業内に温存することは，経営環境の変化に対する企業の敏速な対応を遅らせ，国際競争力を弱体化させるものであると認識されるようになったのである。これに対応して，『労働白書』の記述においても，「日本の企業における内部労働市場の役割」に期待し，「失業率の高まりを抑制していくためには，この内部労働市場の機能が持つ長所を維持しながら，労働市場をめぐる変化への適応能力を高めていくことが必

要」であるという判断⁽³¹⁾から,「産業構造の変化により雇用の回復が見込めず,労働移動による雇用調整を余儀なくされる場合」には「『失業なき労働移動』への支援」が重要であるという判断⁽³²⁾に大きく変化したのである。マスコミもまた大量解雇の自重を企業に求める主張を転換し,人員整理を速やかに進め,「起業や外資の参入を促して産業構造の転換を図る政策をうまくかみ合わせれば,失業者は貴重な人的資源の供給源になる」とする立場を鮮明にした⁽³³⁾。

このように雇用流動化政策の方向が明確化すると,雇用調整助成金制度の運用方式も変更されるようになる。労働省は1999年10月から,「構造的要因で長期不況に陥っている『特定産業』を助成対象から外」すこと,「短期間で回復が見込める業種への助成に限定する」という方向に政策を手直しすると発表した。その理由は,従来の運用方式では,助成期間を何度でも延長できたため,「衰退産業の企業が労働力をいつまでも抱え,産業構造の転換にともなう人材移動が進まない」という欠陥があったためであるという⁽³⁴⁾。

こうした政策の流れは働く者の側から見れば,雇用不安の状態に投げ込まれ,労働条件の悪化を通じて生活設計の変更を迫られることを意味するから,労働組合等はこれに反対せざるをえない。その論拠は,「受け皿」がないのに「雇用流動化」をいうのは,首切りの自由の主張にすぎないという反発である。実際,リストラで吐き出される労働力が他産業で吸収される保証は全くないし,「受け皿」の多くは低賃金,不安定雇用の職場であるし,現行の年金・退職金制度のままでは継続的に雇用された場合に比べての不利は極めて大きい。

この種の批判に便乗する形で,「受け皿」作りを名目とした産業政策の新たな強化が進められつつある。通産省が中小企業基本法を改正して補助金や優遇税制を拡充し,企業家を育成して新事業創出を進め,雇用を創出するというのである⁽³⁵⁾。

こうした状況変化の下で,ホワイトカラーの雇用流動化を進めるための再就職斡旋会社が増加している。ホワイトカラーが好んで読む新聞・雑誌類には,これについての記事が増えているが,それによると,再就職斡旋会社による評価として,斡旋会社に登録している大企業の中堅管理職層などは,再就職によ

って大幅に年収が下がることについての覚悟がないこと,「市場価値は前職の約6割」が相場であるのに,「大半の人が自分の価値を過大評価」していると伝えられている[36]。

労働者派遣法改訂（1999年6月30日成立）による派遣労働の対象業種の原則自由化等も含めて,雇用流動化政策への流れは90年代半ば以降,激しい勢いで進んでいるといわなければならない。

(3) 職業訓練

雇用流動化政策の下で失業者個人は,労働力需要のある産業分野が要求する能力を身につけようとせざるをえない。これを支援する職業訓練政策は「自助努力」を引き出す政策として行革推進の新古典派的イデオロギーにも受容され,企業にとっても採用の幅が広がって好都合である。「労働力を生産性の低い分野から将来性のある分野へと移し替えることは,経済全体の生産性を上昇させる構造改革になる。流動化策の柱は人材を円滑に再配置できるようにする職業訓練だ」といわれているように[37],効率性の高い分野へ人的資源を移動させることによって経済全体の生産性が上昇するというサプライサイド重視の主張がこの背景にある。

産業構造の変容にともなう職業訓練が国の政策としてなされるようになった背景には,企業が事業領域を多角化できなくなり,したがって企業内での新規分野の職業訓練の意味がなくなり,その役割を国家に委ねたという事情がある。これに対して,1970年代に日本が「軽薄短小」の方向に産業構造をシフトさせた際には,企業が企業内部で新規部門への社内配置転換を行い,そのための職業訓練も当然企業内で実施していたのである。

ただし職業訓練の効果がどの程度あるかについては余り高い評価は与えにくい。飛躍的に労働力需要が高まることが予想される産業がほとんどない中で,多少の可能性のある分野を目的として職業訓練を実施することは,当該分野の労働力不足を埋めるというよりも,玉突き的な失業者の入れ替えに終わってしまう可能性が大きい。「転職支援制度」を解説した『朝日新聞』の「みんなの

Q&A」では,「実際に就職しやすくなるのかな」と質問し,「即効性は期待できないけど, 個人の自主性は反映しやすくなるだろう」と応えているが[38], 失業者にとって, 当面努力すべき方向が定まるという心理的効果は否定できないにしても, 現状においては, 現にその職にある労働者から仕事を奪うことによって, 結果的には企業にとって賃金上昇傾向にあった職種の賃金抑制効果をもたらすだけになる可能性が大きい。

(4) 公的直接雇用政策の採用

　民間企業は収支のバランスを考慮して適正雇用量を定めざるをえないが, 国家は必要に迫られれば, 一定期間, 収支関係による制約を離れて雇用量を拡大することができる。戦前の世界恐慌の下では, ほとんどの先進資本主義諸国が公共土木事業の拡大等によって失業者に職を与えたが, 戦後の経済成長体制の下で, 公的直接雇用政策は縮小・消滅の方向に進んだ。しかし1970年代以降, ヨーロッパではこの種の政策が再び取り上げられ, 特にフランスでは失業中の若年者に仕事を与えるための政策として1997年以降, この手法が大規模に展開されている[39]。

　日本においても, 完全失業者が300万人を超え, 完全失業率が5％に迫る中で, 1999年, 官公庁による直接雇用政策がとられることになった。これは, 1999年度の補正予算によってスタートすることになった新しい政策であり, 2年間にわたって地方自治体が失業者に就労機会を提供するものである。99年6月11日の産業構造転換・雇用対策本部の決定「緊急雇用対策および産業競争力強化対策について」は,「非自発的理由による失業者数が過去最高となっており, 雇用問題への対応は最重要の緊急課題である」という立場から, 70万人を上回る規模の「雇用・就業機会の増大策を実施する」と述べ, 特に「国, 地方公共団体による臨時応急の雇用, 就業機会の創出」策を新たにとり, 30万人強の就業を増加させるという。ただし,「過去の失業対策事業の弊害をもたらすことのないように, 十分な留意が必要である」として, 国・地方公共団体による直接雇用は教育分野等に限定することとし, 主として「都道府県または市町

村が，民間企業，NPO等に委託」するかたちで雇用機会を提供し，この際に国が新設する緊急地域雇用特別交付金を地方自治体へ交付するという仕組みをとった。

この場合，提供される職種は，「教育・文化，福祉，環境・リサイクル事業等，緊急に実現する必要性があること」，「一両年で終了する事業であること」，「新規雇用・就業を生ずる効果が大きいこと」という三つの条件を満たすことが求められ，小中高校でのコンピューターないし外国語教育のための臨時講師，学級崩壊対策の相談員等が例示されている。例示の限りでは，どの程度の量的広がりをもちうるのかが不確かなものや，「資料整理作業を民間企業にアウトソースする等による情報公開への迅速な対応」といわれているように，この政策がなくても当然に求められるアルバイト的雇用に失業対策の名目を冠したにすぎないものが中心である。しかも，「戦後50年近く続いた失業対策事業の二の舞を避けるため，雇用期間は6カ月以内に制限する」という上限がある[40]。

この政策構想に対しては直ちにいくつかの批判が出された。

第一は，「失業対策事業のホワイトカラー版」であって，「いったん始めるとやめるにやめられなくなる」という危惧である[41]。

第二は，選択されている職種の内容が思いつき的で，現場に混乱をもたらすというものである。「外国語の臨時教員など場当たり的な，時限を切った雇用増加は，本人はもとより現在その職にある人たちの尊厳を傷つける恐れもある」という危惧である[42]。また，こうした人々を配置される公的機関の側の戸惑いを予測して，大蔵省主計局は「公立の小，中学，高校の教員は全国で約90万人。仮に10万人を学校で採用すれば，現在より一割以上も増えることになる。現場との調整は簡単ではない」と述べて予算抑制の姿勢を見せているとも報じられている[43]。

第三は，労働条件が極めて悪く，実質的な失業者対策として機能しないという批判である。「『国・自治体による雇用』を30万人としていますが，予算措置は2年間で2千億円であり，1人当たり月2万7,800円にすぎません。高校生のアルバイトにも満たない賃金でどうして雇用対策といえるでしょうか」とい

う主張がそれである[44]。「労働省は，失業前の給与の6～8割（日額上限は1万9百円）を支給している雇用保険をやや下回る水準を想定している」から，「応募するのは，高齢者や雇用保険が切れた失業者，雇用保険の対象外の自営業者が中心になりそうだ」と予想されている[45]。

(5) ワーク・シェアリングをめぐる議論

ワーク・シェアリングはドイツ・フランス等における失業対策の主要な手法であるが，日本ではその経験がなく，諸外国に比べて著しく長時間の残業問題もからんで論議され始めたところである。

ワーク・シェアリングは同じ仕事をできるだけ多数の労働者で分け合うことによって，失業者を減らそうとする考え方であり，その限りでは反対は少ないが，その導入に際して企業側は賃金総額の不変（したがって労働者1人当たり賃金の低下）を要求するのに対して，労働者側は1人当たり賃金の維持を要求するために，合意に達することが困難である。特に日本では，残業時間が長く，その中でも不払い時間が長いので，労働時間の短縮によって賃金を減らされることは労働者からの納得が得にくい[46]。

奥田日経連会長は賃金引下げをともなうワーク・シェアリングを提案したが，これに対して「連合は，政労使による雇用安定宣言を出して，ワーク・シェアリングに取り組むことを求めている」。その意図について連合事務局長の笹森清は，「賃下げ辛抱，働く場を」として，「企業内の潜在失業者は6百万人ともいう。もし，なんの受け皿もなく，その三分の一でも失業したら，とんでもない危機的状況になる。賃下げしても，雇用を作っていこうという時限的な休戦協定を提起した」と説明している[47]。

このように財界団体も労働団体も，ワーク・シェアリングの導入に関して共に積極的態度を示している。しかしその内実は同床異夢というべきであり，ワーク・シェアリングを口実として引き起こされる可能性（「短時間労働者を導入することで雇用の数量的拡大をはかること」）は，「わが国における雇用慣行や同一労働同一賃金の原則が貫かれていない雇用環境から判断すると，むし

ろ導入によって安価な労働者を多数生む危険をはらむ」ものであるという警戒感が強い[48]。

　以上のように，失業者の急増，雇用者全体の失業への警戒感による消費の低迷といった事態の下で，雇用・失業政策は新しい方向を求めているが，企業と労働者の対抗，労働者階層内部の利害差の下で，それがどのような展開を見せるのかが注目される。個人として安定的な就労機会の確保を希望しつつ，国民経済のバランスのとれた発展をも求めざるをえない私たち労働者一人ひとりが，出口の方向を決めるべき責任を分かち持っていることが銘記されなければならない。

注
（1）　この統計で把握される「完全失業者」は，通常イメージされる「失業者」より狭く，仕事を探しており，かつすぐに仕事につくことができる状態にありながら，調査対象となった月末の1週間に，収入をともなう仕事を少しもしなかった者を意味している。したがって希望する職がないために，数時間だけパートとして働いたり，家の農業の手伝いをしたりした人は完全失業者ではない。この点，詳しくは本書第11章参照。
（2）　労働省職業安定局雇用政策課『雇用安定業務月報』。
（3）　同上。
（4）　労働省編『労働白書』平成10年版，135頁。なお，かつては，女子はいったん失業して再就職が困難になると，求職活動を放棄するので完全失業者としては把握されなくなり，不況期にも完全失業率は上昇しない傾向があるといわれていたが，この点が近年は大きく変化している。その背景には，「景気低迷が続くなかで女性の労働力率が50％近辺で高止まりしている。過去の景気後退期には職探しをあきらめる主婦が増えて労働力率が下がる傾向があったが，不況でも夫の収入減を補おうと職探しを続ける女性が増えているためとみられる」（『朝日新聞』1999年6月24日）という事情がある。
（5）　『労働白書』平成11年版，449頁。
（6）　『日本経済新聞』1999年4月27日。
（7）　『朝日新聞』1999年4月30日。
（8）　労働調査協議会『労働調査』1998年11月，39頁。
（9）　『労働白書』平成11年版，23頁，29頁。

(10) 『経済白書』平成11年版, 137頁。
(11) 『労働白書』平成11年版, 33頁。
(12) 「ハローワークの窓口からみた雇用状況」, 労働調査協議会『労働調査』1998年11月, 24頁。
(13) 『経済白書』平成11年版, 35頁。
(14) 男女の雇用労働者が3,000万人を超えたのは1967年, 4,000万人を超えたのは1981年, 5,000万人を超えたのは1991年であったが, 97年の5,391万人に対して98年は5,368万人に減少した。しかもその減少分はほぼすべて男子の減少によっている（総務庁『労働力調査報告』）。
(15) 『朝日新聞』1999年6月1日, 夕刊。
(16) 日経連『新時代の「日本的経営」——挑戦すべき方向とその具体策』(1995年)。なお, 伍賀一道『雇用の弾力化と労働者派遣・職業紹介事業』(大月書店, 1999年)はこうした論理について説得的な分析をしている。
(17) 笹島芳雄の紹介によると, 1997年における失業者全体の中での1年以上の失業者の割合は, アメリカが9％であるのに対して, ドイツは48％, フランスは41％であるという（笹島芳雄「欧米型高失業時代の到来か」,『労働調査』1998年11月号, 4頁）。労働大臣官房国際労働課『海外労働白書』(平成11年版, 209頁)も失業率の差異に関して同様の認識を示しており,「アメリカ, イギリス, オランダでは失業率の低下が見られる半面, ドイツやフランスでは10％を超える失業率で推移しており, 労働市場の動向は二極分化する傾向が見られる」と述べている。
(18) 『朝日新聞』1999年4月7日。
(19) デイヴィッド・ゴードン『分断されるアメリカ——ダウンサイジングの神話』1996年（訳書はシュプリンガー・フェアラーク東京株式会社, 1998年）。
(20) 『海外労働白書』平成11年版, 52頁。
(21) 『海外労働時報』1999年5月号, 10頁。
(22) 堀内光子「深刻化するアジア経済危機の中で」, 日本ILO協会『世界の労働』1999年1月号, 12頁。
(23) 『海外労働白書』平成11年版, 97頁。
(24) 『日本経済新聞』1999年5月8日。野村正実『雇用不安』(岩波新書, 1998年)にも中小企業が雇用の受け皿として機能しなくなりつつある実態の分析がある。
(25) 『労働白書』平成11年版, 433頁。
(26) 『日本経済新聞』1999年4月7日（「検証 雇用改革」の記事）。
(27) 1999年8月6日の厚生省の発表によると, 女性の平均寿命が84.0歳と引き続き延びているのに対して, 男性のそれは「中高年の自殺が多かったために」77.2歳となり, 前年の水準をはじめて下回ったという。この発表を受けて朝日新聞は,「自殺者は40代から60代が多く, 不況の影響が指摘されている。警察庁のまとめ

でも，4，50代を中心とした『生活・経済問題』が原因の自殺は，前年より7割も増えている」と解説している。『日本経済新聞』はさらに，「厚生省が『自殺だけを理由に平均寿命が下がった例は過去にない』としている」ことを指摘し，「リストラの波に飲まれたサラリーマン」が「悩み，言葉に出せず」，自殺している事実を重視している（それぞれ『朝日新聞』，『日本経済新聞』1999年8月7日）。

(28) 橘木俊詔「失業時の所得保障制度の役割とその経済効果」，『日本労働研究雑誌』1995年5月号。
(29) 全文は経団連のホームページに収録されている（http://www.keidanren.or.jp）。
(30) 菅野和夫『労働法』第4版，弘文堂，1997年，405〜408頁。
(31) 『労働白書』平成7年版，144頁。
(32) 労働省編『日本の労働政策』平成10年版，5頁，25頁。
(33) 『日本経済新聞』1999年3月31日，社説「構造対策求める3百万人失業時代」。
(34) 『日本経済新聞』1999年8月5日。
(35) 「通産省は失業問題の解決には，米国のような起業家が活躍しやすい環境を整えることが不可欠と判断。大企業との格差是正や生産設備の近代化など，弱者救済的な色彩がつよかった基本法を全面的に改正」する方針であるという（『日本経済新聞』1999年4月6日）。
(36) 『日本経済新聞』1999年6月5日（連載「ひび割れる雇用」）。
(37) 『日本経済新聞』1999年5月1日。
(38) 『朝日新聞』1999年6月10日。
(39) 『労働白書』平成11年版，235頁。
(40) 『日本経済新聞』1999年7月8日。
(41) 『朝日新聞』1999年5月25日。
(42) 『日本経済新聞』1999年6月12日。
(43) 『朝日新聞』1999年6月2日。
(44) 『しんぶん赤旗』1999年7月3日。もっとも政府のいう「30万人」雇用の意味は，6カ月単位で7.5万人ずつ（2年間で延べ30万人）という意味であろう。したがって6カ月で500億円が7.5万人に支給されることになり，1人月額11.1万円となろう。それでも，6カ月働いて67万円という賃金総額では必ずしも大きな期待は持てそうもない。
(45) 『朝日新聞』1999年6月22日（連載「再生するか企業・ひと」）。
(46) サービス残業をやめれば92万人分の雇用が創出され，所定外労働時間を全廃すれば169万人の雇用が生まれるという調査結果が，社会経済生産性本部から1999年5月26日に発表された（『朝日新聞』1999年5月27日）。

(47) 『朝日新聞』1999年7月1日，7月8日。
(48) 有戸英明「雇用と失業の神話学」,『労働調査』1998年11月号，32頁。

第2章　雇用政策と法——失業を中心に——

田 端 博 邦

はじめに

　いま失業が大きな社会問題になっている。これまでの講義がすでに失業の実態や雇用政策について取り上げているので、ここでは失業という社会問題に対して法はいったいどのようなことができるのか、ということを考えてみたい。もう少しいえば、①失業問題に対して法は何をなしうるか、②法が何ごとかをなしうるとすれば、どのような観点からなすべきか、③現在の法は何をなしているか、といったやや基本的な問題を検討することにしたい。

1　失業問題について法は何をなしうるか

(1)　法的に見た「失業」

①失業と労働契約の解約

　「法は何をなしうるか」という設問に結論的に答えるとすれば、「法」によって失業問題を根本的に解決することはできない、と言わざるをえないであろう。法がなしうるのは、なるべく失業が出ないようにしたり（解雇や人員整理を制限する）、失業してしまった労働者に生活を維持するための給付を与えたりする（失業保険の給付）ことにとどまる。失業問題に対して法がこのような限界

をもつのは,「失業」が,法的に見れば,法の基本的な原則である"経済的な自由"(より厳密に特定すれば「契約の自由」)の一つの必然的な帰結であるからにほかならない。「失業」は,法的には,労働契約の解消(通常は集合的な)によって生じる状態,あるいは労働契約の解消された状態そのものであるといえる。労働契約の解約の自由は,「契約の自由」の原則からすれば否定することのできないものであり,逆に言えば,特別の事情がない限り,労働契約の存続を法的に強制することは一般にできないというのが,法の原則なのである。あとで見るように今日では古典的な「契約の自由」はさまざまの面で制限されている。しかし,基本的な原則自体はその存在を否定されていない。したがって,法的に「失業」の発生を完全に否認することは,今日の法の基本的な体系からは不可能なのである。こうした言明は法に対する幻滅を与えるかもしれないが,法のこうした限界をまずきちんと押さえた上で,では実際に法はどのように「失業」に対処しようとしているのか,どのようなことがなしうるのか,といった問題を考えていくことにしよう。問題を考える出発点としてまず,失業問題が法においてどのように把握されているかを明らかにすることからはじめよう。

②雇用保険法における「失業」

　法は失業をどのように捉えているであろうか。まず,雇用保険法の定義を掲げてみよう。「この法律において『失業』とは,被保険者が離職し,労働の意思と能力を有するにもかかわらず,職業に就くことができない状態にあることをいう」(4条3項)というのがそれである。「離職」はさらに,「被保険者について,事業主との雇用関係が終了することをいう」(同条2項)から,この定義で「失業」とは,雇用保険の加入者(被保険者)の雇用関係が終了しているが,当該被保険者はなお労働の意思と能力を持ち続けている状態と言うこともできる。換言すれば,働きたいが働く場所がないというのが失業の状態であり,これは常識的な認識と異ならないといえる。そのような状態では生活に困るから失業給付を与えて生活を保障する必要がある,というのが失業保険

(unemployment insurance) の考え方であり，雇用保険はそうした失業保険を軸に組み立てられている。つまり，失業保険法では，「失業」は，労働者の任意によらずに労働契約が打ち切られることがあり，そうした労働者は仕事による収入を失うと生活に困窮するということ，が想定されているのである。こうした生活実感の付与された「労働者」のイメージは，次に見る民法のそれとは非常に違っている。

③民法と「失業」

　法の中でも最も基本的な法である民法には「失業」という観念は存在しない。民法においては，契約は当事者の自由意志に立脚していなければならないというのが根本原則になっているために，同じような契約の自由を基礎としている雇用関係はいつでも当事者の意思によって終了させることができる，というのが基本的な考え方になっている。話を単純にするために，ここでは「期間の定めのない雇傭契約」に限定しておくが[1]，こういう種類の契約は，いつでも当事者の一方の意思で解消されうるということになっているのである。もちろん，雇用契約の締結は当事者の自由意志が合致することによってなされるから，民法の想定する雇用契約[2]というのは，当事者の自由な意思によって形成され，解消されるということになるのである。このように契約当事者の意思が重視されるので，契約自由の原則は，意思自治の原則とも言われる。このような「契約の自由」または「意思自治の原則」というのは，契約当事者が，つまるところこれは一般市民の全員がということになるが，自由意志の担い手であり，かつ自由意志を最大限に発揮することが望ましく，かつそれが実際に可能である，という考え方を前提にしている。したがって，こうした意思自治の原則によれば，雇用契約の解消は，解約を申し入れた側の当事者にとっては自己の判断による選択の結果であり，他方の解約を申し入れられた側の当事者にとってはつねに予測しておくべき契約自由の帰結である，ということになる。契約を解約された当事者は，当然にそのような事態がありうるものとして予測しており，また契約解消後には任意に別の当事者と新たな雇用契約を締結するか，あ

るいはなんらの契約も締結しないという選択の自由を回復する，というのが意思自治の原則に基づく雇用契約解消という状況の解釈になる。いずれにしても，こうしたフレームワークのもとでは，市民社会の構成員の誰でもが，雇用契約の解消によって生活に困るというような事態には陥らない，ということが法的な前提となっているのであり，あるいはそうした現実がありうるとしても法的には無視されてよいということが前提となっているのである。こうした考え方のもとでは，法的に「失業」といった概念を立てることはまったく意味をもたないことになる。実際の民法の規定を見てみよう。

「当事者ガ期間ヲ定メサリシトキハ各当事者ハ何時ニテモ解約ノ申入ヲ為スコトヲ得此場合ニ於テハ雇傭ハ解約申入ノ後二週間ヲ経過シタルニ因リテ終了ス」（627条）というのが日本の民法の規定である。フランスの民法典では，「期間の定めのない役務賃貸借は，当事者の一方の意思によって何時でも終了させることができる」（1780条2項）と定められている。こうした民法的な仕組みのなかでは，雇傭契約が終了してもそれは法の予定するノーマルな状態であり，契約の解消された状態が特別になんらかの法的手当てを要する状態とは見なされないのである。当事者の自由意思に基づいてさまざまな契約が不断に生成し，消滅する。それが民法の描く世界である。また，ここでは雇用関係の当事者のうち使用者である者と労働者である者との間の質的な差異はまったく存在しない。どちらも対等な取引当事者であると見なされる。雇用保険法の考え方と大きな違いがあることがわかる。

「失業」という概念は日本の民法にもフランスの民法典にも見当たらない。あえて言えば，失業している状態があったとしても，それは当事者の自由意思によってそうした状態にあるのであり，また仮に雇用関係を解消された側の当事者がその存続を望んだとしても，それを相手方に強制することはできないということになるのである。

④法の二つの視角

このように見ると，法といっても民法と雇用保険法とでは「失業」について

の見方が非常に違っているということがわかるであろう。つまり，民法では「失業」は存在しない，あるいは少なくとも法的に問題とすべき失業問題なるものは存在しない，ということになるが，雇用保険法では，「失業」が法律的な問題として取り上げられている。雇用保険法の規定を取り上げてみよう。その第1条では次のように述べている。「雇用保険は，労働者が失業した場合および労働者について雇用の継続が困難となる事由が生じた場合に必要な給付を行うことにより，労働者の生活および雇用の安定を図るとともに，……失業の予防，雇用状態の是正および雇用機会の増大，……その他労働者の福祉の増進を図ることを目的とする」。つまり，民法と異なり，雇用保険法では，「労働者」が「失業」したり，失業の脅威にさらされるような場合がありうる，ということが正面から認められている。そして「失業」なるものも単なる労働者個人の離職の問題としてではなく，社会的な現象として捉えられていることは，「雇用状態」，「雇用機会」などという言葉が用いられていることで明らかである。失業や労働市場の状態を社会的に捉えるという視点は，民法には存在しない。民法で問題となるのは，自立した個々の個人とその間の自由意思に基づく契約関係だけであり，一国の労働市場や雇用状態の全体は，あえて言えばそうした個別的な契約関係の総体として把握されることになるのだが，実際のところ民法にはそうした総体的な把握は存在しない。自由な法主体の間の自由な法的取引を可能にし，担保するという民法の基本的な目的からすれば，個々人の行動を離れて，労働市場や雇用の状態を問題にすること自体が意味のないことなのである。

　そして，前述のように，失業した「労働者」は，生活の困窮に陥る可能性があるので「給付」を与えることが必要となると考えられている。雇用保険法では，民法と異なり，「労働者」が一国の社会経済条件に規定される労働市場に置かれ，稼得の手段を失った場合には生活に困窮することになるという社会経済的な主体として捉えられている。そのような「労働者」にとっては，雇用契約の終了たる失業は単に契約自由のメカニズムの帰結として済ますわけにはいかないのである。「失業」は，単なる契約当事者の自由意思には解消されえな

い，法的に問題とされるべき問題となる。そして，そうした労働者の生活保障や雇用の安定・失業の防止が法律の直接的な目的として掲げられているわけであるが，これは労働者個人を念頭に置いたものでなく，国民経済全体における雇用や失業の問題を扱っているといってよく，より具体的には，政府が「完全雇用政策」をとることが期待されているといってよい(3)。こうした雇用保険法の基本的な理念は，もともとはといえば，憲法に由来している。憲法第27条の規定（「すべて国民は勤労の権利を有し，義務を負う」）は，国家が国民の「勤労権」を保障するために，可能な限り雇用機会を整備することを要求しているのである(4)。

このように，法の世界には，失業について二つの異なる見方が存在しているといえるのであるが，では，この二つの見方はどのように関係しているのであろうか。

結論的にいえば，どちらも現行の法システムとして有効に併存しているということができる。基本的な見方は異なっているが，技術的にいえば両者は必ずしも抵触しないのであって，両立可能であり，実際に両立している。つまり，一方の「契約の自由」に基づく労働契約（ここからは雇用契約でなくこう呼ぼう）の解約の自由は，他方の「雇用安定」という法の理念によって否定されてはいないのである（民法的な解約の自由は労働法的に制限されているが，これについては後述する。ここではやや単純化して問題の所在を明確に示すことにしたい）。雇用保険法がまず対処するのは，労働契約の解約（解雇）によって「失業」状態が生じてからあとのことである。雇用保険法自体は，直接解雇を制限しているわけではないし，人員整理になんらかの制限を課しているわけではない。つまり，二つの法システムが共存している状態の下では，雇用関係の基礎は民法的な契約の自由によって支えられており，そこから生じる失業に対して事後的に雇用保険法が対応する仕組みになっているといえるのである。前段はすぐに了解することができるであろう。だれかが職に就こうとする場合，ある特定の職業に就くことは法的に強制されないし，またある特定の企業に就職するという点についても同様である。また，ある人が特定の企業への採用を

権利として主張することができないことも自明である。企業の側も契約の自由を持っている。つまり、雇用関係またはこれを法的に設定する労働契約は、当事者すなわち雇う側と雇われる側との意思の合致によって成立するのであり、こうした契約関係の形成過程を規律している法的原理は「契約の自由」である。民法的な原理が雇用関係の基礎にあるというわけである。後段は雇用保険法の具体的な中身を見ないとはっきりしないかもしれないが、差し当たり、失業給付に限定して雇用保険法の機能を捉えるとすれば、これも明白であろう。やや敷延すればこうなる。失業保険は一般に、契約の自由を基礎とするそうした雇用関係が破綻した場合に備えてつくられた社会保険である。つまり、失業保険は雇用関係の契約自由的な性格の故に必要となる制度であって、後者を否定するために生まれた制度ではない。失業保険は、契約の自由によって生じうる社会的な問題を解決するための方策であり、したがって契約自由の原則に基づく雇用関係を安定的に持続させるための制度としての性格を持っていると言いうるのである。要約すれば、契約の自由を原理とする民法は、そこから生じうる失業を当事者の自由に放任したとすれば、雇用保険法は、そこから生じうる失業に特別の法的な手当てを与えようとした、ということができる。雇用保険法も民法的な自由の原理を前提にしているというのは、このような意味においてである。

⑤二つの社会観または二層的な社会経済構造

しかし、先に見たように、民法と雇用保険法の失業に対する見方は非常に異なっている。これはすでに述べたところでも明らかなように非常に異なる社会観を背景にしているといってよいのである。法技術的な差異は、ともに民法的な「契約の自由」を基礎としつつ、一方はそこから生じる失業を放任し、他方はこれに政策的な手当てを講じるという点にあった。つまり、雇用関係の任意的な性格に関しては争いはないが、そこから発生する「失業」に対する評価で両者は対立しているわけである。失業をめぐる社会観の対立をわかりやすく理解するために、経済学とのアナロジーを試みてみよう。

経済学の理論に類比していえば，民法的世界は，新古典派の理論に対応している。市場における経済主体は独立しており，独立した主体間の取引は基本的に自由であるべきものと理解されている。そして，新古典派において，市場のメカニズムが十分に機能していれば非自発的な失業といったものは生まれないと考えられているように，民法の世界でも，「失業」の概念は存在しないのである。ある特定の雇用契約が終了したあとに，もし当該労働者が引き続いて就労したいと考えれば，当然に新たな雇用契約を締結する機会がある，と民法は想定しているとも言えそうである。

　民法の世界ではまた，法主体が雇用の場を欠くことによって"生活"に困難を来すことがある，といったことも想定されていない。そこでは自由な法主体が「生存しうる」ことは当然の前提となっているのである。新古典派の経済学においては，就労を選択するか，余暇を選択するかはまったく経済主体の自由な経済計算（どちらの経済的な利益がより大きいか）に依存すると見なされている。したがって，就業していない状態（失業状態）が存在するとすれば，それは，余暇への選好の故に就労が回避されている状態と解釈されることになるのである。こうした理論枠組みも経済主体の「生存」可能性をそれ自体としては問題とする必要のないものとしている。つまり，ある人が生存の必要のために就労を希望すれば，その人は，市場の賃金水準を若干引き下げることによって一人分の雇用機会を増やし，必ず雇用されることになるからである。つまり，ここでは，生活のために労働することが必要で，かつ就労を希望してもなお雇用の機会を得られない，といった「失業」とその失業にともなう「生活」の困難さとは生まれるはずがないと考えられているのである。個人の自由意思に基づく自由な経済的取引は，"失業"や"生活"問題を生むはずがない，という信念は，民法と新古典派の経済学によって共有されている。

　他方，雇用保険法が想定する世界では，失業は，労働者個人の意に反して生じることがありえ，かつ個人の意思に還元しきれない社会的なあるいは国民経済的な現象と考えられている。先に挙げた雇用保険法第1条の「失業の予防，雇用状態の是正および雇用機会の増大，労働者の能力の開発および向上」とい

った法律の目的を示す言葉は，失業を労働者個人の問題として捉えるのではなく，失業が構造的に発生しうるということを前提として，国民経済全体について政府がなすべき政策の目標を示しているのである。こうした雇用保険法のビジョンをケインズ主義的な経済理論と重ねあわせることは容易であろう。つまり，雇用保険法では，失業の構造的な把握が採用されており，政府の施策によって労働市場の状況を改善することができるという考え方が当然の前提として採用されているのである。さらに言えば，自由に放任された労働市場は，新古典派が想定するように自動的に完全雇用状態をもたらすものではなく，しばしば大量の失業を発生させる。こうした自由市場の変動は，政府の適切な介入によってコントロールすることが可能であり，政府の適切な経済政策によって「完全雇用」を実現することが可能になる。ケインズ主義と雇用保険法とが共有する信念はこうしたものである。しかしもちろん，ケインズ主義がそうであるように，雇用保険法も，労働市場の基本的な原理が自由市場にあることを否定しない。法について述べたと同様に，ケインズ主義は，自由市場を否定するのではなく，自由市場を前提とし，自由市場の弊害を最小化するための方策を提唱するのである。

　民法的な法のシステムと雇用保険法的な法のシステムとは，法主体についての見方，市場（契約の自由）の機能についての見方において，対立的な思想に立っているといえる。法律学の伝統的な用語法に従えば，前者は「市民法的な思想」に，後者は「社会法的な思想」に対応する。前述したように，こうした二つの対立的な法思想に立脚した法システムが，今日の社会では相互に補い合う形で併存ないし共存している。それは，自由な市場経済を基礎として，政府のさまざまな経済政策が遂行される現実の経済の世界とパラレルな姿をとっているといってよい。二つの法システムの間には，前述したような相補的な関係と同時に，対立的な要素が内在しているのである。

(2) 「法」の限界

①経済と法

「失業」とは，法的には，雇用関係が終了した状態を意味するのであった（前述の「労働の意思」等の要素は割愛しておこう）。それは，さらに言えば，労働契約関係が終了することをそれは意味する。労働契約は，一般に，労働者自身の自発的な退職（辞職）や使用者の発意による労働契約の解約（解雇）によって，あるいは労使の合意（合意解約）によって終了する。いずれの場合にも，労働者は，就業意欲を失わない限りこれによって失業状態に入る。もっともこれは余りに法律学的な説明かもしれない。労働者が自己の意思によって退職する場合は，別の就職先を決めている場合とか，転職がかなり容易な場合，あるいは生活する上でもう働く必要がない場合などであろうから，生活問題を引き起こす可能性も小さい。社会的に重要な問題となる「失業」は，やはり，労働者の意思によらない離職，企業の意思による解雇，とりわけ集団的な解雇たる人員整理などによる失業の場合であろう。こうした失業の場合には，他の企業への再就職も困難であったり，また長期に失業し，生活問題を生じるといった可能性も高くなる。

このような大量失業の発生は可能な限り防止されることが望ましい。ところが，法的には，こうした使用者の意思による解約＝解雇，特に集団的な解雇（人員整理，整理解雇）を絶対的に，あるいは効果的に妨げる装置をわれわれはもっていない。倒産や人員整理はしばしば深刻な労働争議を引き起こす。その対象となる労働者から見れば，人員整理は不当であり，法律的にも違法なものと評価して欲しいと考えるのは当然であると言えよう。しかし，一般に，人員整理は企業経営の悪化などの経済的要因によって生じるので，これを法律的に禁止しても意味がない場合が多いし（倒産してしまった企業が労働者を雇用し続けることはできないであろう）[5]，また前述の法原則からも人員整理を一般的に禁止するような法制は取り難いのである。さらに言えば，経済の変動や不況に起因する企業倒産や企業の経営危機などを法の力で防ぐことはできな

いから，人員整理を規制する法的措置には限界があるということになる。ここには，経済に対する法的措置の限界が示されている。

②多様な限界値

しかし，わが国の人員整理に関する法規制のシステムは，フランスやドイツなどと比べるとはるかに微温的なものである。日本には，人員整理を特殊に規制する法制はなく，法律制度上は解雇一般（個別的な解雇を念頭に置いているといってよい）に関する労働基準法上の規定があるだけなのである。フランスでは，法律によって人員整理に関する特別の手続きが詳細に定められており，人員整理後の雇用機会に関する手立てもとることが要求されている。ドイツでは解雇制限法で解雇理由に関する相当性が要求され，人員整理後の雇用機会に関する社会計画の策定や紛争に関する調停手続きが定められている。こうしたドイツやフランスの制度では，契約の自由の一環である使用者の解雇の自由はかなり制限されており，人員整理がもたらす社会的なインパクトに着目して企業に高度の責任が課せられているということができるのである。しかしもちろん，だから日本はヨーロッパの制度に見習わなければならない，ということにはならない。

アメリカの場合は，日本以上に企業の人員調整の自由が広く認められている。後述するように，日本では，不十分な労働基準法の規制を補強する形で判例法がかなり厳しい基準を人員整理の正当性に課しているから，こうした判例法を含む日本と比べれば，アメリカの法システムは比較にならないほどに自由なものである。"Employment at Will"，つまり任意の意思に基づく雇用と訳せるようなこの原則が雇用契約を支配しており，人員整理（レイ・オフ）は景気変動にともなって日常茶飯事のごとくに行われている。労働力もまた，生産の変動によって調整される原材料と同じように調整されるのである。こうした採用と解雇が頻繁に繰り返されるような社会では，それに対応した独特の制度も発達することになる。解雇，再雇用順位を決める先任権制度や失業期間中の生活を保障する失業保険制度などである。

このように人員整理をめぐる法制度のあり方という点では，アメリカとヨーロッパとは対照的であり，日本はまたいずれとも異なる。人員整理あるいは失業に関する法規制には，市場経済であるがゆえの一般的な限界があるといえるが，その限界を具体的にどのような点に求めるかという問題は，各国の法文化や伝統，社会経済的な構造によって決定され，それゆえにさまざまであると考えることができる。

③日本の法制度
　人員整理に関する特殊な制度はないが，人員整理に適用される日本の現行法の制度は次のようになっている[6]。すなわち，労働基準法では，解雇について30日前の予告をするか，30日分の賃金を支払うかしなければならない（20条）。逆に言えば，こうした手続き的な要件を充足すれば，使用者は労働者を有効に解雇しうるのであり，個別的な解雇でも集団的な解雇でもこの点で変わるところはない。労基法は，解雇の理由についてなんらの制限をおいていないし，また人員整理について特別の規定を準備しているわけでもない。実定法上の解雇制限あるいは人員整理の規制は非常に弱いといわざるをえない。
　判例法は，実定法のこうした弱点をカバーするためにかなり厳しく解雇を制限してきた。一般に「解雇権濫用法理」と呼ばれる法理が解雇規制の根拠になっている[7]。使用者は労働契約上の自由権としての「解雇権」を有している。しかし，一般に，権利の行使は濫用にわたることは許されないのであり（民法1条3項），社会的に相当で合理的と見なされうる範囲を超えてなされる解雇権の行使は「濫用」と見なされて，法律上無効とされる，というのがこの法理のあらすじである。人員整理にこの法理が適用されると，まず人員整理をしなければならない経営上の必要があるか否かが審査される。経営上の必要性をどのような場合に認めるかという点は，それぞれのケースで実態が異なるし，またこれを判断する裁判官も異なるから一義的に定式化することは難しいが，判例の大まかな動向としては，かなり高度の経営上の必要（経営の逼迫等）が要求されているといえる。この人員整理の理由に関する審査の点では，ドイツ，

フランスの法制とそれほど異ならないのではないかと思われる。日本の判例法がこうした厳しい態度を取っているのは，日本の雇用関係が「終身雇用」と呼ばれる長期雇用の慣行を採っているからである。そしてそのような慣行ゆえに労働組合の人員整理に対する反対が強いということも影響しているであろう。こうした経営上の必要が認められる場合には，さらに人員整理を回避するための努力がなされたか，人員整理に代替する他の手段は存在しないかという点が問題となる。残業の停止や新規採用の停止など解雇に代わる雇用調整手段の実行が求められるのである。この二つの実質的な条件に加えて，人員整理の対象者を決定するための人選基準の合理性，労働組合や労働者の代表との協議といった手続き的な条件を満たすことが要求される。これらを合わせて，人員整理が有効と判断されるための「4条件」と言い慣らされている。

　このように，判例法は，解雇にかなり厳しい制限を設けているといってよいのであるが，それでも相当の理由のある解雇は認められるし，人員整理も上記の条件を充足すれば有効とされるのである。経営上人員整理が不可避であるというような状態が生ずれば，法は人員整理を阻むことはできない。企業活動をとりまく経済実態が非常に悪化した場合などには，解雇，失業を法が防ぐことはできないのである。

④法と雇用政策

　そこで，法がなしうることは，不用意な解雇や人員整理を抑制することと，発生した失業に対して事後的な救済を与えることに限られる。さらに，後述する雇用政策関係立法は，職業訓練や職業紹介，雇用保険給付などを通じて「雇用安定」(「完全雇用」)を目指そうとしているが，「完全雇用」は政策目標であって，これらの法的な手当てによってつねに実現しうるというものではない。つまり，「法」は失業問題について限定的な役割しか果たせないのである。失業問題に根本的な解決を与えうるのは，経済そのものであって，法がこれに代わることはできない。

　もし法が失業を完全に防止する方法があるとすれば，それは解雇を完全に禁

止するという法制度をつくることであろう。そのような法制度をつくれば，法的な禁止をかいくぐって事実上の解雇が発生するのは避けられないとしても，法的には失業が存在しないということになるに違いない。しかし，こうした法制度を実際に採用することは不可能であるといわなければならない。解雇の絶対的な禁止は使用者に労働者を雇用し続けることを強制することを意味するのであり，経済状況の変動のある経済システムの下で企業にそのようなことを強制することは非現実的であるからである。市場経済を基礎とする経済体制の下ではこうした法システムをとることは不可能である。

こうした法システムが有効に機能しうるのは，全面的な統制経済のシステムが採用される場合に限られる。統制経済の下では，ある企業が雇用を維持する必要がある場合にはそこに仕事を配分することができるし，またある企業で労働力が余剰となった場合にはその労働力を別の企業に強制的に配置転換することもできるからである。しかし，そうした統制経済の下では労働者の就職，転職の自由も制限される可能性がある。解雇の絶対的な禁止を可能とする経済体制は，結局のところ労働力の権力的な割当てに帰着するのであり，それは戦時統制や全体主義的体制のような異例の場合を除いて人々に受け入れられることはないであろう。

こうした統制を一方の理論的な参照基準とするなら，現在の労働法や雇用法制は，民法的な自由と権力的統制との中間に位置するということができる。

(3) 論争的な限界設定

しかし，前述のように，このような中間的な位置にある法の役割と限界は多様でありうる。どのような仕組みを考えるにしろ，法的な手段によって失業をなくすことができないことは前述したとおりであるが，労働市場の法的な規制や労働市場への政策的な介入によって失業を減らすこと，そうしなければ生じたであろう失業をより少ないものに止めるというようなことは可能であるかもしれない。また，そうした規制や介入の手段のあり方も多様でありうるであろう。制定法で労基法20条のような緩い制限でなく，もっと厳しい解雇規制を行

なうことも可能であるし，人員整理についてより厳しい行政的な規制を加える（フランスでは一定規模以上の人員整理を行政当局の許可に服させるという法制が採られた時期もある）ということも考えられないわけではない。また反対に，現在の判例法におけるような人員整理に対する制限をもっとゆるめて機動的な人員調整が可能なようにすべきだという主張もありうるであろう。つまり，統制と自由との二極の間には多様な選択の余地が広がっているのである。今日の法体制は，民法的な市場の原理を基礎として，人々の労働の機会や生存の保障を目指すという理念を掲げている（憲法25条，27条）。両者のうちのどちらにウェイトを置くか，両者の間のどのあたりの地点に着地点を定めるか，両者の要素が対立する場合にどのように折り合いをつけるか，という点が論争的な問題となるのである。

そこで改めて，こうした法原理の問題を再検討してみることにしよう。

2　法はどのような観点から関与すべきか

失業に関する法の歴史的な発展をおおざっぱに図式化すると，次のように言いうる。資本主義が本格的な軌道に乗った19世紀の自由主義の時代に，法体制の基本となったのはこれまでの言い方でいえば民法または市民法といわれる古典的・正統的な法体制であった。こうした法体制の下では，失業は法的な問題とされなかった。しかし，19世紀末から20世紀初頭にかけて失業は社会問題として意識されるようになり，20世紀に入って失業保険が制度化されたり，失業予防のための完全雇用政策がとられるようになる。そして石油危機後，ケインズ主義的な経済政策である完全雇用政策に対する批判が強まってきた。

(1)　「失業」の放任と社会問題

古典的・正統的な法原理によれば，失業は個人の選択の結果にすぎなかった。どのように失業とそれによる貧困が蔓延しようと，それは法の関与すべき問題ではないと考えられたのである。

では、失業問題はどのように解決されたのであろうか。イギリスの場合で見ると、救貧法が重要な役割を果たしており、フランスでは公的扶助や教会の慈善が大きな役割を果たしていたが、それでもなお貧困と犯罪は広範に存在し続けたのである。この時期における救貧法や公的扶助立法をどのように評価するかという点は重要な問題であるが[8]、ここでは、「市民法」的な法のみでは結局のところ、失業や貧困を生み出す現実の社会を統御することはできなかったというように理解しておこう。さらに、ここで重要なことは、自由放任、レッセフェールの時代にも、正統的「法」が想定するような「独立した法主体」とか「自由な契約」といったものは現実の雇用関係の世界には存在しなかったということである。市民法の観念は決して経済社会の現実そのものと一致していたわけではないのである。労働者のなかでも底辺の労働者は繰り返される失業に悩まされ、頻繁に公的扶助の世話を受けなければならなかったし、所得水準の高い熟練労働者は相互扶助組合、友愛組合などに依拠して集団的に生活を支え合ったのである。労働者は「失業」を経験し、それに対する対策を必要としていたのである。

19世紀末になると、民法的な過失責任主義の原則を修正する労災補償立法や労働組合を認める法律などが各国で成立するようになり、「社会法」的な思想の正統性が正面から承認されるようになってくる。「市民法」で処理しきれない「社会問題」が多様な形で発生したのである。そして失業は、そのなかでも重要な問題の一つであった。

(2) 失業の防止と生活保障

失業保険が最初に制度化されたのはイギリスで1911年、その後20年代、30年代にヨーロッパ大陸諸国に波及する。「社会法」の時代が訪れたのである。レッセフェール資本主義から社会的資本主義の時代に移ったといってもよい。労働立法が増加し、社会保障制度がこの時期に形成された。ドイツのワイマール共和国憲法では、「労働権」の保障が規定され、1919年に設立されたILOの第1号勧告は職業紹介に関するものであり、第2号条約は失業保険に関するもの

であった。

1929年の世界恐慌は、非常に大まかに言えば、自由な市場経済から社会的な市場経済としての国民経済に移る転機になったといってよい。世界恐慌で生じた大量失業は、もはや市場経済に任せていては解決しえないと思われたのである。それまで最も自由市場的であったアメリカもこの後ニューディール政策を採用することによって社会的な市場経済への道を歩みだしたのである。ほぼこの時期から戦時をはさんで1970年代まで、ケインズ主義的な経済理論が正統派としての地位を築くことになる。

第二次世界大戦後、社会保障制度の整備と完全雇用政策がどの国でもすすむ。社会保障について世界をリードしたベヴァリッジは、失業からの解放を「完全雇用」という政策によって達成することが可能であると主張した[9]。さらに、国連の世界人権宣言（1948年）では「すべて人は、勤労し、職業を自由に選択し、……失業に対する保護を受ける権利を有する」（23条）と宣言され、「労働は、商品ではない」という章句で有名なILOのフィラデルフィア宣言（1944年）は、「完全雇用および生活水準の向上」（三の (a)）をILOの目的とすると述べている。日本国憲法が勤労権を保障したのもこうした歴史的・国際的文脈があったからである。

戦後に制定された日本の雇用関係の法律は、基本的には、こうした人権保障と完全雇用の理想を下敷きにしている。

(3) 「社会権」とはなにか

70年代の後半以降、福祉国家やケインズ主義的な完全雇用政策に対する批判が強まった。先進諸国の経済にさまざまな困難が現われたことがその背景にある。しかし、そうした新自由主義による批判が高まる中で、高度成長期までにつくられた社会的な制度が根強く存続しているということにここではむしろ注目しておきたい。まさに「社会法」的な制度の存続や改廃をめぐって、その正統性が争われているのである。そこで、ここでは歴史的な経緯について述べるのではなく、今争われている考え方を基本に返って見直してみるということに

したい。
　ワイマールから ILO までのさまざまな思想は，法律的には，「社会権」または「労働権」の思想ということができる。さきに「社会法」について述べたことと重なるところがあるが，これらの権利の思想的な特徴について考察しておこう。

①社会権と自由権
　社会権が対比されうるのは個人主義的自由権の観念である。しかし，社会権は自由権と完全に対立するものでもないし，相互に完全に排除しあうものでもない。この両者の基本的な関係は，前述した民法と失業保険法（雇用保険法），新古典派的市場とケインズ主義との関係とほぼ同様である。つまり，社会権は古典的な自由権を排除するのでなく，それを前提として自由権の不十分な面を補充するのである。しかし，こうした基本的な関係にとどまらない差異が存在することにも注目しなければならない。
　まず，労働者個人の権利という視点からすれば，個人の自由と社会権とは相補的なものであり，ともに必要な権利と考えられている。雇用に関連していえば，「就職先企業の選択の自由」や「職業選択の自由」と「労働する権利（雇用機会を得る権利）」や失業時の「生活保障を受ける権利」の双方がともに個人にとっては必要だ，ということである。もっとも「労働する権利」のような権利が法律的にどのような意味で「権利」でありうるかという問題はかなり難しい問題であるが，実際に先に挙げた ILO の条約や宣言などでは，雇用における労働者の自由と機会の保障とがともに必要だという考え方がとられている。つまり，労働者については，「社会権」とは，自由権とともに，個人が自由に，かつ安心して生活できるような状態を目指す上で必要なものと見なされているのである。
　社会権は他方で，企業の側の自由についてはこれを制限する面を持っている。性や思想による採用の差別を行なわないこと，解雇をみだりに行なわないこと，などのように企業の側の契約の自由に一定の制限が課せられる場合が典型的な

場合である。企業は、労働者に自由と人間的な労働生活を保障するために、あるいは労働者の社会権を現実的に保障するために責務を課せられるわけである。つまり、社会権の思想においては、労働関係の当事者である労働者と使用者（企業）との間で、不均等な傾斜的な取り扱いがなされているのである。言うまでもなく、両者の社会経済的な実体が異なっているということがそれを正統化する論拠である。古典的自由権の思想と異なり、社会権の思想においては、労働者と使用者（企業）とは、単に対等な契約当事者としてつかまえられるのではなく、労働を提供する労働者とそれを受領し、経済活動を行なう主体である企業との間で当然に実態的な差異がある、それに応じた権利と義務の設定をすることが必要であり、可能であるという考え方が採られることになる。企業はもはや単なる個人ではなく、社会的な実体をそなえた企業として法的にも把握されるのである。

②社会権における個人と社会

　こうした社会権は、まず、個人の生活を社会に依存していると見る点で古典的な自由の観念と異なっている。個人の意思によって労働の機会を見出すことができ、それによって自己の生活を維持することができるという民法的な世界に代わって、社会権の思想においては労働の機会をつかむこと自体が社会のあり方（労働市場、経済状態）に依存していると見なされる。そこから、職業訓練や職業紹介が社会的に必要なことがらと観念されるのである。また、失業保険のような仕組みも、古典的な自由からは理由づけられない。第二に、社会に対する観念、イメージ自体が両者の間で異なっている。古典的自由の観念では、個人の自由を最大限保障する社会が望ましい社会と考えられる。自由放任の市場が理想状態であり、個人の所有権、契約の履行を保障する法システムがあれば、それ以上の法制度や政治制度は必要ないというのが、その社会像である。社会権は、こうした社会と非常に異なった社会イメージを前提とする。個人の自由を保障することはここでも同じであるが、自由の行使において個人が失敗したり、個人の失敗によるのでなくても社会的な要因によって自由を行使する

ことができなかったり，または行使の結果望ましくない結果がもたらされることがありうる，ということがここでは想定される。そのために，社会権を実現するための社会は，個人の自由だけでなく，個人の失敗もありうる現実の社会生活における個人の福祉（生活保障）を目的とするものとして構想される。自由な市場と社会的な保障とが組み合わされるのである。第三に，そうした社会像の差異は，個人についての法的人間像の相違をもたらす。古典的な自由の世界では，法的主体は完全に独立し，自己のみの判断によって行動する個人主義的人間としてイメージされる。個人と個人の間の協力や共同関係がありうるとしても，それは個人個人の自由意思が偶然に合致した場合にもたらされるのであり，したがってまた自由意思によっていつでも解消される，そのような関係にすぎない。他方，社会権を実現するためには，個人間のある制度化された連帯が必要になる。多くの社会保険の場合に明らかなように，そうした社会的な制度は個人の脱退を許さない強制的な性質を帯びている場合がある。したがって，個人主義的な自由のみを価値あるものとする個人にとってそれは意に反する強制と見なされる可能性があるし，またそのような個人ばかりで構成される社会ではそうした社会的な制度が社会的なコンセンサスを得ることは難しいであろう。つまり，社会権を保障しうるような社会的な制度をつくるためには，社会を構成する個人そのものがなんらかの意味でこうした利己的な人間像とは違った人間にならなければならないのである。そうした人間像を仮に「個人の自由と連帯を目指す人間」と言っておくとすれば，そうした人間像が少なくとも法的な主体のイメージとならなければならないのである。

　ここで，「自由と連帯を目指す」というのは，自由を求める個人が，その自由の実現に危険・障害がともないうるゆえに，自らの自由を実現するためにも，他の個人と共同して，各自の自由の実現のために相互に協力・連帯する，といった事態を意味している。このようなコンテクストで自由が考えられるときは，「自由」と「連帯」は必ずしも矛盾しない。「連帯」はむしろ「自由」の条件でさえありうるのである[10]。

　今日，こうした「社会権」とその法的人間像や社会像が論争的な主題になっ

ている。一方で,「社会権」,「社会法」,社会的諸制度は,総じて,個人の自由を制約するものとして批判され,自己責任と個人間の競争が,つまりは伝統的な自由の原理がよきものとして主張されている。他方, EU のように"社会的ヨーロッパ"を建設することを目標にして,今世紀初頭以来の社会権の伝統を発展させようとする試みも見られる。「社会権」をどのように評価するか,またこれにどのような内容を盛り込むのか,といった問題は,社会のあり方にかかっている重大な問題なのである。

3 雇用・失業問題に法はどのように対処しているか
　　――日本の雇用政策法――

(1) 失業の防止と雇用政策法

①弱い法規制と雇用の安定

　現行の雇用関係法の一つの特徴は,前述のように,解雇や人員整理を規制する立法がほとんど存在しないという点にある。すでに見たように労基法の手続き的な制限規定があるだけで,解雇理由を問題にしたり,解雇を制限するような規定は存在しないのである。そこで,これも前述したように,こうした実定法の欠如を補う形で判例法が解雇,人員整理の規制をするという役割を果たしてきた。実定法の体系としては,かなり緩やかな法規制の体系になっているといえよう。

　それにもかかわらず,わが国の失業率の動向は,アメリカのように景気変動と直接短期的に連動する形にはなっていず,景気の動向と独立に,安定的に推移する傾向がこれまで見られてきた。解雇や人員整理に対する法規制とは別のなんらかの雇用システムが失業＝解雇に対してブレーキをかけてきたと解釈することができる。いわゆる「終身雇用」慣行の存在によって,ある程度の過剰雇用が企業内に囲い込まれたこと,時間外労働の削減,新規採用の抑制などの「雇用調整」手法が定着したこと,主婦パートなどの労働力層が不況期に労働市場から退出して非労働力化しやすいこと,そしてなにより経済の落ち込み自

体が少なくとも80年代までは短期で終わるという見通しが一般にもたれていたことなどが不況期における人員整理を抑制した要因として指摘されている。90年代のバブル崩壊以後の景気後退は長期化したために，かなり雇用への影響が現われている。このような雇用慣行による解雇抑制の仕組みは長期の不況には耐えられないことを示しているようである。新規雇用の削減がなされただけでなく，中高年のリストラと呼ばれる人員整理も増加し，全体としての失業率は５％近くまで上昇している。

②雇用政策と失業予防

　しかし，こうした雇用慣行の要因と並んで，政府の雇用政策がこれまでの雇用の安定にある程度の役割を果たしてきたことも否めないであろう。しばしば取り上げられるのは，雇用調整給付金（現在は雇用調整助成金）の例である。不況期に行なわれる一時帰休に対して支払われる援助金は，企業が人員整理を棚上げして，一時帰休に止めることにかなり貢献してきたと見なされている。

　この雇用調整給付金の例に示されるように，国の雇用政策の重要なポイントは，失業を事前に予防するという点にある。つまり，企業が人員整理に踏みきってしまった段階での法的な規制は緩やかである（判例による規制はかなり厳しいという見方もある）が，人員整理に至る前にどうにか対策を立てようという点に力は注がれていた，というわけである。そして，失業の発生は経済全体の不況によるだけでなく，産業構造の転換など特定業種の不況や特定職種の雇用減少という原因からも発生しうるわけであるから，失業の総合的な防止という観点からは，職業転換のための職業訓練なども失業予防の意味をもつことになる。したがって，失業予防という観点からも，雇用政策は総合的なものにならざるをえないのである。それは，すでに発生した失業に対して救済（厳密な法的な用語としては適切でない）を与える失業保険のような事後的な対策とは対照的な政策である。

　もっとも，日本の雇用政策立法がすべて失業予防の観点からつくられてきたというわけではない。高度成長期には，産業構造の転換にともなう失業予防の

問題もあったことはたしかであるが（石炭産業など），雇用政策上の基本的な問題は労働力不足であった。職業訓練も職業紹介も，そうした労働力不足を解決するための労働力の養成と配置とを主要な任務としたのである。

このように時期によって重点が異なるが，雇用政策は，失業の予防，労働力の養成・配置を内容として，労働力の過剰（失業）と不足の両面に対処する総合的な政策としての性格をもっている。そこで，ここでは，失業に限定せずに，雇用政策全般にかかわる法律についてまず概観しておくことにしよう。

(2) 雇用政策と法

①広範な雇用政策

雇用政策を広く労働力の形成から配置・移動にまでかかわる政策と考えれば，労働力の形成にかかわる職業教育・訓練政策（もちろんこれには再訓練，生涯学習などを含む），労働力配置・移動に関する職業紹介政策，そして雇用の中断に対応するための失業政策がある。国家がこれらの政策のそれぞれのステージにかかわっている限り，そこには法（厳密には「法律」）がかかわりを持っている。雇用政策に関する法の範囲は広いのである。

他方，雇用政策と法との関係は，国の機関の関与を基礎づけるために法がつくられる（そのことは同時に国の機関の行なう政策執行が法律によって規律されることを意味する）という関係にとどまらない。たとえば，最近の職業安定法の改正による民営職業紹介事業の自由化に見られるように，それまで国の機関の独占と考えられていた事業[11]を民営事業にも解放する，その場合に民営事業のあり方について一定の規制を行なうというような場合には，法は，国の機関だけではなく民間の機関の行なう活動についても基礎づけと規制とを与えるという役割を果たす場面もあるのである。そして，そうした法を制定すること自体も広い意味では国の雇用政策の一環と見なすことができるのである。同じ例を用いれば，職業紹介政策の中心である職業紹介事業を国の機関のみに専属させるか，民間の事業の参入も認めるか，ということ自体が国の雇用政策に属しているのであり，そのような政策を実現するためにはやはり法律が必要に

なるのである。「雇用政策と法」というテーマで考えるときには，国の機関が直接行なう行政活動（国の雇用政策の中心的な部分）に限定せず，国の機関が行なうか否かと別に，国の広い意味での雇用政策を表現する法も取り上げる必要があるのである。

(3) 雇用政策に関する法

①多様な法律群

まず，政府の雇用政策の基礎となり，政策執行の枠組みを定めている「雇用政策に関する法」について見ることにしよう。国の雇用政策と直結した法律群である。ここには，多様な法律を見出すことができる。ざっとめぼしい法律の名をあげてみよう。職業安定法，雇用保険法（旧失業保険法），雇用対策法，職業能力開発促進法（旧職業訓練法）などはこのような雇用政策法のなかでも基本的なものである。これらの基本的な法律のほかに，特別の雇用問題を対象とした地域雇用開発等促進法，特定不況業種雇用安定法，高年齢者等雇用安定法，障害者雇用促進法などがあり，新しいものには労働者派遣法などがある。

最近大幅改正を受けて注目されている男女雇用機会均等法も広い意味では雇用政策の基本的な部分に関連するから雇用政策に関する法だといってもよいが，雇用平等法という別個の分野を考えてもよいくらい重要な法律である。労働基準法なども実は，雇用政策のあり方に重要なかかわりをもっている。たとえば，法定労働時間の水準を考えてみよう。それだけで雇用水準を左右する重要性をそれはもっているといえる（ワーク・シェアリング）。これらの法律は，以下に取り上げる狭義の雇用政策法には入らないが，これと密接に関連する法律と位置づけて置くことができよう。

ここに挙げたように，雇用政策に関する法律の数は非常に多く，また多様な分野にわたっている。これは，国の雇用政策が，労働市場や雇用関係の成立・展開・終了の多様なステージにわたって展開されていることを意味するのである。一言で言えば，国は雇用問題に深くかかわっているということができる。

②雇用政策法の体系

　これらの法律群は，もちろんアト・ランダムに制定されたわけではない。ある種の体系性をもって，これらを整理することができるのである。第一のジャンルは，国家の雇用政策の全般的な方針，全般的な政策的介入に関する法分野で，上記の法律群のなかでは雇用対策法がこの分野での代表的な法律である。「完全雇用政策」という最も基本的な国の雇用政策の目標にそってどのような政策運営をするかがここでは問題とされる。第二は，職業紹介に示される雇用関係の形成にかかわる国の政策に関係している。職業安定法がこの分野の基本法であり，高齢者雇用促進法や障害者雇用促進法などがこの分野に属している。また職業安定法の労働者供給事業禁止の原則からの例外を許容する労働者派遣法もここに含めておいてよいであろう。第三は，職業能力の開発に関する分野である。職業能力開発促進法が中心で，ほかに若干の法律があるだけである。第四のジャンルは，失業対策に関する分野である。つまり，全般的な雇用安定のための施策や，職業転換などのための職業訓練にもかかわらず雇用の場を失ってしまう「失業」という事態が発生しうる。失業者に対して再訓練を実施したり，新たな職業の斡旋をすることは重要なことであるが，それにもかかわらず新たな雇用が見つからないとすれば，失業者に対して生活費の保障をする手だてが講じられなければならない。雇用保険による失業給付が基本的な手段となっている。ただ，雇用保険法には，失業給付だけでなく，失業防止のための「雇用安定事業」が定められていることに注意しておこう。

　つまり，完全雇用を実現するための経済環境の整備などを背景として，求職者と求人企業とを仲介する職業紹介，新規求職者，失業者，雇用継続中の者の職業訓練や能力開発，失業が生じた場合の失業者の救済や失業の防止がそれぞれのジャンルに対応する。このように理解すれば，法律のややこしい名称にもかかわらず，これらの法律群がそれほど難しい内容をもつものではないことが理解されるであろう。

③雇用対策法と雇用対策基本計画

　第一のジャンルで雇用政策の基本を定めるのが，雇用対策法（1966年）である。この法律では，「労働者の職業の安定と経済的社会的地位の向上とを図るとともに，国民経済の均衡ある発展と完全雇用の達成とに資する」ことが国の雇用政策の目的とされている。この法律は1966年高度成長期まっさかりの時期につくられたのであるが，雇用対策法に規定されている「完全雇用」の実現・達成という政策目標は戦後の混乱期を経て，1955年には明確な政策目標として掲げられるにいたった（「経済自立5ヶ年計画」）。立法は，1964年に OECD が「積極的雇用政策」を提唱したことに強く影響されている。"積極的雇用政策"とは，労働力供給の天井を引き上げることによって，経済成長を促すことを目的とするもので，そのために技術変化への労働者の適応や労働力移動を促進するための職業訓練，職業紹介機能の強化など個別的雇用対策に重点を置くものとされている[12]。

　雇用対策法は，前述の目標のために「国が……必要な施策を総合的に講ずる」とし（1条1項），雇用政策の基本となる計画（「雇用対策基本計画」）を策定することとしている（4条）。雇用対策基本計画は，政府の経済計画とも調和を保つものとされており，雇用政策の基本的な方針を表しているのである。1967年に第1次雇用対策基本計画が策定されており，その後，順次ほぼ5年ごとに基本計画がつくられている。現在は，1995年に策定された第8次計画の期間に入っている。基本計画は，年次計画と都道府県計画にブレイク・ダウンされ，実務をリードすることになる。雇用対策基本計画には，基本的な経済運営のスタンスから，高齢者雇用，女性の雇用，労働時間の短縮など固有の，各論的な雇用政策の課題までさまざまなものが言及されるのが通例である[13]。その時々の労働市場の問題点と対策の重点が示されるわけである。

　雇用対策基本計画に示された政府の雇用政策が，実際に実物経済としての労働市場や雇用関係にどの程度の影響を与えているかを測定することは難しい。しかし，雇用政策法の法律群の制定や改廃の多くが基本計画によって方向づけられており，そうした諸法律の規制や助成が雇用情勢にある程度の影響を与え

ていることは明らかである。

④職業紹介と公共職業安定所

　職業紹介とはいうまでもなく，労働者を求める企業（求人）と働く場を求めるひと（求職者）とを仲介することを言うが，求人・求職の情報が不十分な場合には両者の必要を媒介する業者が不当な利益を上げるということが起こりうる。『職工事情』や『女工哀史』に描かれている女工の周旋人のような例がそれである。周旋人は，しばしば労働条件についても虚偽の情報を与えて就業を促すということも生じたのである。1947年に制定された職業安定法は，こうした職業的な仲介業者による不当な利得やそこから生じるさまざまの劣悪な労働関係が発生することを防止するために，職業紹介を政府のほぼ独占的な事業とすることとした（1条，4条3号）。公共職業安定所が行う紹介は「無料」であり，求職者からも求人企業からも手数料は取らないという仕組みをつくったのである。こうした，国の機関による職業紹介事業の独占という考え方は，ILO96号条約（1949年）にも示された考え方であり，ヨーロッパの多くの国でも採用されていた考え方であった。もっとも，わが国の実際の職業紹介システムにおいては，職安（公共職業安定所）が直接果たす役割よりも，学校に委託して行なう新規学卒者の職業紹介（法25条の2，25条の3）の方が実際には大きな役割を果たしてきた。日本の雇用慣行においては，新規学卒者採用が基本的なポリシーとされてきたからである。

　こうした職業安定法の基本的なシステムは，労働者派遣法の制定と改正（1985年，1999年）や最近の職業安定法改正（1999年）でだいぶ緩和された。労働者派遣法は，それまで職業安定法が禁止していた労働者供給事業を部分的に解禁するもの（といっても当初想定されていた労働者供給と派遣法の対象としたものは実態的に異なる面があったといえる）であったが，99年改正でその対象を大きく広げることになった。また職業安定法改正はこれまで例外的にしか許容されなかった民間の職業紹介事業を一般的に法認するという点で基本的な方針を転換するという意味をもっている。この職業安定法の改正については，

1997年のILO181号条約の影響もあったことを注意しておきたい。181号条約は，96号条約の原則を転換して，民間の職業紹介事業を認めるという新しい内容のものであった。

⑤職業訓練

　職業能力開発促進法は，「職業に必要な労働者の能力を開発し，および向上させることを促進し，もって，職業の安定と労働者の地位の向上を図るとともに，経済および社会の向上に寄与することを目的とする」としている。職業能力の開発というのは，一般的には，二つないし三つのステージで問題になる。最初は，入職（就職）前の職業能力形成である。職業教育（職業学校だけでなく一般教育の教育機関でも問題になりうる）がこれにあたる。二番目は，入職後の能力の改善や向上で，より上級の職務への昇進や技術革新への対応のために必要とされる。三番目は，転職や職種転換のための職業能力の開発である。産業構造の変化が労働者の職種転換や転職をもたらす場合がある。そうした場合に，労働者は新しい技能や知識を身につけなければならなくなる。

　そうした各ステージにおける職業訓練を奨励，促進するための措置を盛り込んだものが職業能力開発促進法である。同法は，職業訓練法を改正（1985年）したものであり，公共的な職業訓練に加えて，使用者が企業内で行なう訓練や企業外施設を利用して行なう訓練や労働者に職業訓練休暇などを与える場合に助成をするという制度をつくった。職業訓練が企業内のOJTを中心に行なわれるという日本的な技能養成の仕組みに合わせたわけであるが，同時に，科学技術の変化に対応するために企業内の持続的な教育訓練を奨励すべきだという政府の政策が示されている。最近では，失業率が高まるなかで職業転換のための再訓練や学卒者の職業能力の形成が重要になってきており，職業能力の開発に関する世論の関心も高まっている。

　日本のこれまでの雇用慣行では，前述したような新規学卒者採用が行なわれ，職業能力の形成に関する研修が企業内で行なわれたために，また高等学校における一般教育校のウェイトが高いために，職業教育という概念や公共職業訓練

という概念はあまりなじみのないものだったといってよいであろう。高度成長期には特に，公共職業訓練はマージナルな存在にとどまっていたといえる。近年の雇用情勢の変化は，職業訓練をめぐるこうした状況を変えようとしている。

⑥失業と雇用保険法

現在の雇用保険法は，失業保険法（1947年）を大改正（1974年）して新法としたものである。したがって，雇用保険法の一番中心になる本体は，失業に対する保険給付にある。"雇用保険"という呼称が定着しているが，その本体は失業保険にほかならない。失業保険そのものについては説明は必要ないかもしれないが，失業の危険に対して設立される労使拠出による社会保険で，その拠出と給付のタイミングは景気変動に対して対抗的に働くものと見なされている。給付日数などについては省略しておく。

1974年の大改正で「雇用保険」と名称を変更したことについてはしかし，理由がないわけではない。法によれば，「雇用保険は，労働者が失業した場合に必要な給付……を行うことにより，労働者の生活の安定を図るとともに，……その就職を促進し，労働者の職業の安定に資するため，失業の予防，雇用状態の是正および雇用機会の増大，労働者の能力の開発および向上その他労働者の福祉の増進を図ることを目的とする」（1条）となっている。はじめの部分は明らかに失業保険給付（法では「失業等給付」という用語）を意味しているが，その後に書かれているのは，失業の予防であったり，労働者の能力開発であったりする。つまり，雇用保険は，単なる失業保険ではなく，通常の失業保険にはない機能ももつ，その意味で幅広く雇用に関係する保険という性格が与えられたのである。本体の失業給付に附加されたのは，「雇用安定事業，能力開発事業および雇用福祉事業」（3条）の3事業である。失業給付とともに"雇用四事業"と言ったりしている。

「雇用安定事業」とは，解雇・人員整理を避けるための一時帰休や教育訓練に対して助成を与えるとか，高年齢者の雇用に助成を与えるといった事業を意味している（62条1項）。企業に助成金を与えることによって，解雇を防止し，

あるいは新たな雇用を促進しようというわけである。「能力開発事業」とは、職業能力開発促進法に基づく職業訓練や教育訓練休暇に対する援助を与えることなどを主たる内容にしている。教育訓練、職業能力の開発は職業能力開発促進法のカバーすべき分野であるが、そこに雇用保険財政から資金を供給しようというわけである。ここまでくると本来の"失業"からはだいぶ遠ざかる感じがするが、立法時には、豊かな雇用保険財政を労働力の質の向上に振り向けようという政策意図があったのである。新法が成立したのはオイルショック後であるが、構想が練られたのはそれ以前で、そのときには高い経済成長率のもとでの完全雇用状態が続いていたから、失業給付よりも労働力の形成の方に関心が向いていたのである。

　成立事情はともかくとして、雇用保険法の成立後ただちに雇用情勢は悪化した。そうした情勢のなかで、雇用保険法に「雇用調整給付金」の制度が設けられ、失業の発生を防止する手段として早速活用されることになった。雇用調整給付金は、雇用関係を維持した状態で操短や一時帰休が起きる場合に給付される。純然たる失業保険の制度であればこうした給付は不可能であろう。雇用保険法に基づくこの制度は、雇用調整における労使の負担を軽減することで一時帰休のような雇用調整をやりやすくし、そのことで解雇＝失業を出しにくくするという働きをもっている。

⑦雇用政策法の特徴

　以上にその主なものを概観したが、日本の雇用政策法は就職から退職まできめ細かに労働行政が対応する仕組みをつくっている。以上に取り上げた基本的な法律のほかに、定年年齢を規制したり、定年後の雇用継続を助成する高年齢者雇用安定法（1986年）、障害者の雇用率を定めて雇用を促す障害者雇用促進法（1987年）、地域雇用開発促進法（1987年）、短時間労働者の雇用管理の改善に関する法律（パート労働法、1993年）などに注目しておくべきであろう。

　こうした雇用関係法の役割はしかし、非常に大きいものであったとは言えない。職業安定法や職業能力開発促進法のところで少しずつ説明したが、日本の

基本的な雇用システムは，公共職業安定所や公共職業訓練・職業能力開発機関を経由せずに，学校から直接企業に入職し，企業内の教育訓練によって技能を形成するという仕組みをとってきた。そのために，職業安定法は学校の職業紹介を認め，職業能力開発促進法は企業内の教育訓練にも助成を与えるということになってきたのである。大企業を中心に，こうした雇用慣行は今日まで基本的に維持されてきた。公共的な職業紹介と職業訓練の制度は，長い間，副次的な役割しか果たしてこなかったのである。"職安"や"職業訓練校"のイメージがよくなかったのはそのためである（そこで，どちらも名称を変えたりしてきた）。

しかし，80年代の中頃から，新しい雇用関係立法が登場することによって状況はかなり変化してきた。パート雇用や派遣などの非典型雇用が増加し，また少子化・高齢化による労働力不足が懸念される状況が生まれてきた。新規学卒採用と企業内訓練を基本とするメイン・ストリームの雇用関係とは異なる雇用のあり方が増加してきたのである。こうした雇用形態・雇用関係の変化は，民間の労働力供給システム（労働者派遣法，民間職業紹介事業）の役割とともに公共的職業紹介・職業能力開発システムの役割を大きなものとする。

さらに，90年代の後半期になると雇用問題が深刻化し，雇用保険法等に基づく各種の助成金が活用されるようになる。完全雇用状態においてそれほど必要とされなかった雇用政策の役割が，不況期には大きくなるのである。99年には，失業率が4.8％にのぼるという状況の中で政府は緊急雇用対策を講じ，巨額の補正予算を計上している。

⑧雇用政策法の限界

雇用政策は，労働力不足の場合にも，労働力過剰（失業）の場合にも必要となる。一方で労働力移動や職業訓練によって不足している労働力を養成・形成し，他方で過剰となった労働力についてはこれまた教育訓練によって職種転換や地理的移動を促すことで失業を解消しようとするのである。今日の雇用政策法は，この両面を含む総合的な雇用政策の法体系をなしているといえる。

しかしこのような総合的な雇用政策法とそれに基づく雇用政策があっても，完全に失業を防止することができないことは明らかである。身近な例では，バブル崩壊後の失業率の上昇がそれを物語っている。雇用政策は，労働力の不足（高度成長期）にも，労働力の過剰（不況期）にも，あるいは両者の同時存在の場合（産業構造の転換期に生ずるミスマッチ）にも対応すべく策定されるのであるが，労働力の量や労働力需要の量を確実にコントロールすることはできない。それは不完全な対症療法にすぎないのである。失業について言えば，失業そのものは，実物経済における労働力需要の減退によって発生し，それが拡大しなければ解消しない。雇用政策は，そうした需要の減少をいくぶんか食い止めることができるかもしれないが，経済の落ち込みを根本的に止めることはできないのである。雇用量の調節自体は，経済政策の課題になる。しかし，人によってはこの経済政策にも限界があるということになろう。

むすび

失業に対して法は何をなしうるか？　というのが最初の問題設定であった。実のところ，この設問に対する単純な，一義的な解答を見出すことはできない。法は大量失業の発生を結局は食い止められない，ともいいうるし，また法によってかなりの程度発生すべき失業が防止されたともいいうる。

しかし，次のことは心に留めておくべきである。まず，本講で「雇用政策法」と呼んだような法律群と，民法のような基本的な「法」との間には失業に関する見方と処方箋をめぐって大きな隔たりがある。今日の法体制は，民法的「法」を基礎とし（だから，解雇の自由は完全には否定されえない），発生しうる雇用不安，失業に対して事後的にあるいは事前に対処しようとするものにほかならない。雇用政策の具体的内容については変化の幅がかなりありうる（それに応じて両者の関係も変わる）が，この二つの法の基本的な関係はおそらく動かしがたいものであろう。市場経済を基礎として社会政策が展開されるという現代経済の基本構造とこれは対応しているのである。第二に，それにもかか

わらず，この基礎となる「法」と雇用政策に関する法律群との間にある対立は，社会的な思想や政策論の対立と関連している。経済活動を個人の自由な活動と見るか，生活に関連する社会的な活動と見るか，というのが基本的な対立軸であるように思われる。失業保険制度やその他の雇用政策法の基礎には，雇用や労働が個人の問題にはとどまりえない，社会的な広がりをもった問題であるという認識（「社会的連帯」）が基礎になっている。近年，自由市場への信仰が高まるなかで，よい雇用を獲得するのは個人の努力であり，失業は個人の責任である，といった観念が広まりつつあるように思われる。こうした動向をどう見るべきであろうか。失業に関してどのような見方を採るかといった問題は，実は，経済社会のあり方に関する問題を含んでいるのである。したがって，今日の日本の雇用政策法や判例法のあり方は未来に対して開かれている。人々がこれをどう考えるかということにかかっているのである。

注
（１）　民法では，そして労働法でも，労働契約は，契約期間を定めた契約である「期間の定めのある契約」と「期間の定めのない契約」とに分けられる。前者の労働契約は契約期間の満了によって終了するのが基本原則である。法律的には，パート労働者の契約更新の問題などこれにもいろいろな問題があるが，本文では人員整理にかかわるものとして後者のタイプの契約だけを取り上げることにする。
（２）　民法の条文では「雇傭契約」の文字が使われているが，簡略化のために民法の条文と直接関連する場合意外には随時「雇用契約」の用語を用いることにする。また，労働法では「労働契約」と呼ぶのが一般である。
（３）　「完全雇用政策」とは，失業がゼロであることを目指すものではない。転職等にともなう一定の失業は避けられないと考えられるから，そうした「摩擦的失業」を与件として，それ以上の失業が生じないようにしようというのが「完全雇用」の考え方である。大体，２〜３％の失業率で「完全雇用」の状態と考える見方が一般だった。なお注（９）も参照されたい。
（４）　憲法の勤労権（27条）の規定については，政府の政治的責務を定めたにすぎないという「プログラム規定」説が有力であるが，職業紹介，失業保険などの具体的な制度における労働者の権利を基礎づけるものという説もある。いずれにしても，法的にどのような意味を有するかを明らかにすることは難しい。
（５）　ただし，企業倒産後に，従業員が労働組合を結成して自主生産を行なうなどの

例が少なからず見られる。
（6） 労働基準法の解雇制限規定には、本文で取り上げている予告制度（20条）のほかに、労災による休業や出産による休業の期間およびその後30日間の解雇禁止（19条）がある。ほかに、労組法では不当労働行為に当たる差別的な解雇が禁止されている。
（7） 判例法における解雇権濫用法理の歴史は古いが、代表的な判決例としては、日本食塩事件最高裁判決（最二小判昭50．4．25民集29巻4号）を参照されたい。
（8） この時期のイギリスの救貧法について、大沢真理『イギリス社会政策史――救貧法と福祉国家――』（東京大学出版会，1986年）を参照。本書は、この時期が単純な小さな政府の時代ではなかったことを実証的に明らかにしようとしている。
（9） William Beveridge, *Full Employment in a Free Society*, Allen & Unwin, 1944. ベヴァリッジのこの報告書は、「完全雇用」の概念を最初に体系的に述べたものとして知られている。
（10） 自由と連帯との関係についてはまだまだ多くの議論が必要である。本文に示したのは簡単な見取り図にすぎないので、読者にもさらに突っ込んで考えていただきたいと考えている。
（11） 改正前もまったく国の独占になっていたわけではない。看護婦、家政婦など特殊な職業について許可制による民営職業紹介が認められていた。また、職業安定法に関連して本文でふれているが、学校が大きな職業紹介機能を果たしている。
（12） 関英昭『安定成長期の雇用政策』（労務行政研究所，1981年）161頁。
（13） 第8次基本計画でふれられている事項である。

第3章　日本の雇用政策

仁田　道夫

はじめに

　戦後日本における雇用政策の展開を踏まえ，近年における雇用政策の課題について論じてみたい。基本的問題関心は，日本経済の構造改革にともなう雇用・失業問題の解決に役立つ雇用政策のありかたは何か，またこれを考える上で必要な研究上の戦略点は何かである。

　ところでいうところの雇用政策とは何か。ここでは一応雇用・失業問題の解決・予防のための政策と定義しておくことにしよう。より具体的表現を与えるとすれば，雇用対策法第1条にうたわれる同法の目的「国が，雇用に関し，その政策全般にわたり，必要な施策を総合的に講ずることにより，労働力の需給が質量両面にわたり均衡することを促進して，労働者がその有する能力を有効に発揮することができるようにし，これを通じて，労働者の職業の安定と経済的社会的地位の向上とを図るとともに，国民経済の均衡ある発展と完全雇用の達成とに資すること」ということになろう。ここで明確にされているように，雇用政策とは，狭い意味での労働政策に限定されるものではなく，完全雇用実現を目指した経済政策・産業政策を含む総合的な政策体系を意味する。本稿では，ここにいう総合的な政策体系という観点に着目して議論を展開する。

　このような意味での雇用政策を問題とする場合の理論的争点の一つは，何をもって労働力の需給の均衡とみるかである。ケインズのいわゆる非自発的失業

をめぐる経済学上の議論だけをとっても膨大なものになる。素朴に考えてみても，失業した炭鉱労働者が，自動車産業に職を得て世間並みの賃金を得ている場合，これは「労働者がその能力を有効に発揮」したことになるのかというような疑問が起きる。だが，ここでは，こうした議論に深く立ち入ることはしない[1]。基本的には，ケインズやベヴァリッジが問題にした長期大量の失業者の発生こそ，雇用政策の必要性を弁証するものであり，完全雇用が第二次世界大戦後の先進国経済で最も重要な政策理念となったゆえんであるという認識から出発すれば十分である。端的にいえば，長期大量の失業者が発生して経済的困窮と社会不安を生み出す状態を防止することが雇用政策の第一義的課題であるとの立場からの立論である。

　もちろん，ベヴァリッジ報告から50年以上を経過し，さまざまな経験を積んできた現代の雇用政策を問題とする場合，こうした原理論的な観点からだけでは十分に問題の所在を解明することはできない。実に多様な問題を考えなければならないが（たとえば雇用差別問題の重要性の高まりを雇用政策論にどう位置づけるかなど），とりわけ日本の経験を踏まえて議論を展開する場合には，不完全就業者や求職意欲喪失者（Discouraged Worker）などを含む広い意味の雇用・失業問題を考える必要がある。また，この間のヨーロッパなどにおける経験・議論を踏まえれば，福祉国家諸制度が生み出す制度依存的失業の問題を考慮せざるをえない。だが，戦後50年余にわたって長期大量の失業を経験せず，したがって，典型的雇用政策の本格的発動を見なかった日本経済も，バブル崩壊後の長期不況に追い打ちをかけるマクロ経済の落ち込みと金融危機によって，本格的な失業問題に直面している。したがって，現在，このようなやや古典的な観点から雇用政策を考え直してみることにも意義があろう。

1　『日本経済と雇用政策』

　ところで，上で規定したような意味での雇用政策を日本の経験に即して総合的に吟味・反省した先行研究として，氏原正治郎教授の業績をとりあげ，検討

してみたい。『日本経済と雇用政策』（東京大学出版会，1989年）に収められた論文「経済変動と雇用政策」（第1章），「雇用保険と雇用政策」（第3章），「第一次石油危機以後の労働力需給構造の変化」（第4章）は，いずれも1980年代前半の時期に執筆・発表されているが，これらは，1973年の第一次石油危機をきっかけとする日本経済の構造転換とそれへの政策的対応を踏まえて，これを歴史的に位置づけようという問題意識に基づく論文であった。

1981年に『社会保障講座 2 経済変動と社会保障』（総合労働研究所）の一章として発表された「経済変動と雇用政策」は，「敗戦から高度経済成長が始まるまで」「高度成長が始まってから石油危機まで」「石油危機以後」という時期区分に立って，戦後日本の雇用失業政策史を概観しようとした論文である。ただし，石油危機以後については，メモ風に論点が提出されているだけで，本格的な展開は行なわれておらず，『日本経済と雇用政策』収録に際しては，この部分はカットされている。これを補うのが，「雇用保険と雇用政策」および「第一次石油危機以後の労働力需給構造の変化」である。したがって，「経済変動と雇用政策」の主要な内容は，敗戦後から1950年代前半にかけて顕著に現われ，社会問題化した雇用・失業問題がどのような政策により解決されていったかの吟味となる。

具体的には，農業を中心に大きな自営業セクターをもち，発展途上国的色彩を強く残す戦後直後期の日本経済が，戦争と敗戦にともなう経済破壊の強い影響と，人口構造の転換期（多産多死から多産少死をへて少産少死へ）における爆発的人口増加圧力の中で直面した雇用・失業問題を，高度経済成長による労働需要の創出により基本的には解決していく過程が主たる流れとなる。この過程における，雇用・失業問題の認識，これを解決する目標の形成，そして目標実現のための経路の明確化と政策手段の整備が整理，詳述される。その含意は，第一に，このような成果が自動的な経済発展の結果としてもたらされたのではなく，さまざまな政策対応（積極的・消極的の両面で）の結果初めて可能となったものであること，第二に，そのための政策体系が，当初から自明であったわけではなく，試行錯誤を経て，また当時の日本の雇用失業問題の固有性の認

識を踏まえて進められたものであることである。

　特に重要であったのは，統計上の低失業率では十分つかまえきれない当時の日本の雇用失業問題を不完全就業問題として把握し，「失業率が端的に失業ないし雇用の実勢をしめしうるような，したがって，近代的雇用政策が市場に展開されうるような就業状態に達する」（雇用審議会答申第 2 号，1959年）ことを政策目標としてかかげたことである。これは，戦前の失業対策思想のなかで支配的であった自営業セクターの潜在失業を失業問題の顕在化を防ぐためのバッファーとして肯定的に捉える考え方からの転換を意味した。このような「日本的」雇用失業問題解決の方策としてとられたのが産業構造高度化に向けた誘導政策であり，これを体系化したのが，高度成長をリードした所得倍増計画であった。

　もちろん，そうした経済政策・産業政策だけで問題が解決されたわけではない。これに対応する労働市場条件の整備のための諸施策が必要であり，特に豊富に供給された中学・高校からの新規学卒労働力を需要に結びつける公共職業安定所と学校の連携による広域的な人材供給ネットワークの形成が重要な意味をもった。また，高度成長にともなって発生した産業構造・産業立地の変動への対応の基本がこうした新規学卒労働力の大規模供給によって比較的摩擦なく実行されたが，それだけでは十分対処しきれない問題，たとえばエネルギー革命にともなう炭鉱離職者の構造的失業対策などが実施された。これらを踏まえて，いわゆる積極的雇用政策の体系化を図ったのが1966年制定の雇用対策法である。

　1960年代半ばには，高度経済成長により不完全就業も解消し，失業率も低く，炭鉱離職者などの問題を抱えながらも，マクロ的には「完全雇用」を達成したといってよい。だが，70年代に入ると，世界経済の動揺とともに日本経済も変調を来し，大きな屈折点を迎えることになる。雇用政策の観点からすれば，その転換点は1973年の第一次石油危機である。以後，雇用政策は，こうした転換にともなって生じた雇用・失業問題解決のためにさまざまな労働市場政策のメニューを充実させていった。「雇用保険と雇用政策」は，1984年佐口卓編『社

会保険の構造と課題」(社会保険福祉協会)の一つの章として発表された論文であるが,そうした石油危機以後の雇用政策展開の起点となった雇用保険法の成立以後の諸政策の展開過程を整理するとともに,その背後にある論理を追究している。

　この論文によれば,もともと,失業保険から雇用保険への転換は,石油危機以後の雇用失業問題に対処することを目的として計画されたのではない。むしろ上述の雇用対策法の流れを受け,「完全雇用の下でもなお残存する構造的失業を減少させるための積極的選択的雇用政策と失業保険とを統合」(氏原,1989,139頁)するという発想で策定されたものであった。しかし,石油危機に遭遇して雇用保険の一部の機能として予定されていた景気変動に対応するための雇用調整給付金(現,雇用調整助成金)など,経済変動に対処して景気的構造的失業を解決・予防するための諸政策が前面に出ることになった。また,経済変動に直面して高齢者の解雇や失業問題が顕著に現われたこと,さらには,高齢化社会の到来が予想されてそれに対処するための年金制度の改訂などが問題となったことから,特定求職者雇用開発助成金など,高齢者雇用促進政策が重要になった。この論文執筆時点では,なおこうした雇用政策整備の過程は続いており,その成果と問題点について,立ちいった評価は行なわれていない。ただ,昭和50年代前半の雇用動乱期における雇用対策としての実績を認めた上で,現状の固定化・制度の濫用などの問題が発生する危険があるので,労使の制度運用に対する参加意識が重要であるとの指摘(氏原 1989：140頁)が行なわれている。

　ところで,「経済変動と雇用政策」と「雇用保険と雇用政策」という二つの論文を並べてみると,後者では,主として労働市場面で実施された諸政策が問題とされ,前者で展開された全機構的な雇用失業問題への対応策は,正面からは論じられていない。これを補うのが,同じく1984年に発表された「第一次石油危機以後の労働力需給構造の変化」(『公労委季報』59号)である。この論文は「第一次石油危機から約10年を経過した時点に立って,この間に労働力需要および供給の量的質的変化におよぼした諸要因とその帰結を概括的に吟味し,

今日および将来の雇用問題の所在を明らかにしようとした」(氏原 1989, 142頁) ものである。すなわち，労働力需要構造の変化要因としては，(1)石油危機を契機として，その直接的影響だけでなく，日本経済をとりまく国際的経済環境が変り（たとえば貿易摩擦の激発），産業構造の変化を余儀なくされ，その結果，一部には構造的不況業種・地域が発生したこと，(2)これに対応する手段としての意味をもちながら急速に展開したマイクロエレクトロニクス技術革新により産業・職業構造を変化させたこと，(3)高度成長期以来の都市化・生活水準の上昇・人口の高齢化などにより，生活様式・消費構造が変化し，また消費に占めるサービス需要の比率の上昇が見られたこと（いわゆるサービス経済化の一側面）があげられている。他方，労働力供給面では，高学歴化，高齢化，女子労働力供給の増加などの変化がみられた。これは，専門的技術的職業への高学歴労働力の供給，第三次産業の女子パートタイム労働者の増加など，需要構造変化への供給サイドの適応を促す側面もあったが，他方，さまざまな不適応現象も生み，高齢者雇用問題，男女雇用機会均等問題，パートタイム労働問題などの問題を生んだことが示唆されている。

　雇用政策論の観点からみると，この論文は石油危機以後の日本経済の変容にともない，さまざまな政策対応がなされていった背景を統一的に把握する基礎分析として位置づけることができる。ただし，上記「雇用保険と雇用政策」をあわせてみても，「経済変動と雇用政策」で展開されたような総合的な政策体系の分析とはなっていない。この空隙を埋めるためには，石油危機以後の総需要管理政策，「重厚長大から軽薄短小へ」，あるいは「知識集約化」というようなキャッチフレーズに代表されるような産業政策，さらには「定住圏構想」などの地域開発政策などの総合的な検討が必要とされよう。あるいはまた，労働市場政策と補完的な関係にある社会保障政策をその中に位置づけることも必要であろう。ここではその具体的検討は行なわない。だが，その礎石は据えられているといえる。

2　1980年代以後の雇用政策

　紙幅の制約により，1980年代以後の雇用政策の総合的な分析を展開する余裕がない。対象も複雑になってきている。ここで，労働市場部面で，主として労働省によって実施された政策だけをみても，実に多岐にわたり，また複雑な様相を帯びている。このことは，これら諸政策を，その立案から実施に至る過程に即して詳細・包括的に叙述した高梨昌『改訂版　新たな雇用政策の展開』（労務行政研究所，1995年）を見れば明らかであろう。この書物で取り上げられている政策メニューを一覧しただけで，次のような論点が指摘できよう。

(1)　構造的失業の防止を目的とする特別雇用政策の充実・展開。特に高齢者雇用政策の多様な展開がここでは目立っている。

(2)　労働市場の構造変化と非正規型労働市場のシステム整備。具体的には，労働者派遣法（1986年7月施行），短時間雇用者雇用改善法（1994年12月施行）などが指摘できる。この分野ではパートタイム労働対策の立ち後れが目につく。

(3)　雇用問題における雇用機会の量的不足問題から雇用機会の平等問題への重点移行。雇用機会均等法，育児休業法・介護休業法などがこの分野に該当しよう。

(4)　外国人雇用対策など新たな雇用問題とそれへの対応。

(5)　雇用政策としての労働時間短縮。直接には労働生活の質的向上，ゆとりの増大対策として展開された時短政策だが，結果としては平成不況期に意図せざるワーク・シェアリングとして機能した。

(6)　社会保障政策・税制などとの関連が深くなっている。これはパートタイム労働のいわゆる100万円の壁の問題，高齢者雇用と年金改革の関係などをみれば明らかである。

　これらの論点一つひとつが大きなテーマで，掘り下げていけば十分一つの論文，ないし著書となりえよう。ただ，ここでの問題関心である総合的政策体系

としての雇用政策という観点からすると，これらを個別に扱うだけでは十分ではない。また，日本経済のこの間の歩みを振り返ってみても，実に多様な論点が問題となる。国際経済環境の変化は続いているが，かつては，貿易という実物面での関連が主体であったものが，いまや金融面での関連が前面にでており，その全体像をつかむことはこの分野の専門家でも容易でない。これと密接にかかわって，1980年代後半の日本は大規模なバブル経済を経験し，現在もその後遺症に悩んでいる。

ここでは，このような困難を自覚しつつ，総合的政策体系としての雇用政策把握のための第一歩として，二，三の論点を検討してみよう。

3　雇用対策基本計画

第一の論点は，雇用対策法にかかわるものである。いうまでもなく，雇用対策法は冒頭に引用した第1条からもわかるように，ここで問題としている総合的政策体系としての雇用政策の樹立を目的とするものであるから，当然検討の対象とすべきものである。この高度に理念的な法律がどれほど実効性をあげてきたかについては疑問の声もなげかけられてきた。その本格的な検討が必要であるが，ここでは，その手はじめとして，第一次雇用対策基本計画とそれ以後の基本計画との違いと，その意味について考えてみることとしよう。

1966年に成立した雇用対策法に基づき，1967年3月に経済社会発展計画（計画期間67～71年）と合わせて制定された第一次雇用対策基本計画は，「完全雇用への地固め」というタイトルを付され，総合的政策体系としての雇用政策樹立へ向けた意欲を感じさせるものである[2]。そこでは，高度成長の中で，若年者を中心に労働力不足が発生している一方，雇用機会が不足している地域が存在し，また，炭鉱をはじめとする中高年離職者問題などが深刻となり，その解決が必要となっている条件の下で，「労働力流動化」によりこの過不足を解決していく観点が前面に出されている。それと同時に，「関連施策との有機的連携」が重視され（労働省職業安定局失業対策部 1967：152~154頁），「雇用機

会の着実な増大」「産業構造の近代化」「地域的に均衡のとれた開発発展」「雇用をとりまく環境条件の整備充実等」についてさまざまな政策的対処方針が述べられている。たとえば，イギリスの選択的雇用税やフランスの職業訓練税に言及しながら，必要に応じて税制・金融を完全雇用のための政策手段として活用する必要が述べられたり，「労働力需給の地域的不均衡」是正のために，既成工業地域では工業立地の調整を図り，その地方誘導と地域産業育成が必要であるとされたりしている。その適否，有効性は別にして，雇用対策法が本来イメージしていた雇用対策基本計画に近い形で書かれているといえよう。

だが，1973年1月に策定された第2次基本計画では，その書きぶりは大きく変わっている。その内容は，基本的には労働省，その中でも実質的には職業安定局が実施すべき政策の基本方針ともいうべきものであり，第一次基本計画の中心をなしていた「関連施策との有機的連携」はまったく登場してこない。このような転換はどのようにして起きたのであろうかという疑問が湧く。だが，これに的確な回答を出せるような資料はない。もともと，第2次基本計画は，その誕生過程から疑問がもたれる点が多い（表3-1参照）。第一に，通常，経済計画策定と合わせて策定されるが，1970年5月の新経済社会発展計画制定時には，基本計画の改訂が行なわれなかった。第二に，第1次基本計画の計画年度の終期である1971年度を終えても計画がただちに策定されず，翌年度も終わりに近づいた1973年1月にようやく決定されている。どうやらあまり歓迎されない誕生だった節がある。その背景を憶測してみると，一つは，高度成長末期で，超完全雇用状態が続き，雇用政策の必要性があまり感じられなかったこと，いま一つは，1960年代半ばの時点で，積極的労働市場政策展開の主要な動力となっていた炭鉱離職者問題が一段落し，緊急性があまり感じられなくなっていたことが考えられる。

このような経緯を考慮に入れると，1959年雇用審議会答申第2号に象徴される政策目標としての完全雇用は，60年代末から70年代はじめの時期には，政府の優先的関心事項からはずれていたと考えることもできる。これはある意味で高度経済成長の自然な帰結であったといえる。この状況は，だが，石油危機の

表3-1　経済計画と雇用対策基本計画一覧

経済計画			雇用対策基本計画			
名　称	閣議決定	計画期間	名称	閣議決定	計画期間	課　題
経済自立5カ年計画	昭和30年12月23日	昭31～35年（5カ年）				
新長期経済計画	昭和32年12月17日	昭33～37年（5カ年）				
国民所得倍増計画	昭和35年12月27日	昭36～45年（10カ年）				
中期経済計画	昭和40年1月22日	昭39～43年（5カ年）				
経済社会発展計画——40年代への挑戦——	昭和42年3月13日	昭42～46年（5カ年）	第1次計画	昭和42年3月14日	昭42～46年（5カ年）	完全雇用への地固め
経済社会発展計画	昭和45年5月1日	昭45～50年（5カ年）				
経済社会基本計画——活力ある福祉社会のために——	昭和48年2月13日	昭48～52年（5カ年）	第2次計画	昭和48年1月30日	昭47～51年（5カ年）	ゆとりのある職業生活をめざして
昭和50年代前期経済計画——安定した社会を目指して——	昭和51年5月14日	昭51～55年（5カ年）	第3次計画	昭和51年6月18日	昭51～55年（5カ年）	成長率低下の下でインフレなき完全雇用を達成・維持すること
新経済社会7カ年計画	昭和54年8月10日	昭54～60年（5カ年）	第4次計画	昭和54年8月10日	昭54～60年（7カ年）	安定成長下において完全雇用を達成するとともに来るべき本格的な高齢化社会に向けての準備を確実なものとすること
1980年代経済社会の展望と指針	昭和58年8月12日	昭58～平2（8カ年）	第5次計画	昭和58年10月14日	昭58～平2（8カ年）	今後に予想される急速な高齢化，産業構造の転換等に的確に対応するため労働力需給のミスマッチの解消を図り，質量両面にわたる完全雇用の達成と活力ある経済社会の形成を目指すこと
世界とともに生きる日本——計画運営5カ年計画——	昭和63年5月27日	昭63～平4（5カ年）	第6次計画	昭和63年6月17日	昭63～平4（5カ年）	構造調整期において雇用の安定を確保し，これを基礎としたゆとりある職業生活の実現を目指すこと
生活大国5カ年計画——地球社会との共存をめざして——	平成4年6月30日	平4～平8（5カ年）	第7次計画	平成4年7月10日	平4～平8（5カ年）	労働力供給制約に対応するための基礎を整備し，労働者一人一人の個性が尊重され，その意欲と能力が十分に発揮できる質の高い雇用構造の実現を目指すこと
構造改革のための経済社会計画——活力ある経済・安心できるくらし——	平成7年12月1日	平7～12年（6カ年）	第8次計画	平成7年12月19日	平7～12年（6カ年）	経済社会の変革期において雇用の安定を確保するとともに，労働者が可能性を主体的に追及できる社会，安心して働ける社会を実現するための環境整備を図ること

出典：征矢紀臣編『経済社会の変革期における雇用対策』1997年，157-158頁。

到来とともに終わる。第一次石油危機後の不況対策，その後の特定不況業種・地域対策，そして高齢者雇用問題のクローズアップとともに，雇用問題は再び政策課題として脚光を浴び，上で述べたように多様な政策メニューが次々に打ち出されていった。

　だが，ひるがえって雇用対策基本計画をみると，第3次以後も，その構成は第2次計画のそれを踏襲しており，最近の第8次基本計画（1995年12月）に至るまで，大きくは変わっていない。もちろん，実質的には，特定不況対策における産業政策と雇用対策の連携，高齢者対策における社会保障政策と雇用対策の事実上の連関は十分に意識され，また省庁間の連絡・交渉を踏まえて展開されていたであろう。だが，第1次雇用対策基本計画型計画の再登場が試みられることはなかった。この背景には，雇用対策法制定当時の素朴なケインズ型経済政策や経済計画への信頼が失われたこと，省庁間の分業関係が一層明確化され，縦割りが進んだこと，労働運動の転換や政党の支持基盤固定化の関係で，雇用問題が政策の第一目標とはなりにくくなったこと，有沢広巳に象徴される戦後型総合的政策知識人の後退ないし不在などが考えられるが，その妥当性を検証するにはなお多大の研究蓄積が必要とされよう。

　もちろん，第1次基本計画型の雇用計画がどれほど有効か，そもそも経済計画自体の有効性が問われている時に，派生需要である労働需要にかかわる計画を立てることにどのような意味があるか，というような根本的な問いがあることは確かであろう。また，「完全雇用」目標自体への懐疑も強い現状である。だが，国民にしかるべき雇用機会を保障し，そこから得られる所得で生活が成り立つようにしていくという経済政策の根本目標を放棄するわけにはいくまい。問題は，そうした根本目標をどう現実的な行動目標にブレークダウンし，実質的に整合的な政策体系に展開するか，そして，それを阻害する既得権や縄張りをどう解消していくかにあるのではなかろうか。そのような観点からすれば，雇用対策基本計画の見直しは，議論の出発点として意味があるかもしれない。

4 地域雇用開発

ところで，第1次雇用対策基本計画やその前後の失業対策年鑑における雇用政策に関する記述を読んでみると，その底流に地域雇用開発問題への強い関心があることに気づく。高度成長によって全体として雇用機会は急激に増大し，労働市場の需給は逼迫して所得水準の向上が達成されつつあったが，これは同時に都市化の過程であり，需要地である大都市圏への膨大な人口移動をともなうものであった。これは，当然，地域間の開発不均衡を招き，社会問題・政治問題につながらざるをえない。これへの政府の対応の基本は，国土総合開発法に基づく全国総合開発計画に置かれることになる。1960年策定の第1次全国総合開発計画の具体化という点では，1962年の新産業都市建設促進法の成立と，それに基づく13の新産業都市の指定が重要であった。

地域開発政策としての新産業都市について，ここで詳しく評価を加える余裕も，能力もない。だが，雇用政策の観点から特に興味深いのは，法案審議の過程で「雇用の安定」が目的の一つとして追加され，労働大臣が区域指定などについて要請大臣とされたことである（労働省職業安定局失業対策部1964，432頁）。労働省は，これに基づき，区域指定に関しては，全国総合計画にいう開発地域に限定することを基本方針とし，①労働市場において求職過剰なこと，②区域内での就職が容易でないこと，③所得水準が低いこと，④有業人口に比して不完全就業者が多いこと，などを勘案して指定するなどの方針を打ち出した。自治体・政治家を巻き込んだ新産業都市指定をめぐる政争のなかで，こうした労働省の方針がどれほどの影響を持ち得たか，定かでない。だが，37年度版失業対策年鑑では，指定された地域のうち一つ（松本・諏訪）を除けば上記「開発地域」であり，おおむね妥当な結果であったという評価が下されている。

なぜ，この時点で，労働省の役割が国土開発政策の基本に及ぶことになったのであろうか。この疑問に的確な回答を示す用意はない。だが，「関係各道県における建設基本計画の作成においては，雇用計画の策定，必要労働力の確保，

求人間の競合に対する円滑な調整，転職者対策の問題について職安行政の積極的な参加が必要であろう」（労働省職業安定局失業対策部 1964：433頁）と述べられているところから推測すると，当時の人手不足状況のなかで，特に中卒者の就職に関して強い指導的役割を果たしていた職安の役割や[3]，炭鉱離職者対策を通じて産炭地を含む道県の地域開発（むしろ地域社会の崩壊防止）に果たしていた労働政策の役割が浮かび上がってくる。

　逆に，そうした活動を通じて，労働省内において地域開発政策の重要性が強く意識されるようになり，国土開発政策に発言していくことが必要だとの認識が深まっていったとも推測される。この意味では，地域開発政策への関心が，雇用対策法における総合的雇用政策体系の樹立という問題意識形成のスプリングボードとなった可能性があることに注目したい。地域開発政策という項目が失業対策年鑑に初めて登場するのは，昭和37年度版（1964年3月刊）であるが，そこでは，地域別産業別雇用計画試案が策定されたことが述べられている。ついで，昭和38年度版（初めて「積極的雇用政策の展開」という副題がつけられた。1965年3月刊）では，都道府県雇用計画の策定を基礎とする雇用計画の体系（図3-1参照）が描かれている。こうした地方雇用計画の延長上に，雇用対策基本計画を作るという発想がでてくることは，ある意味で自然な流れであったといえよう。

　ところで，1962年の新産業都市法以来すでに36年が経過し，その間，次々と全国総合開発計画が作られ，さまざまな施策が実施されてきたが，地域雇用開発という課題は，解決に向かうというよりは，一層困難な問題となってきたと言わざるをえない。これは，経済開発が都市圏への経済活動の集中を強める傾向がいかに強力であるかを物語る。雇用政策の観点から見るとき，これを人為的にせき止めることの弊害も大きく，1960年代の政策標語のように「労働力の流動化」こそ必要であるという見方も有力であることは認めざるをえない。今日言われている「構造改革」の主要な課題の一つは，地域雇用開発の大義名分のもとでの限度のない，かつ非効率な地域間所得移転を止めることである。だが，地域社会の空洞化と大都市圏の過密を考えると，「流動化」ですべてを解

図 3-1　雇用計画の体系

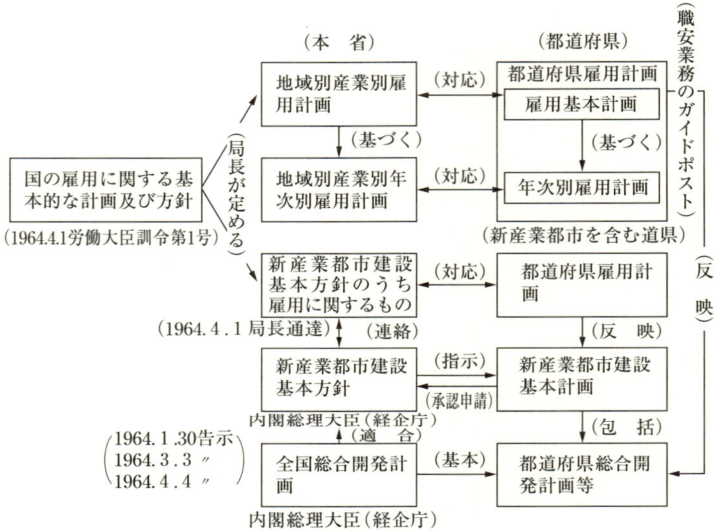

出典：労働省職業安定局失業対策部『失業対策年鑑』昭和38年度，94頁。

決することが望ましいか，あるいはそもそも可能であるか，疑問である。だとすると，なんらかの地域雇用開発政策が必要になる。あるいはむしろ，現実存在としての地域雇用政策たる公共事業に代わって，地域の独自の経済発展を可能にする地域開発政策を模索するということになるのかもしれない[4]。このような観点からすると，さまざまな問題点を指摘されてはいるが，地域雇用開発法に基づく諸施策が持った意味をもう一度考え直してみる必要があるかもしれない。

5　構造改革と雇用政策

近年の雇用政策の最も重要な課題が日本の経済社会の構造改革への対応であることは，1995年12月閣議了承された「構造改革のための経済社会計画」からも明らかであろう。同計画に別紙として付された「高コスト構造是正・活性化

のための行動計画」によれば，物流（トラック・内航海運・鉄道貨物），エネルギー（ガソリン・電力・都市ガス），流通，電気通信，金融サービス，旅客運送サービス（航空・タクシー・鉄道旅客），農業生産，基準・認証・輸入手続き等，公共工事，住宅建設の10分野がとりあげられ，そこにおける規制緩和・改革を中心とする具体的対応策が記述されている（経済企画庁 1995：57～110頁）。この点に着目すると，この経済計画は，ある意味で画期的な具体性をもったものといえる。そして，実際にも，エネルギー（ガソリン）分野の特石法廃止や，金融サービス分野におけるいわゆる金融ビッグバンなど，従来政策の延長上では考えにくい大胆な改革が実施されてきたといえる。もちろん，評価者の立場により，その実施の不徹底性，あるいは計画自体の不十分性を指摘することはできよう。だが，だからといって，そうした構造改革が現実の経済に大した影響を及ぼさないものであったということにはならない。特石法廃止を契機として進んでいるガソリンスタンドの大規模なリストラ一つをとっても，その影響は明白で，かつ大きい（連合総研 1998，参照）。

雇用政策にとって重要な課題は，こうした構造改革の雇用効果がどのようなものであり，それにどのような対応を行なうかである。だが，奇妙なことに，この点について，『構造改革のための経済社会計画』も，同時に策定された第8次雇用対策基本計画も，極めて禁欲的である。表3-2は，経企庁が1993年から2000年までの就業構造の変動を推計した結果である。基本的には産業大分類ベースの推計であり，農林水産業の100万人減少，製造業の60万人減少が減少組の大所であり，それに対して，サービス業で275万人増とサービス業依存の雇用増を期待している。特徴的な点は，商業が流通効率化の結果，30万人減少と予測されていることである。この推計自体，建設業が増加予測となっていることに見られるように，現在時点からみると疑問な点が多い。公共工事・住宅建設で構造改革を行なえば，多少の活性化が見られても，建設業雇用は減少すると考えるのが常識的だからである。逆に，流通は，規制緩和による価格効果などにより量的には拡大することが考えられなくもない。

他方，構造改革を踏まえた成長期待分野における雇用増加の見通しについて

表3-2 就業構造の将来展望（暫定推計）

	就業者数（万人）			構成比（%）		
	昭61年 1986年	平5年 1993年	平12年 2000年	昭61年 1986年	平5年 1993年	平12年 2000年
農林水産業	495	383	283	8.5	5.9	4.3
鉱業	8	6	5	0.1	0.1	0.1
製造業	1,444	1,530	1,469	24.7	23.7	22.2
素材型	314	305	285	5.4	4.7	4.3
加工組立型	621	680	670	10.6	10.5	10.1
その他製造	509	545	514	8.7	8.5	7.8
建設業	534	640	645	9.1	9.9	9.7
第三次商業	3,372	3,890	4,218	57.6	60.3	63.7
電気・ガス・水道	32	35	34	0.5	0.5	0.5
運輸・通信	353	394	426	6.0	6.1	6.4
商業	1,097	1,189	1,159	18.7	18.4	17.5
金融・保険・不動産	225	260	275	3.8	4.0	4.2
サービス業	1,205	1,516	1,791	20.6	23.5	27.0
政府・非営利サービス	460	496	533	7.9	7.7	8.1
産業計	5,853	6,450	5,621	100.0	100.0	100.0

出典：経済企画庁編『構造改革のための経済社会計画』1995年，131頁-⑦。
原注：1986年，1993年は総務庁「労働力調査」等をもとに作成，2000年は経済企画庁総合計画局推計による。

は，かなり詳細な推計が示されている。表3-3によれば，成長期待7分野における雇用創出効果は1993年から2000年までの7年間で約420万人とされている。まったくの憶測だが，この点から逆算すると，構造改革にともなう雇用・就業削減効果は，この期間の就業者総数の伸び170万人をこれから引いた250万人を最低限に，最大420万人の間と推計されているのかもしれない。もし，この憶測があたっていて，これがかりに300万人としても，相当大きな数である。エネルギー革命によって1959年から1970年までの11年間に炭鉱労働者が32万2,000人から8万2,000人へと24万人減少した（氏原1989：33頁）ときの離職者対策の困難さを考えただけで容易に想像できることである。もちろん，実際には，炭鉱離職者のように大きな地域移動をともなわないですむかもしれないとか，既存技能活用の余地が大きいかもしれないなど，有利な条件があるかもしれない。あるいは，この期間における団塊第2世代の労働市場への大規模な参入により，若年労働力の供給増加がみられることから，これら若年層が新規

雇用分野に吸収され，構造改革対象分野では既存労働力が引退者を中心に徐々に減少していく形で調整されていくなら（典型的には農業や自営零細商店など），それほど大きな摩擦をともなわなくても済むかもしれない。だが，それにしても，そ

表3-3　成長期待分野の雇用創出

		就業者増加数 平成5（1993）年 ↓ 平成12（2000）年
自由で活力ある経済社会関連分野	情報通信関連 企業活動支援　関連 人材関連	約60万人 約66万人 約5万人
豊かで安心できるくらし関連分野	医療保険・福祉関連 余暇・生活関連 良質な住宅関連 環境関連	約114万人 約126万人 約39万人 約11万人
合　計		約421万人

出典：表3-2に同じ。131頁-⑧。

の質量両面にわたる真剣な検討が不可欠である。

　もちろん，第8次雇用対策基本計画にも「失業なき労働移動を目指した総合的支援」という節が用意されている。そのなかで，「産業構造の変化に対応した雇用対策の推進」がうたわれ，具体的には，「特定不況業種等関係労働者の雇用の安定に関する特別措置法」（業種雇用安定法）による労働移動雇用安定助成金などの政策手段が示されている（征矢1997：453頁）。だが，これは，いわば不況業種として具体的に現われてきた雇用問題への事後的対処を示すものであり，構造改革に備えた戦略的対応とは必ずしもいえない。

　このような構造改革にともなう雇用問題への対応の消極性は，一面では，問題の政治的爆発性からあえて避けられているためかもしれないが，他面では，「参入しやすく転出しやすい労働市場の整備」（経済企画庁1995：15頁）により産業間・企業間労働移動が円滑に行なわれるとの期待が大きいためであると考えられる。だが，上記のような世代交替を通ずる漸進的移行や，企業内の異業種配転などによって問題が解決しきれず，既経験労働力の大規模な企業間移動が不可避となる場合には，その困難性は大きいものとなることが予想される。かりに労働市場改革が円滑に進められたとしても，それによって参入しやすく転出しやすい労働市場を享受しうるのは，既存の経験労働力ではなく，新規に労働市場に参入してくる労働力からである。問題は極めて具体的な形で現われ

る。たとえば，金融ビッグバンで敗者となる業態・企業から排出される労働者がどれほど金融業界内で吸収されるか，吸収しきれないとした場合，当該労働者群はどのような転用可能な技能をもち，どのような産業に移行しうるか。そうした移行を円滑に進めるにはどのような政策対応が必要か。構造改革を経済政策の基本とすると決める以上，このような雇用対応が必要とされることは火を見るより明らかである。もし，これを「労働市場の流動化」というような一片の標語により解決できると政府が考えていたとしたら，無責任というほかない(5)。

注
（1）「政策目標としての完全雇用概念」を日本の雇用政策に即して吟味した先駆的研究として（亀山 1978）がある。
（2）雇用対策法制定に関しては，（住 1967）を参照のこと。
（3）この点に関しては，（苅谷ほか 1997）（石田 1998）を参照のこと。
（4）地域経済における公共事業関連分野の肥大化は，一面では，限られた地方の資金・人材その他資源を，新規事業誘発効果の低い事業分野に遍在させ，地域経済の独自の発展を阻害している側面がある。このような問題を反省し，真に地方の時代を実現するべく政策転換を図ることが必要であろう。構造改革をいうなら，一例であるが，揮発油税の特定道路財源を廃止して地域開発基金に転用するというような方策を考えるべきであろう。
（5）念のために付言しておけば，1997年秋に始まる現下の金融危機不況への雇用対策は，ここで議論してきたような長期の構造変化への対応とは，少なくとも理論上は，区別して実施されるべきである。今日の深刻な需給ギャップを考慮に入れると，補助金をつけて雇用を促すプラス思考の政策だけでは十分に対応できず，年金を利用した早期引退や，大学・短大卒業者の1年卒業延期など，マイナス思考の対策をとるべき時期にきているのではなかろうか。

参照文献
石田浩（1998）「教育と労働市場」，東京大学社会科学研究所編『20世紀システム3』東京大学出版会
氏原正治郎（1981）「経済変動と雇用政策」，社会保障講座編集委員会編『社会保障講座 2 経済変動と社会保障』総合労働研究所
氏原正治郎（1984a）「雇用保険と雇用政策」，佐口卓編『社会保険の構造と課題』

社会保険福祉協会
氏原正治郎（1984b）「第一次石油危機以後の労働力需給構造の変化」,『公労委季報』59号
氏原正治郎（1989）『日本経済と雇用政策』東京大学出版会
亀山直幸（1978）「雇用政策の展開と問題点」, 平和経済計画会議・経済白書編集委員会編『経済評論増刊　国民の経済白書』昭和53年度版, 日本評論社
苅谷剛彦・菅山真次・石田浩・村尾祐美子・西村幸満（1997）「新規学卒労働市場の制度化過程に関する研究(1)(2)」,『社会科学研究』49巻2, 3号
経済企画庁編（1995）『構造改革のための経済社会計画』大蔵省印刷局
住栄作（1967）『雇用政策の理論と展開』労務行政研究所
征矢紀臣編（1997）『経済社会の変革期における雇用対策』労務行政研究所
高梨昌（1995）『改訂版　新たな雇用政策の展開』労務行政研究所
連合総合生活開発研究所（1998）『経済構造改革が雇用問題と労使関係に及ぼす影響についての調査研究』連合総合生活開発研究所
労働省職業安定局失業対策部（1964）,『失業対策年鑑』37年度版, 労働法令協会
労働省職業安定局失業対策部（1965）,『失業対策年鑑』38年度版, 労働法令協会
労働省職業安定局失業対策部（1967）,『失業対策年鑑』41年度版, 労働法令協会

第4章 失業対策の歴史的展開
―― 日本における失業救済事業の経験から ――

加 瀬 和 俊

はじめに

(1) 問題の所在

　本章では，失業対策として最も直接的な効果をもつ公的就業機会創出政策に限定して，日本における歴史的経験とその教訓について検討したい。中央政府・地方政府が失業者を臨時に雇用して賃金を与えるという公的就業機会創出政策は，失業救済事業，失業応急事業，失業対策事業等の名称で呼ばれていたが，戦前・戦後の日本における失業者対策の中心的施策であった。特に戦前においては，失業保険制度はなく，生活保護制度（恤救政策，救護政策）は労働能力のある者を対象外に置いていたので，公的就業機会創出政策が失業者に対する唯一の対策であった。戦後においては失業保険制度が創設され，生活保護制度も労働能力のある失業者を排除することを原則とはしなくなったから，公的就業機会創出政策はいくつかの失業者対策の一つになった。しかし，失業者に対して官公庁が仕事を与えるという最も直接的な救済策の内容とその限界については両時期で共通している面が多い。
　ところで，失業者が増加して社会不安が高まった時に，地方自治体等が臨時的な仕事を与えるという方策は，イギリスの救貧法や江戸時代の人足寄場などの前史を持つが，19世紀の末頃から各国でしばしば採用されるようになり，特

に，1929年に勃発した世界恐慌による失業者の増大に対して，各国で大規模に実施された。ドイツのアウト・バーン建設や労働キャンプ，アメリカのニューディール政策下の各種公共事業などはその中でも著名なものである。

言うまでもなく，公的な雇用の創出には財政支出が必要であるから，大規模にそれを実施するためには，管理通貨制度の採用がその前提条件となった。しかし，いかに管理通貨制度の下にあるとはいえ，無制限に財政赤字を重ねることは，インフレや為替相場の低落をもたらし，さらに戦前日本のような国際的な債務国にとっては，累積した対外債務の過大化をもたらすから，その制約は大きい。

したがって公的就業機会創出政策は，限られた財政支出を最も有効に活用して最大の救済効果を発揮することを要請されたが，その課題を事業実施の結果として生じるマイナス効果を最も小さくしながら達成することが必要とされたのである。

公的就業機会創出政策のマイナス効果としては，財政的負担以外では，一般労使関係への悪影響と，公的事業の能率悪化という二点が重要である。まず前者については，失業者になれば公的就業機会が与えられるという制度的保証があれば，失業の恐怖によって労働者の労働規律・労働強度を高めるという資本主義的な労務統括方式が機能しなくなる可能性があり，労働条件の悪い企業では離職が増え人手不足や賃金上昇が生じることもありうる。戦前期において日本の資本家団体が失業者対策に反対ないし消極的な態度を取り続けたのはこのためである。

後者についていえば，失業者の就業を受け入れる公的事業は，往々にして能率の悪化に悩まされる。すなわち，本論でふれるような失業者救済事業の諸原則（直営原則，交替就労方式等）を適用すると，専任の公務員や請負業者配下の熟練労働者等が公的業務を担当する場合に比べて，事業能率が低下し，事業が円滑に進みにくくなるが，それは，公的業務に失業者を就労させるという救済目的と，公的業務を効率的に実施して社会的要請に応えるという本来の事業目的とが，衝突してしまうことを意味している。公的就業機会創出政策の歴史

は，こうした公的事業が持たされた二側面——救済性と効率性——の対立と調整の歴史であったといえる。

　戦前・戦後の日本において展開された公的就業機会創出政策が，こうしたマイナス面を考慮しつつ，どのようにしてその政策を展開していったのか，そしてその政策の意図と現実はどのように乖離しており，それに対してどのような対処策がとられたのか，これらの点を明らかにすることが本稿の課題である。戦後の失業対策事業の問題性に鑑みて，その採用が回避されていた公的就業機会創出政策が，完全失業率の急上昇の下で1999年度から実施されることが決定した現在[1]，この政策の歴史的経験を跡づけることは意味のある作業であると思われる。

　(2)　視　点

　公的就業機会創出政策は，失業者救済を固有の目的とする公的事業である。したがってそれは，公的事業の総量の拡大によって結果的に失業者の一部も就業機会を得ることができるという間接的な対策とは区別される。それは，救済を要すべき失業者として特定された人々を雇用することを義務付けられた特定の公的事業を言うのである。したがって，のちに具体的に見るように，緊縮財政の下で公的事業全体は圧縮させながら，公的就業機会創出政策は拡張するということもありうることになる。

　この政策を実施するためには，失業者集団が一般の就労者達と区別された集団として特定されていることが必要であり，一般労働者の就労を拒否する措置が採られる。その理由は，単に公的就業機会が提供されただけでは，それが失業者の雇用に向かうのか，すでに他の仕事に就いている人が転職してそれに従事してしまうのか，あるいはすでに公的事業に従事している熟練労働者の賃金が上昇することによって賃金費用の増加が吸収されてしまうのかが定まらないからである。

　それゆえ，現実に実施された公的就業機会創出政策の性格を解明するためには，少なくとも，①どのような事業・仕事をその政策の対象とするか，②誰を

救済対象とするか，③どのような条件で就労させるか，の三点が明らかにされなければならない。日本における公的就業機会創出政策の中心を占めた失業救済事業・失業対策事業（失業者を公共事業に日雇労働者として就労させた事業）を念頭におくと，この点に関してさしあたり以下のような指摘が可能である。

　第一に，公的事業のうちのどの部分に失業者を就労させるのか，換言すれば，何を失業救済事業とすべきかという問題である。失業者の前職，年齢，学歴等はさまざまであるが，現実にはそれぞれの失業者に適合的な多様な職種を用意することは不可能である。したがって，労働の意思さえあれば誰でも従事可能で熟練を要しない簡易な仕事が失業救済事業に適しているとされ，具体的には公共土木事業の一部がそれに指定されることが通例である。しかし一つの公共土木事業にも，工事の場所（失業者の集積地から遠ければ失業救済事業には適さない），工程（単純・不熟練労働を多用するのは工事の一定の工程に限定される）等の制約がある。多数の失業者を就労させられる事業として，事業費総額の中で賃金比率が高く，かつ主として不熟練労働を需要する事業を，失業者の通勤可能な地域で実施することは決して容易なことではないのである。

　第二に，誰を救済対象とするのか，換言すれば，どのような基準によって失業救済事業での就労者を特定するのかという問題である。「救済対象は失業者である」と定めるだけでは実践的には無意味である。というのは現実の財政制約の下では，失業者のための公的就業機会は就労を希望する者の総数よりも少なくならざるをえないから，求職者の中から救済の必要性の高い者を一定の基準によって選択しなければならないからである。たとえば戦前日本においては，植民地からの渡航者，内地農村の二，三男が都市において求職者として滞留している場合に，彼らを救済対象とすべきなのか，都市への流入を阻止するためにも救済対象から厳格に排除すべきなのかは，判断のむずかしい問題であった。

　第三に，失業救済事業の労働条件の水準である。失業救済事業によって失業者たちが一応の所得を得られる場合には，労働者がそれに定着してしまい，当該事業を廃止することが困難になってしまう。そうした危険を避けるために，

就労者をして通常の就業関係に復帰しようと努力させるためには，賃金その他の労働条件は同種の労働よりも低くしなければならない。また，同じ財政支出で最も多くの失業者を救済するためには，個々の失業者に対しては数日に一度の就労しか保障できないし，逆に同じ失業者に連日の就労を保障すれば救済対象失業者数を求職希望失業者よりもはるかに絞らざるをえないというトレード・オフの関係がある。

以下，紙幅の制約を考慮して，戦前・戦後の失業救済事業の推移を上記の三点に注目しながら素描し，最後にその問題点を総括したい。

さて日本における公的就業機会創出政策は，第一次世界大戦期の好景気が破綻して長期の不況が続き，かつその打撃が関東大震災（1923年9月）によって一層深刻化した時期に，「失業救済事業」の名称で開始された。それ以前にも，「授産事業」という名称で都市社会事業の一部で求職者に就労機会を与える手立てがとられていたが，それは未亡人等に裁縫等の内職を与えるたぐいのものであったから，多数の男子失業者を対象とした事業としては，失業救済事業はまったく新しい施策であった。以後，この事業は第二次世界大戦期の人手不足の下でいったん廃止されたが，敗戦直後に再び復活し，規模を縮小しながらもごく最近まで継続されていたのである。以下，それぞれの時期における事業の性格について検討するが，事業の推移を時期別にバランスよく記述することは意図されておらず，事業展開の論理を明確化するという目的にそって重要な時期を詳述するという方法をとる[2]。

1　公的就業機会創出政策の開始（1925～28年度）[3]

(1) 事業の制度化とその原則

日本における公的就業機会創出政策は1925年度に「失業救済事業」として開始され，同じ制度のままで28年度まで4年度間継続した。その仕組みは，六大都市自治体が実施する冬季の公共土木事業の一部を失業救済事業として指定し，

職業紹介所に登録した失業者を規定の人数以上使用することを義務づける代わりに，その労賃の半額の国庫補助を与えるというものであった。六大都市という地域的限定，日雇労働者の失業が増加する冬季だけに実施するという季節的限定，六大都市の任意の意思による事業であって国が実施するのでも国が強制するのでもないという限定が存在したのである。

その際の条件として明示された諸原則は，われわれが先に指摘した論点にそって整理すると，以下のようにまとめられる。

第一に，いかなる事業を失業対策事業とするかについては，内務省社会局が国庫補助を与える条件として，対象となる事業は事業費中の労賃比率が高く，かつ熟練労働者よりも不熟練労働者を多数用いる土木事業でなければならないという基準を示している。

第二に，誰を救済対象とするかについては，内務省社会局は「当該都市に従来から居住している失業者」という限定を付し，失業救済事業を実施することによって他の都市の失業者や農村住民・植民地住民が当該都市に流入して，かえって当該都市の失業者が増加してしまうという事態を避けるように指示している。

第三に，いかなる労働条件を設定するかについて社会局は，①請負業者に工事の実施を任せる請負事業方式はとらずに地方自治体による直営事業方式を採用すること——この理由は，賃金の中間搾取をする請負業者を排除して，支払った賃金の全額を就労者本人が受け取ることができるようにすることであった——，②就労者本人が通常の仕事につく努力を続けるように，同種の仕事の賃金よりも低い賃金とすること，③救済対象者に公平に就労機会を与えるために毎日就労者を交替させること（交替就労方式）等を補助金交付の条件としている。

このように，この事業が発足したこの段階では，失業救済事業のあるべき条件がそのまま制度化されていた。それは，失業問題・社会事業についての欧米の先進的制度を制度として学んでいた内務省社会局官僚の机上の判断に沿ったものであり，理屈としては正当なものであったといえる。

(2) 原則の適用難の表面化

　失業救済事業は，内務省社会局が示した諸原則に従って六大都市自治体の事業として実施されたが，そうした諸原則をスムーズに適用することが困難であることは事業実施とともに直ちに明確になった。

　第一に，失業救済事業に適した事業は，公共土木事業のうちで労力比率が高く，かつ熟練を要しないで誰でもが従事できる工事であり，かつ当該都市内部で失業者の多い地域から遠くない場所で実施されるものでなければならなかったが，これらの条件を同時に満たす事業は限定されていた。表4－1で事業費に占める労賃の割合を見ると，この時期には45％前後の高率を示している。労力比率が高い事業しか社会局に認可されなかったために，失業者は毎年増加している時期であったにもかかわらず，事業規模が伸び悩んだという関係が読み取れよう。

　第二に，事業を実施する都市に以前から住んでいる失業者だけを就労対象者とするという原則は，事前の登録制度を実施したにもかかわらず，新規求職者の流入を制限する効果を持ちえなかった。というのは内地農村・朝鮮等から新規に流入した求職者たちも，他の都市部から六大都市に流入した失業者たちも，都市雑業層＝半失業者として滞留していれば，当該都市居住の失業者という要件を満たすことになってしまったし，実際に，事業開始の2年度目からは失業者の登録が実施されるより前に居住失業者として登録するために六大都市への流入が増え，半失業状態で待機している者が増加してしまった。六大都市は自らの財政負担で，他の地域で生み出された失業者や，農業内や植民地で貧困のまま一応の生計を立てていた人々を引き受けなければならなくなったのである。これに対しては，対症療法的に事前居住期間を三カ月程度に長くするなど登録のための条件を厳しくすることも試みられたが，その期間以前に流入して雑業的労働市場で就労する半失業者が増加することは，逆に社会不安を高めることにもなったから，参入障壁を一方的に高めることは現実的でなく，制度的対応は不完全のままに推移した。

表4-1 日雇労働者失業

年	事業費		労力費		労働者延べ人員		登録者数		事業進捗率 (b/a)
	予算 (a)	決算 (b)	予算 (c)	決算 (d)	予定 (e)	実際 (f)	計 (g)	うち朝鮮人 (h)	
	千円	千円	千円	千円	千人	千人	人	人	
1925	5,776	3,495	2,468	1,495	1,460	808	24,417	2,920	60.5%
1926	5,712	3,466	2,430	1,612	1,526	847	29,971	8,230	60.7%
1927	3,527	3,109	1,459	1,449	870	751	25,331	8,452	88.1%
1928	2,994	2,491	1,300	1,120	762	598	33,740	18,675	83.2%
1929	14,766	5,530	5,214	2,313	2,809	1,268	40,115	15,545	37.5%
1930	59,394	23,110	16,078	8,650	9,213	4,897	68,595		38.9%
1931	127,242	65,380	39,564	25,129	27,807	21,364	139,886		51.4%
1932	99,493	63,791	28,013	19,854	17,041	13,207	171,489	38,605	64.1%
1933	69,147	47,637	19,624	14,343	13,608	10,504	151,062	33,585	68.9%
1934	46,713	30,068	12,575	8,117	9,164	6,105	101,658	22,652	64.4%
1935	38,443	22,366	11,183	6,517	8,139	4,854	96,451		58.2%
1936	34,007	22,338	10,058	6,757	7,327	4,727	51,286		65.7%
1937	20,391	11,768	5,906	3,855	4,087	2,584	37,190	7,953	57.7%
1938	12,750	6,525	3,541	1,848	2,527	1,133	24,735		51.2%

出典：厚生省職業部『昭和13年度失業応急事業概要』、建設大臣官房調査統計課『明治以降土木事業統計抄録』、中央
注：空欄部分は資料を欠く。

　第三に、労働条件についても想定通りには事態は運ばなかった。まず、請負業者を排除して自治体の直営で土木事業を実施することは、自治体内部の土木事業担当部局にとって容易なことではなかった。というのは、従来の公共土木事業は原則的に請負業者に発注する形で実施されていたから、機械・道具類の管理——自治体当局が機械・道具類を請負業者に貸し付ける場合はその現物管理責任、請負業者がそれを所有している場合は、その減価償却計算を含めた一切の管理——、労働者の統括等は請負業者の仕事であり、土木事業担当部局の職員は日常的な責任を負わず、工事の竣工時に発注通りに仕事がなされているかどうかを検査するだけで足りていたのである。

　しかるに、自治体の直営方針として請負業者を排除した結果、機械・道具については、その選定・購入・運搬・保管、盗難の際の捜索、破損の際の労働者の責任度の判定と賠償金の取り立て等の実務が課せられ、労働者の管理については、就業開始・休憩等の指示、作業グループの編成、個々の労働者への作業の指示、小間割作業の際の各人の作業量の記帳と個人別賃金の格差づけ等が日

救済事業

労賃率 (d/b)	日給 (d/f)	朝鮮人割合 (h/g)	公共土木事業 費決算　(i)	失業救済 事業比重 (b/i)
	円		千円	
42.8%	1.85	12.0%	299,850	1.2%
46.5%	1.90	27.5%	319,188	1.1%
46.6%	1.93	33.4%	354,611	0.9%
45.0%	1.87	55.3%	353,861	0.7%
41.8%	1.82	38.8%	344,928	1.6%
37.4%	1.77		294,444	7.8%
38.4%	1.18		303,381	21.6%
31.1%	1.50	22.5%	400,996	15.9%
30.1%	1.37	22.2%	420,671	11.3%
27.0%	1.33	22.3%	361,231	8.3%
29.1%	1.34		385,750	5.8%
30.2%	1.43		407,363	5.5%
32.8%	1.49	21.4%		
28.3%	1.63			

職業紹介事務局『職業紹介年報』。

常的な業務となった。また，労働者が作業によって怪我をしたと主張した際に，作業ができないほどの傷害と認めて退勤させた上で一日分の賃金と災害補償金を支払うのか，それほどの怪我とは認めずに作業を継続させるかといった問題，怪我人が出た際にその他の何人の労働者がその介抱のために作業を休んでも賃金を与えるべきかといった問題などがあった。さらに，就業後に雨天となって作業が中止になった時に，実際に作業ができた時間だけの賃金しか与えないのか，実労働時間がわずかであっても半日分ないし一日分の賃金を与えるのかといった問題もたえず現場での紛争の種となった。請負方式の場合には，こうした問題は請負人配下による実力による管理とその対価としての飯場暮らし期間中の生活保証によって解消され，自治体当局はその上に立って円滑に工事を進めることができたのであるが，今やそうした役割が，実力装置を持たない現場の自治体職員に押し付けられてしまったのである。

社会局および当該自治体の職業行政担当部局の一方的指示によってこうした面倒な仕事を課せられた土木工事担当部局の職員は，労働者の反発を吸収できるように寛大な賃金算定方式をとるか，あるいは，形式的には直営であっても実質的には請負方式とするか――従来の請負業者を就労者の一人として雇用し，彼を現場監督の助手として，実質的に機械・道具の管理，労務統括をさせる――という方向に傾斜しがちであった。

職業行政担当部局は，そうした現場の対応は請負業者と癒着して失業救済事

業の効果を減殺する行為であるとして批判を続けたので，土木工事担当部局はこれと強く対立することになり，両者は公共土木事業の持つ就労機会提供機能と社会的インフラ整備機能とのそれぞれの立場から互いに相手の行為を批判したのである。とはいえ，実際に公共事業が進展するためには，土木工事担当部局が工事の立案・設計・運営をすることが前提であったから，土木工事担当部局が「失業救済事業に適した工事はない」という態度をとったことによって，この時期には事業規模は初年度が最も大きく，以後，毎年縮小したのである（表4－1の事業費決算等の項目を参照）。

　労働条件の中で就労者の関心の最も高かった賃金に関しては，低賃金原則は二つの理由で貫徹されなかった。第一は，先にふれたように，直営方針による現場での摩擦を回避するための寛大な賃金査定や職業紹介所単位の登録労働者の賃金引上げ運動の圧力によって，賃金が同種の仕事に比較して高くなる傾向があった。特に失業救済事業が集中する会計年度末の3月においてはこの傾向が強かったのである。第二は，日本人失業者にとっては同種労働の民間賃金よりは低賃金である場合にも，失業救済事業の就労者の半ば前後を占めた朝鮮人渡航者にとっては，相対的に高賃金であり，民間の同種労働に従事するよりも失業救済事業に従事することが選好された。というのは，民族差別的賃金体系の下にあった民間賃金では朝鮮人の賃金は日本人日雇労働者のそれよりもかなり低かったのに対して，「日本」国籍所有者には賃金格差を否定していた公務労働の場合には，その賃金水準は朝鮮人労働者にとっては民間賃金よりも高かったのである。このため，失業救済事業に従事した朝鮮人渡航者はその事業から離れることを嫌ったから，緊急的・臨時的な救済事業とされた失業救済事業に長く滞留する人々が目立つようになったのである。表4－1で登録者数に占める朝鮮人の割合を見ると，1925年度の12％から28年度の55％にかけて1年ごとに急上昇していることが明瞭である。

　以上のように，この時期においては失業救済事業の原則が重視されたために，その原則に適した事業を見出し，原則を適用するように工事を進めることの困難が表面化し，国庫補助の予算は準備されたにもかかわらず事業は十分には実

施されず，失業者の多くは放置されることになったのである。この時期は4年度間と短かったが，制度発足時に社会局が描いた失業救済事業の諸原則が，現実には適用困難であり，その条件の遵守を国庫補助の条件とする限り，政府が国庫補助金を準備しても，地方自治体は失業救済事業を拡大することができないことを明らかにした。続く時期においては，昭和恐慌前後の失業者数の飛躍的増加に対処するために，こうした原則を修正することが必要とされたのである。

(3) 失業救済事業専従層の未形成

失業救済事業が冬季間だけ実施され，しかも数日に一度（通常は3～5日に一度が多かった）しか就労できないという状況であったから，失業者にとっては，もっぱら失業救済事業に就労するという条件はなかった。失業救済事業の就労日以外には，民間の日雇労働市場において求職活動をしなければならなかったのである。したがって，民間の雇用先において数日間の継続就業が可能になれば，失業救済事業の就労予定日として通知を受けている日にも民間での就労を優先する傾向があり，その結果，年度末の繁忙期などには「失業救済事業における人手不足」という奇妙な事態が出現することにもなった。工事の完成予定日までに人手不足で作業が遅れている場合にも，失業救済事業に指定されている限り，登録者以外から自由に就労希望者を募ることはできなかったので，工事担当部局としては社会行政担当部局が就労者を予定通り送り込んでこないことを批判せざるをえず，担当している工事が失業救済事業に指定されることを嫌う傾向が強かった。

2　失業救済事業の全面展開——1929年度以降——

前掲表4－1に示されるように，事業規模が減少傾向を示した事業発足当初の4年度間の経験を経て，1929年度以降，事業規模は急増に転じる。32年度以降には徐々に圧縮傾向をたどったとはいえ，日中戦争期に入っても25～28年度

の事業規模ははるかに超えていた。こうした事業規模の拡張が、どのようにして可能になったのかを時期ごとに検討してみよう。

(1) 1929～31年──緊縮政策下の失業救済事業拡張──

①時代的背景

　1929年7月に発足した浜口内閣(憲政会、民政党)・井上準之助蔵相は、日本経済の国際競争力の回復のために旧平価水準での金本位制への復帰を目指し、財政圧縮・金融引き締めの緊縮政策をとり、為替相場を引き上げていった。そのため、公共事業も緊急の工事以外は先送りするなどして大幅に圧縮する方針をとった。しかし同時に、予想される不景気の下で増加する失業者を放置することは社会不安の深刻化につながると考えられたので、「社会政策の充実」の一環として、失業者対策を強化することも公約されていた。1930年初頭から実施された金輸出解禁の内実は円切り上げ＝円高維持政策であったから、輸出難と国内物価の下落が避けられなかったが、それだけではなく、1929年10月のアメリカの株価大暴落をきっかけとした世界恐慌によってアメリカをはじめとした各国の購買力が大きく減殺されたために、対米生糸輸出による外貨獲得なしには存続しえない日本経済への打撃は激しいものとなり、日本経済は昭和恐慌と呼ばれる危機的状況に陥り、失業者は顕著に増加せざるをえなかった。

　このため、公共事業全体の規模は相当程度圧縮されたにもかかわらず、失業者の雇用を義務付けた失業救済事業は増加するという相反した傾向が浜口内閣およびその後継内閣としての若槻内閣の2年半には顕著であった。表4-1で公共土木事業費全体がこの時期に圧縮されていること、また、その中での失業救済事業の割合が顕著に高まっていること(1928年の1％弱から31年の22％へ)が読み取れる。このような失業救済事業の急増はどのようにして可能になったのであろうか。

②失業救済事業の拡張

　浜口内閣は1929年度において失業者対策を強化した。もっとも、失業保険の

制度化は社会局や与党の内部にその構想はあったものの，財界の強い反対で実施が不可能であったから，失業救済事業の質的・量的強化を図ることがその対策であった。内務省社会局によってこの時期にとられた制度的拡張は以下の通りであった。

　第一に，事業を実施できる自治体が拡張されたことである。すなわち従来の六大都市限定規程がなくなり，六大都市以外でも失業者が多い都市は実施できるようになり，さらには，失業者が多くなくとも他の地方の失業者を雇用することや，放置すれば大都市への求職者として流出してしまうおそれのある地元住民を地元にとどめ置くことが可能であれば，どの地方自治体でも失業救済事業を実施できることになったのである。第二に，事業の冬季限定規程がなくなり，いつでも実施することができることになった。第三に，地方自治体が任意で実施する事業以外に，国の決定で国および府県が実施する失業救済事業が制度化されたことである。これは1930～31年度に全国にわたって実施された国道改良工事と府県道改良工事であるが，前者は従来は府県の事業であった国道整備の工事を，内務省土木局自身が失業者を用いて実施したものであり，後者は内務省土木局の決定に従って府県が工事を行なうものであった。

　以上のように，前期における地域，季節，事業主体についての限定がはずれ，全国的，周年的に，中央・地方各レベルの政府が事業を実施できるようになったことがこの時期の大きな変化であった。失業者の増加に迫られて，失業救済事業制度を飛躍的に拡張したといえるであろう。

　これにともなって実際の事業規模も表4-1に見られるように1928年度の約250万円から31年度の6,500万円にまで26倍にも急増したのである。しかしながらそれは，緊縮財政の下で，公共土木事業全体が圧縮される中での動きであった。もっともこうした矛盾は，不況期には緊縮財政を採るという古典的な経済政策の段階では各国で共通に観察される傾向であり，決して不自然な事態ではない。

③事業急増の方式

　前期においては，失業救済事業の諸原則が現実の工事の進行にとって制約として作用したために，用意された国庫補助金は消化されず，事業規模は減少していった。それに対してこの時期には，失業救済事業の急増が見られた背景として，当初の事業の原則が非現実的として適用されなくなり，事業が実施されることを重視して，原則の修正・緩和が容認されたのである。もちろん，社会局と地方自治体の職業行政担当部局は原則を遵守させる努力を続けているが，原則の強制によって事業が消化されなければ失業者を雇用することも不可能であったから，土木工事担当部局が工事を実施することができる程度には原則の緩和を容認せざるをえなかった。1929～30年度に事業の進捗率が40％を割り込んでいるのは，立案・認可された工事のうち土木工事担当部局が実施可能と見なした事業しか実施されなかったことを示しており，また31年度にはこれが50％を超えているのは，工事担当者が実施しやすい内容で工事が進められるようになったことを示唆している。そうした原則の修正点は多岐にわたるが，先に提示したわれわれの視点に即して整理すれば以下の諸点が指摘できる。

　第一に，いかなる事業を国庫補助の対象とするかについては，条件が大幅に緩和された。たとえば，工事費に占める労力費の割合は前期には平均3割以上であることが必要であったが今期には「1割以上」に緩和されたし[4]，就労労働者の中での「技術工」（熟練土木労働者）の賃金の割合は賃金総額の2割以下に制限されていた規程が撤廃された。表4-1において事業費に占める労賃の割合が前期に比べて相当に低下しているのはその現われである。この結果，通常の公共事業の多くが失業救済事業の対象となりうることになった。このため，失業者の雇用に適した労力費率の高い事業を新たに計画するのではなく，すでに計画されていて緊縮政策のために認可を得られなかった工事が，失業救済事業の名称を冠して認可を得るようになったのである。

　第二に，誰を救済対象者とするのかについては，相反する二つの動き——就労者を厳格に制限する方向と，それを緩和する方向と——が起こっている。まず，救済対象者を厳しく制限する方向としては，前期の登録制度をさらに厳格

にする「労働手帳」制度の採用が重要である。「労働手帳」方式は29年度から実施されたが，その追加交付にあたっては，「失業者」要件だけではなく，「扶養家族を有する者」という条件が主要な自治体に適用され，しかも登録の際にはそれを証明する警察署長ないし方面委員の発行した書類を添付することが義務づけられたのである。この条件は，限られた就労機会を最も救済の必要性の高い者に振り向けるという趣旨によるものであり，かつ，従来のような自己申告制では条件審査が不正確になるという判断によるものであるが，現実の社会関係の下では，就労機会を求めて単身で大都市に流入していた朝鮮人と内地農村二，三男を救済対象から排除する傾向を強く持った。この結果，それまで急増してきた朝鮮人登録者の割合が29年度以降，大幅に抑制されることになった（表4-1参照）。

　しかも「労働手帳」交付対象者については一種の定員制が採用され，1日の就労可能者の約3倍程度（すなわち個々の登録者は3日に1日程度だけ就労できる）に限定する方針がとられた。したがって，「扶養家族を有する失業者」という条件を満たしていても，登録可能数に空きがない限り，登録を受け付けないことになったのである。すなわち，登録要件を満たしている者は無差別平等に扱うということにはならず，従来からの登録者は原則として登録を更新するが，新規登録は事業規模が拡張される見込みがない限り，登録抹消者の範囲内でしかなされないことになったのである。

　以上の方針変更は，都市自治体の社会行政担当部局の判断——救済必要度の高い者に就労機会を集中する方針，すでに失業救済事業に就労している者の就労資格を奪うことは職業紹介所窓口等での紛擾をもたらす恐れがあるので回避するという方針——によってなされたものである。

　他方，工事担当部局の判断による登録方式の改変も事実として進行した。これは，一部の要救済失業労働者の認定が工事担当部局に任されるようになったことである。職業紹介所の設置は市町村の任意に任されていたから，失業救済事業の実施地域が拡大すると，職業紹介所の設置されていない自治体や紹介所から遠方の工事現場で工事が実施されることになった。また，内務省の計画で

実施する国道改良工事・府県道改良工事は都市部以外の地域で実施されることがむしろ通常であった。このような場合には，職業紹介所が「要救済失業者」と認定した者を雇用しなければならないという国庫補助金交付の条件をそのまま適用することはできない。このためこの原則の適用はあいまいにされざるをえなかったが，国道改良工事・府県道改良工事においては正式に工事担当部局（具体的には内務省土木局および府県土木部の工事現場の担当者）が「生活困窮者」と認定した者を要救済失業者としてカウントすることができるようになり，具体的には，就労を希望して工事現場に集まってきた求職者の中から「生活困窮者」と認定した者を雇用する方式が採られたのである。

工事担当部局の土木技官たちは一貫して社会局が公共土木事業に失業者救済目的を課することに反対しており，ただほかの方法では公共土木事業が実施できない場合に，予算獲得の方便として，やむをえずそれを容認していたにすぎなかった。したがって，彼らによる「生活困窮者」の認定が，工事の効率的かつ順調な実施を重視する立場からなされたことは自然な傾向であったが，職業紹介所や役場・警察署から遠方の工事現場では，職業紹介所での認定の場合とは異なって，失業者であることを示す警察署長や方面委員の証明書等の提出は要求されていないから，工事にとって有用であると判断される求職者が「生活困窮者」と認定されざるをえなかった。このため，熟練土木労働者や兼業農民等がそれに認定されるようになり——実際，昭和恐慌の下で彼らも「生活困窮者」であることは間違いなかった——，実質的に就労者の限定が大幅に緩和されたのである。

第三に，就労者の労働条件については，通勤可能な都市部の工事では交替就労原則を維持する努力が続けられたが，その他の場所での工事や内務省土木局直轄の工事では，交替就労方式が無視され連日就労方式に変化した点が重要である。国道改良工事・府県道改良工事は都心部の失業者の集積地からは遠い地域でなされることが通例であり，一般公共事業から指定変更によって失業救済事業となった工事が多かったが，通勤が困難な工事現場では飯場方式をとらざるをえなかった。しかも現実には，一日平均就労者の3～4倍の人数を飯場に

収容し，給食体制も整えることは不可能であったし，非就労日に就労すべき民間日雇機会も飯場周辺にはなかったから，飯場在住者に対しては連日就労を保証せざるをえなかった。そのことは，工事担当部局の現場責任者にとっては，就労者が仕事に馴れる点で好都合であったが，この結果，失業救済事業専従層が増加したことが今期の特徴でもあった。

同時にこの時期には，請負方式が事実上許容されるようになった。飯場方式の場合には，生活と労働のための「世話役」が置かれ，事実上，請負業者がそれに当たるようになったし，従来直営事業をほとんど実施していなかった県が事業主体になる場合には，県の土木担当職員を大幅に増やさない以上は[5]，直営方式の採用は不可能であったからである。また，請負業者たち——規模の大きな請負業者は各県の政界に大きな力を持っていた——によって展開された失業救済事業反対運動との政治的妥協点としても，実質的に請負業者を失業救済事業に参加させる方向が採られざるをえない場合も多かった[6]。

なお，賃金水準については，この時期の動きはやや複雑であった。同一の民間土木事業および一般公共事業の賃金よりも低賃金にするという原則自体は維持されているが，昭和恐慌の下で一般日雇賃金が急落している中では，公務員賃金の下方硬直性に連動して維持されていた失業救済事業賃金は30年時点では相対的には高くなったといえる（表4-1）。もっともこの一部は，失業救済事業の中に従来の一般公共事業の振り替え分が増加したために，熟練労働者賃金の比率が高まったことも関係している。しかるに1931年には兼業農民の雇用が増加したことによって，平均賃金水準は大きく低下するなど変動が大きかったが，いずれにせよ，この時期の賃金の動きは同種の仕事の賃金よりも低く設定するという原則によって規定されていたとはいえない。

以上のように，この時期においては，公共事業の中で失業救済事業の比重が高まった反面で，失業救済事業の特性が薄められていったといえる。前期においては，失業救済事業の厳格な原則が事業の進行を制約して事業規模の縮小が見られたのに対して，この時期には，事業規模の急増を可能にする程度まで，失業救済事業の原則が緩和されたと結論づけることができる。

(2) 1932～34年度──積極政策下の失業救済事業

　1929～31年度においては，全体としては緊縮政策が実施されている下で，その影響によって失業者が増加することに対する対処策として，失業救済事業が急増した。これに対して，昭和恐慌下の社会不安の深刻化によって民政党内閣が倒壊した後で成立した政友会・犬養内閣（5.15事件後は非政党内閣の斎藤内閣）は，金本位制から離れて管理通貨制を採用し，したがって為替低落を放任しつつ国家財政を拡大して景気のてこ入れを図った。アメリカのニューディール，ドイツのナチス経済政策に先がけて典型的なケインズ政策が展開されたのである。

　こうして公共土木事業の規模を全体として拡張することが可能となった（表4-1によれば公共事業の規模は31年度の3億円から32年度には4億円へ増加している）。不況は1932年には底を打ち，為替低落による輸出の増進と，軍需景気とによって，34年前後には好況局面に入った。このため失業救済事業は34年度以降，顕著に圧縮されていった。

　この時期には民政党内閣期＝緊縮財政期に見られた失業救済事業の原則と実態との乖離がさらに進行し，日雇失業救済事業は一般の公共土木事業と大きな区別のつかない事業となっていった。表4-1で事業費に占める労賃費の割合を見ると32年度以降は前期よりさらに低下して30％前後になり，労賃率の高い事業だけを選択していた1925～28年度とは著しく異なっていることが明瞭である。実際，内務省土木局は民政党内閣が倒れた1931年12月にはいったん失業救済事業の廃止（その一般公共事業化）を決定し，その「産業振興土木事業」への名称変更を決定していたが，約半年後の5.15事件の衝撃を受けて農村対策を標榜した救農土木事業が開始される際に，それと連動させて公共事業の増額を図る手段として「失業救済事業」の名称を復活させたのであって，工事の内容それ自体については，一般公共事業と失業救済事業との間にはほとんどなんらの区別もなくなったのである。

　この時期の事業の特徴を先の三点の基準で検討すると以下のようにいえる。

第一に、どのような事業を失業対策事業とするのかについては、一般公共事業との差がほとんどなくなってきた。事業費に占める労力費の比率、就労者に占める登録失業者の比率については実質的な制限はなくなり、土木工事担当部局自身が予算獲得の便宜上、失業救済事業として工事を実施することを希望するようにさえなっていった。

第二に、誰を救済対象とするのかについては、前期に見られた傾向が引き継がれたといえる。

第三に、失業救済事業の就労条件については、請負制に対する制約がほとんどなくなり、交替就労原則も、工事上必要であれば緩和してよいなど、事業主体が実施しやすい方式で実施できるようになった。表4-1に見られるように、事業進捗率が前期に比べて大幅に回復したのはこのためである。他方、この時期には民間事業の回復も始まっているので、失業救済事業の就労者を一般産業へ誘導する必要性と可能性が重視され、それに対応して、同種の労働より低賃金とすべきであることが強調され、賃金の引下げ努力が図られていた。社会行政担当部局は、「就労統制員」制度を創設して工事現場での就労状態に関与する姿勢を示したが、都市部の工事においても交替就労の原則が無視されるなど、「工事の都合」が優先されていった。

以上のように、当期においては、失業救済事業の原則は工事担当部局が円滑に工事を実施できる方向でさらに緩和され、その結果として事業進捗率の回復がみられたのである。

(3) 失業救済事業の収束過程――1935年度以降――

輸出の伸長と軍需景気の浸透によって景気が回復し、失業者数が減少すると、失業救済事業の規模は確実に縮小していった。

この段階では、いくつかの注目すべき変化が現われた。第一に、制度面では、事業の実施地域が再び六大都市等の大都市に限定され、一般の地方自治体の事業は一般公共事業に戻ったことである。第二に、実態面では、登録者・就労者が平均的に減少していくのではなく、一般労働市場に吸収されやすい若年労働

表4-2 日雇失業者労働手帳交付者数（年齢階層別）

(単位：人，%)

年	実数							構成比						
	合計	～20歳	21～30	31～40	41～50	51～60	61～	～20歳	21～30	31～40	41～50	51～60	61～
1931	147,856	10,513	49,179	47,558	29,051	10,487	1,047	7.1%	33.3%	32.2%	19.6%	7.1%	0.7%
1932	171,489	12,634	51,955	54,913	36,278	14,435	1,274	7.4%	30.3%	32.0%	21.2%	8.4%	0.7%
1933	151,062	9,622	42,632	48,332	34,644	14,456	1,376	6.4%	28.2%	32.0%	22.9%	9.6%	0.9%
1934	101,658	6,211	25,452	32,921	25,222	10,699	1,153	6.1%	25.0%	32.4%	24.8%	10.5%	1.1%
1935	96,451	5,552	22,714	30,469	25,271	11,219	1,226	5.8%	23.5%	31.6%	26.2%	11.6%	1.3%
1936	51,286	1,127	9,000	16,124	16,182	7,819	1,034	2.2%	17.5%	31.4%	31.6%	15.2%	2.0%
1937	37,190	571	4,826	10,796	13,091	6,897	1,027	1.5%	13.0%	29.0%	35.2%	18.5%	2.8%
1938	24,694	525	2,791	6,047	8,471	5,889	971	2.1%	11.3%	24.5%	34.3%	23.8%	3.9%
1939	17,965	756	2,613	3,971	5,687	4,083	845	4.2%	14.5%	22.1%	31.7%	22.7%	4.7%

出典：社会局社会部『失業応急事業概要』各年版より。
注：1931年の合計には年齢階層不明の21名を含む。

者がまず流出し，中高年労働者が残されたことである。

　表4-2によって日雇失業救済事業の登録者の年齢別の構成を見ると，30歳以下の者の構成比が1931年の40.4％から35年の29.3％，38年の13.4％へと減少しているのに対して，41歳以上の構成比は同じ期間に27.4％，39.1％，62.0％へと増加していることがわかる。失業救済事業は一般労働市場には吸収されにくい中高齢労働者達の溜まり場へと変化しつつあったのである。

　おそらく戦後的状況の下であれば，就労者達の圧力に押されて，失業救済事業はこの後，中高齢労働者のための簡易な事業へとその性格を変えていったと予想されるが，福祉国家的性格の希薄な戦前国家は，労働手帳交付者の急減（表4-2）に見られるように失業救済事業を確実に圧縮していったから，中高年登録者は戦時経済化に随伴した転業失業者らとともに，労働市場の底辺部分に沈殿しつつ，子供世代に扶養されるなり，生活程度をさらに切り下げるなりして対応することを余儀なくされたのである。労働力の基幹部分を占める若壮年労働者が好況産業に吸収されている限り，そうした底辺層の存在は社会不安の主要な原因とはならなかったからである。こうして失業救済事業はその歴史的使命をいったんは終了し，1942年度に廃止されたのである。

3　戦後の失業対策事業(7)

(1)　戦後直後期——1946〜48年度——

　戦争経済の崩壊にともなう経済活動の急速な収縮と兵員動員の解除によって膨大な失業者が一挙に発生した。有効な対策がほとんどなされなかったこの混乱期には，空襲によって住居のなくなった都市から農村に人口の多くが移り，あるいは闇経済に直接・間接にかかわる零細な自営業で食いつなぐ状態に陥った者が多く，都市失業者として顕在化した者は限られていたが，実質的な失業者は空前の規模に達していた。

　政府は1946年2月に緊急失業対策要綱を閣議決定したが，その内容は帰農を奨励するとともに，公共事業の実施を説くものであり，資材不足によって公共土木事業が進まない中でほとんど意味をもたない方針であった。

　続いて1946年5月にGHQの命令として出された「日本公共事業計画原則」によって，経済再建と失業者吸収を目的として公共事業を実施すべきことが指示された。この制度によって46〜48の三年度間は，「公共事業」として括られるすべての事業は，失業者を就労させる義務を負うこととなり，48年度には，公共職業安定所の紹介による失業者を事業種類別に定められた「失業者吸収率」を満たす人数だけ雇用することが義務づけられた。

　しかしながら現実には，深刻な食糧問題に対処するための食糧増産を目的として公共事業の多くが農村部で実施されて都市失業者の就労機会とはならなかったことから，公共事業全体を失業救済事業として利用するという方針は現実性を欠いていた。このため日本政府は，公共事業の一部として失業者の多い都市部で実施する「簡易公共事業」（失業応急事業）を実施したが，それによる就労者数は都市失業応急事業（戦前の日雇失業救済事業にあたる）において1947年度平均で5,801人，48年度で8,375人にすぎず，戦前に比較してはるかに小規模であった。その意味ではこの時期は，制度的位置づけの高さにもかかわ

らず，失業救済事業の実質的不在と特徴づけることができる。

とはいえこの時期の制度のあり方は，次の時期との関連で重要であるので，一応の特徴づけをしておけば以下のように整理できる。

第一に，どの事業を失業対策事業とするかという点は，原則論としては，「公共事業として括」られるすべての工事が失業対策の義務を負うこととなった。しかし，GHQの指示に従ったこの規程は戦前の経験からしても実行困難であることは明白であった。「一般の公共事業は，失業者吸収を目的としてはいたが，建設効果をもう一つの主要目的としていたため，失業者吸収効果において必然的に制約を受ける宿命にあった」[8]と言われているように，救済性と効率性の対立関係は，食糧確保等の事業目的――たとえば作付時期までに田畑の開墾，水路掘削を完成させるといった目標――の達成を第一義的に重視する方向で処理されざるをえなかった。

第二に，誰を救済対象とするのかについては，GHQの指令において公共職業紹介所の紹介による者と定められていたが，それ以上には細かな規定がなく，厚生省ないし労働省が定めたわずかな規程もそれも遵守させるための体制がなかった。たとえば47年度の「失業応急対策実施要領」によると，「就業者の採用に当っては，失業者にして生活困窮の者を優先せしめること」といった一般的な規定が置かれているだけであり，どのような基準と方法で，求職者の中から生活困窮者を選別するのかについての手立ては示されていなかった。

第三に，就労条件については，いくつかの特徴が見られる。一つは，戦前とは異なって劣等処遇原則が否定され，GHQの指示した同一賃金原則が明示されたことである。「賃金は当該事業の行わるる地方における同様の作業において普通行われる額によること」[9]という規程である。いま一つの変化は，簡易公共事業＝失業応急事業において，「民主化」の影響というべき就労者本位の規程が入り，現場での混乱が回避されるように配慮されていることである。たとえば，「労務者が就労上指示せられた場所に出頭したにもかかわらず天候その他労務者の責に帰することのできない事由により就労不能となった場合は，賃金日額の六割を越えない範囲において不就労手当を支給し得ること」といっ

た規定がそれである。他方，請負事業の可否については言及がない。行政機構も未整備で公務員数も少ないこの時期には，おそらく各事業種類ごとの実態にそくして従前通り実施すればよいとされたのであろう。

以上のように，この時期は生活困窮状態の失業者を特定できる状態ではなかったこともあって，政府の示した諸原則は訓示規程の域を出ることがなかった。事業の規模もまた実質的な失業対策事業部分（失業応急事業）において極めて小規模にとどまっていた。

(2) 緊急失業対策法の制定と事業の進展――1949年度～50年代――

①制度の仕組み

敗戦直後のインフレを強行的に収束するために緊縮政策がとられたことによって，1949年度には失業者が本格的に顕在化し始めた。職業安定所網の整備等，この間に形を整えてきた行政機構を前提として，失業者の急増に対処する方策として，49年度に「失業対策事業は失業応急事業に比して格段の充実が期せられ」て制度化された[10]。

さて，1949年度において緊急失業対策法が制定され，従来の公共事業を2分して，失業者吸収を主たる目的とする「失業対策事業」と経済効果の大きい事業を効率的に実施する「公共事業」とに区分された。公共事業に求められていた救済性と効率性の二側面が，それぞれ独自の事業に対応するように整理されたことになる。失業対策事業は地方自治体が実施し，労力費・事務費の3分の2が国庫補助されることになった。

ただし，一般公共事業に「失業者吸収率」が残され，事業目的を害さない範囲で失業者を吸収すべきことが推奨されてはいた。たとえば1954年の「公共事業等による失業者吸収措置の強化について」（8月3日，閣議決定）では，「同事業の施行地域を，事業効果を害しない限度において，できる限り，失業者が多数発生する地域に即応せしめるよう配慮すること」[11]としている。とはいえ，強制規定も補助金もないのであるから，これは単なる訓示規定にとどまったとみるほかはない。

それでは失業対策事業はどのような事業として制度化されたのであろうか。

　第一に，いかなる事業を失対事業とするかについては，事業費に占める労力費の比率が高い事業に限定され，しかもその比率は戦前よりもはるかに高く設定されていることが特徴的である。たとえば1949年度の労働省告示に列挙された10事業についてみると，その率は最低60％（河川整備事業，港湾整備事業），最高80％（荒廃市街地整理事業，街路整理事業，公共空地整理事業，環境衛生整備事業等）であり，技術・資材を要すると考えられる事業は率を下げているとはいえ，戦前の労力費率に比較して極めて高く設定されていることがわかる。一般の公共事業とはまったく異なる領域を設定するという意図が明瞭である。

　第二に，誰を失業対策事業の就労者とするのかに関しては，常用労働者の使用を禁止し，失対事業に就労する者はその全員が職安に登録した失業労働者であるという原則がとられ，その他の者の使用は明示的に禁止されている。戦前の制度発足時にも意図されなかった厳しい規定であり，一般公共事業と失業対策事業とを就労者の面から峻別する方針であるといえる。この結果，事業の内容は大幅に限定されることとなり，通常の道路工事のように不熟練労働者と熟練労働者がともに必要な事業は失対事業の対象にはできなくなったのである。代わって「環境衛生整備事業」，すなわち「公園，街路および道路の側溝，下水溝，浄水池の清掃および堆積塵芥の処理」等がどの工程にも熟練労働者をほとんど必要としない事業として重視されていた。

　第二に，誰を失対事業の対象者とするかについては，すべて公共職業安定所の紹介する失業者でなければならないとされ，さらに「公共職業安定所の形式的な紹介も今後は絶対に行わないこと。すなわち，窓口から紹介する失業者に限る」と念が押されており，「失業対策事業実施要綱」ではさらに敷衍して，「公共職業安定所は現に定職がなく家計の維持を失業対策事業の就労による収入に依存せざるを得ない者から就労せしめ，学生アルバイト，農閑期利用等の者は除去すること」と述べられている[12]。

　第三に，就労条件についてもかなり大きな変更があった。一つは，低賃金原則を理念としては復活させたが，その内容は賃金水準に幅を持たせ，最高賃金

は他の一般公共事業の最高賃金よりも低くするが、最低賃金は一般公共事業の最低賃金と同じにするという折衷的な仕組みをとっていることである。一般の日雇労働者を使用する通常の公共事業でも生活可能な最低限の賃金しか支払えない状況では、最低賃金についてはそれよりも低く定めることはできなかったためであろ

表4-3 失業対策事業紹介対象者の構成

年	実施市町村数	紹介対象者数	うち女性率	60歳以上割合	平均年齢
		人			歳
1953	829	240,491	37.1%		
1956	1,002	325,977	36.0%		46.7
1959	1,140	347,492	38.8%	19.0%	48.8
1962	1,217	335,090	43.8%	20.8%	49.5
1965	1,203	253,923	48.3%	27.7%	52.8
1968		221,475	53.4%	35.4%	55.4
1971		134,401	59.9%	47.4%	58.4
1974	650	123,037	62.4%	55.0%	60.2
1977		109,987	65.2%	64.0%	62.3
1980		95,302	68.3%	72.3%	64.3
1983		68,203	72.3%	77.7%	65.3
1986		32,983	77.5%	74.4%	62.6
1989		15,416	76.1%	72.8%	61.6
1992		5,624	80.0%	78.4%	60.8
1995	78	2,152	82.9%	78.7%	61.4

出典：労働省職業安定局編『失業対策年鑑』。

う。二つ目の重要点は、直営方式を義務づけ請負事業方式を明示的に禁止したことである。ここでも請負事業方式を通例とした一般公共事業と区別した扱いをしている。直営事業方式をめぐって紛議が続いた戦前の経験を前提とすれば、直営方式が容易な事業だけを失業対策事業で実施するという暗黙の了解が存在したものと推測される。三つ目の重要点は、就労者が長期的に固定してしまうことを避けるために、「公共職業安定所は、原則として6カ月以内に定職につくように、就職斡旋に努めること」[13]として、職業安定所に期限を切った義務を課したことである。

②事業の展開と性格の変化

　以上のようなしくみでスタートした失業対策事業は、当初から一般公共土木事業とは異なる事業として性格付けられていたが、表4-3に見られるように、50年代を通じて実施市町村数を増やし、規模を拡大していく過程で、その性格をさらに鮮明にしていった。特に本来の公共土木事業の大規模化・機械化が進み、熟練・半熟練労働者が多数従事するようになったのに対して、失業対策事

業には単純労務・不熟練失業者だけが従事するという分化がさらに進展していったのである[14]。

こうした変化の下で、失業対策事業の規模を抑制するために、その従事者の中で通常の公共事業・一般産業で就労可能な者に対して、職業紹介所が失業対策事業からの離脱を勧める措置が実施された。そのための新しい制度として、失業救済事業に労働能力の高い者のための事業が別枠として設定された。すなわち、1955年から実施された「特別失業対策事業」は、失対事業の一部ではあるが、事業費中の労力費率が低く、建設効果の高い事業に限られ、失業対策事業紹介適格者のうち労働能力が優れた者のみを就労させる事業であり、かつその賃金形態は能率給（標準作業量を定め、それを越えた場合に賃金を引き上げる「小間割制」を採用する）を採ることになった。一般労働市場で仕事を得られる者を失業対策事業から分離するための過渡的方策であったといえよう。

(3) 高度経済成長期

以上のような経過をたどりながら、1960年前後には、失対事業の問題点が明確化し、この制度の改廃が行政の大きな課題となっていた。表4-3に見られるように、1960年前後まで、景気の動向とは無関係に失対事業従事者数は30万人を超えるまでに一貫して増加を続けたし、その就労者たちが同事業に専従する滞留層となっていることが明確になってきた[15]。その結果、就労機会の付与＝救済性のみが肥大化したこの事業をどのように圧縮・解消するのかが60年代以降の行政課題とされた。

低賃金の下でも滞留層が生じた理由は、扶養家族を持つ一般労働者にとっては生活できない賃金ではあっても、戦争未亡人に代表される都市高齢単身者の生活を支える水準ではあったこと、彼ら・彼女らは一般労働市場では就労機会を見出すことが困難な上、社会福祉制度の厳格な制限の下では失対事業に従事する以外に事実上、生活する根拠がなかったという客観的事実である。

一般労働市場で雇用されにくい人々に対する対策は、失業対策事業によってではなく、生活保護制度によって担われるべきであるという議論はもちろんあ

ったが，生活保護を受けるための厳格な制限と，幸いにそれを受けることができた場合にも避けれられない屈辱感，消費制限，自助努力の無意味性等を嫌って，勤労の権利の行使を希望する者も少なくなかったし[16]，失対事業での従事日数等の関係から失対事業従事と生活保護の両者を得てようやく生計を立てている者もあった。

　こうした現実を前にして，失業対策問題調査研究委員会から労働大臣に提出された報告書（1962年9月）は，一般労働市場で通用する労働能力を有する者は失対事業から徐々に排除すべきであるとするとともに，「軽労働には耐えるが，肉体的労働力が相対的に低く，年齢的にも高年齢層に偏るもの」および「不具廃疾，病弱者および著しく高年齢である者」は「社会保障によって生活の安定を図ることが本来の途」であるが，「わが国の社会保障制度は現状では不備であるために，今にわかに就労せずして生活せしめるとすれば，その所得は著しく減少」してしまうから，失対就労を過渡的に認めるべきであると述べていた。

　こうした議論を経て1963年に緊急失業対策法が改訂され，従来の失対事業は「失業者就労事業」と60歳以上の者が就労する「高齢失業者就労事業」に区分されるとともに，失対事業に従事できる者は「中高年齢失業者等に対する就職促進措置を受け終わってもなお就職でき」ない者に限定されることになった。

　このように失業対策事業の就労者を一般事業に移していく方針が強化されると同時に，新規に失業対策事業に就労する者を制限する施策もとられた。すなわち，公共職業安定所が指示した就職促進措置を受け終わっていること，「誠実かつ熱心に」求職活動をしていることといった認定条件が定められたのであるが，1971年には，失対事業への新規参入が禁止されるに至った。これによって新たに失業者となった者に対する公的就業機会付与政策は一般的には廃止されたことになり，失業対策事業は現に失対労働者として認定されている者を対象とする限定的な事業となり，遠からず消滅することが確定したといえる。こうした政策決定の背後には，失業保険および社会福祉の充実によって，新たな失業者に対して公的就業機会付与政策は必要でなくなったという判断があった。

こうした経緯をたどった結果，新規参入を禁止してから24年後の1995年に緊急失対法が廃止され，失業救済事業はその歴史に終止符をうったのである。

以上のような制度的対応の下で，失対就労者の高齢化・女性化が進行したのは当然である。すなわち，表4－3によれば，第一に，失対就労対象者数は1960年前後の35万人水準をピークとして以後減少を続けていること，第二に，紹介対象者の女性比率は60年代後半に5割を越え，制度廃止時点では8割を越えていること，第三に，高齢化の進展も著しく，60歳以上の者の割合は，60年前後の20％程度から90年代の8割弱に増加していることなどである。

　おわりに

本稿では日本の戦前・戦後の公共事業における失業救済政策の推移を検討してきた。以上の検討を通して，失業者が増加した際に公的就業機会を付与することによって問題を解消するという施策が，財政的制約以外にも固有の難点を有していることがひとまず確認された。最後に，以上の分析結果を失業労働者の働き方という視点から整理しておきたい。

第一に，失業救済事業の従事者が失業救済事業以外の一般労働市場でも就労するかどうかについてである。一方では，失業救済事業に連日就労し他の仕事はしない方式があり，他方では，失業救済事業と他の日雇労働等に就労する場合がある。前者は，高度成長期以降の失対就労者や戦前の失業救済事業における飯場居住の就労者の場合であり，後者は戦前の都市部における失業救済事業の原則としての交替就労方式がその典型であった。前者にあっては，就労者は失業対策事業専従者であり，失業救済事業だけで生活可能な労働条件を整えなければならない——その結果，たとえば劣等処遇原則が適用しにくくなる——とともに，失業対策事業の打ち切りが困難になりやすい。後者の場合には，失業救済事業の一日分の賃金で3～4日を食い延ばすという選択をしない限り，残りの日には一般労働市場で就労せざるをえないから，一般労働市場の労働条件によって失業救済事業での就労事情が左右される傾向があった。失業救済事

業における人手不足といった逆説的事態はその現われであった。

　第二に，公共事業の現場における登録失業者と一般労働者との区別についてである。戦後の失対事業のように当該事業全体を登録失業者に限定している場合には作業現場の労働者はすべて登録失業者であるが，他方では，同一の作業現場において一般労働者と登録失業者がともに労働している場合がある。後者においては，一般労働者は請負業者の指示の下に作業しているのに対して，失業労働者の労働条件は異なり，かつ請負業者を排して地方自治体等の職員の指示によって労働している場合もある。現場の作業能率を高めるためには，実質的に請負業者に当該現場全体の指揮を任せることが適切であり，事実，戦前の作業現場においてはそうした扱いが多かった。しかしながら，労働条件の異なる二つの労働者群を同時に統括することは請負業者にとっても容易ではなかったこともあって，一般労働者の作業工程と登録失業者の作業工程を分離することによって，同一事業ではあっても同一時点においては別々の作業現場で作業に従事させる場合もあった。この場合にはしかし，作業の継続中において個々の作業指示，休憩時間・終業時間の指定，翌日の仕事の有無等をめぐって，登録失業者が集団的に要求を提示する方向で結束しやすくなり，担当職員にとってその対応は困難であった。

　このように，本稿で検討した失業救済事業・失業対策事業の制度的推移の背景として，労働市場および作業現場における登録失業者達の行動様式が存在していたという事実は，公的就業機会創出政策の制度的内容を設計する際には十分に考慮に入れられなければならない。

　1990年代には長い不況に対処するために，公共土木事業の規模が急増した。しかしここでは失業救済事業方式は拒否されており，土木企業に対する工事発注額を増やすことによって当該企業が雇用者を増加させることを通じて，間接的に失業者数が減少すると想定されている。こうした判断がとられている背景には，戦前・戦後の失業救済事業の経験に対する行政側の否定的総括があった。1999年度の補正予算から実施されることになった新たな公的就業機会創出政策の立案過程においても，「失対事業の二の舞を避ける」必要性が強調されたと

いわれているが[17]，想定されている職種の違いが大きいので本稿の結論をそのまま当てはめることはできないにしても，問題の性格は同質的であり，その意味で失業救済事業・失対事業の貴重な経験は学ばれてしかるべきであろう。

注
（1） 1999年4月の男子の完全失業率が5％に達したことを受けて，7月8日の閣議で緊急雇用対策が決定されたが，その中に「緊急雇用・就業機会創出特別対策事業」が含まれている。この事業は，国からの交付金を用いて地方公共団体が企業・非営利団体に「遺跡発掘調査，環境マップの作成，都市美化事業，ホームヘルパーの養成研修」などの新しい事業を委託し，「公立中学校でのコンピューターの臨時講師や生活相談員については自治体による直接雇用も認める」というものである（『日本経済新聞』1999年7月8日）。
（2） 紙幅の制約もあり，本稿は公共土木事業における失業者就労政策を中心に記述し，事務労働者の失業対策（俸給生活者失業救済事業，知識階級失業応急事業）については必要に応じて間接的に言及するにとどまる。
（3） 戦前の失業救済事業については，詳しくは加瀬和俊『戦前日本の失業対策──救済型公共土木事業の史的分析──』日本経済評論社，1998年，参照。本稿での記述のうち，出典を特に明示しない場合は同書による。
（4） ただし労力費が事業費の1割以上でよいのは，「国産材料費と労力費との合計が5割以上の場合」に限るという限定は残されていた（社会局『失業問題関係事務参考資料』1931年版，50頁）。国産材料の製造には国内の労働者が雇用されるので，間接的には失業者対策になっているという考え方によるものである。
（5） 緊縮財政の下で官公吏削減政策がとられていたから，土木工事担当職員を増加することは不可能であった。
（6） 公共事業全体の圧縮と，請負事業の減少の結果，請負人の配下に組織されていた熟練土木労働者が仕事を失うという問題点が生じた。すなわち，公共土木事業の中の相当部分が失業救済事業とされ，失業者の雇用が義務づけられたために，大幅に圧縮された一般公共事業に就労すべき熟練土木労働者が失業状態に陥ったという問題である。いわば不熟練の失業者が熟練土木労働者に置き換わってしまったのである。失業救済事業の直営方針によって排除された請負業者がこの時期に失業救済事業に反対する運動を繰り広げているが，その反対理由として掲げられたものは熟練土木労働者の失業問題であった。
（7） 戦後の失業対策事業については，労働省『労働行政史』第2巻，労働法令協会，1969年，労働省職業安定局失業対策部『失業対策事業20年史』労働法令協会，1970年，同『失業対策の変遷』日刊労働通信社，1973年，同『失業対策年鑑』各

（8） 前掲『労働行政史』第2巻，1238頁。
（9） 厚生次官通牒「簡易公共事業の実施に関する件」46年9月13日。前掲『労働行政史』第2巻，1058頁。
（10） 前掲『労働行政史』第2巻，1255頁。
（11） 前掲『失業対策の変遷』118頁。
（12） 1949年6月21日付，労働省職業安定局長通達「緊急失業対策法の実施について」（前掲『失業対策の変遷』102頁，105頁）。
（13） 前掲『失業対策の変遷』105頁。
（14） 一般公共事業での「失業者吸収率」の実績が，確実に低下していった事実もこの変化の一つである。
（15） この点は就労者の意識面の変化とも対応しており，失業対策事業の就労者の転職希望も顕著に低下し，61年には約30％にすぎなくなっていた（前掲『失業対策の変遷』185頁）。
（16） 親類縁者がいると生活保護が認定されにくいこと，生活保護の給付額の低さ，消費内容に対する強い干渉，給付打ち切りの頻繁さ，給付を打ち切られた時に失対事業にもどれないという仕組み等が特に問題であった。
（17） 失対事業の経験の否定的総括が今回の雇用創出政策の仕組みに影響している点は以下のように報道されている。「政府は，戦後50年近くも続いた緊急失業対策事業の二の舞を避けるため，事業の期間を2年に限定したうえ，同じ人の雇用期間は半年までとしている」（『朝日新聞』，1999年7月8日）。

第5章　成果主義と評価制度そして人的資源開発

佐藤　博樹

はじめに

　企業活動において人事管理が果たすべき機能は，経営目標を達成する上で必要な労働サービスが，必要とする時に必要とするだけ提供されるように人的資源の合理的な活用を図ることにある。人的資源の合理的な活用には，内外の労働力の組み合わせや労働サービスが提供されるタイミングなどの雇用管理および時間管理（「数量的柔軟性」や「時間的柔軟性」の向上），必要とする労働サービスを提供できる人的資源の開発と仕事への適切な配置（「機能的柔軟性」の向上），人件費などのコスト管理（「金銭的柔軟性」の向上）などが含まれる[1]。同時に，人的資源の合理的な活用を実現するためには，人的資源の管理だけでなく，人的資源の担い手である労働者の意欲を引き出すインセンティヴの開発と配置（モラール管理）が欠かせない。インセンティヴは，労働者の人的資源の活用意欲と開発意欲の両者を規定するものである。さらにインセンティヴの有効性は，労働者の仕事にかかわる価値観（「労働への志向」）やニーズ（就業ニーズ）に依存する。したがって，インセンティヴの開発や配置に失敗すると，人的資源の活用すなわち労働サービスの適切な提供が行なわれなかったり，人的資源の開発が停滞することになる。つまり人事管理システムのあり方は，労働サービスの活用に関する企業の論理だけでなく，インセンィヴの有効性を規定する労働者の論理の両者に規定されるものである[2]。

ところで日本の大企業の人事管理システムは，変容しつつあると言われる。まったく別のシステムへと革新すべきとの主張もある。変容あるいは革新の主張にみられる特徴は，雇用システムでは内部労働市場の縮小と外部労働市場の活用拡大（契約社員，パートタイマー，派遣労働者の活用拡大など）や労働時間管理の弾力化（フレックスタイム制，変形労働時間制，裁量労働制など），処遇システムでは賃金管理における短期的な成果と報酬の結びつき強化（短期的成果主義など），昇進管理における決定的選抜の時期の早期化（選抜型育成など）などである。外部労働市場の積極的な活用や短期的な成果主義の強化，さらに労働時間管理の弾力化は，「数量的柔軟性」「金銭的柔軟性」「時間的柔軟性」の向上をそれぞれ目的としたものである。

しかしそれらが，人的資源の活用や開発にかかわる労働者の意欲や「機能的柔軟性」を支える人的資源開発のあり方にいかなる影響を及ぼすかに関する議論はほとんど行なわれていない。四つの柔軟性の間には，トレードオフの関係が存在するにもかかわらずそれへの関心が薄いのである。たとえば，短期的な成果主義の強化が，職場における人的資源の開発機能を弱化させ，「機能的柔軟性」を低下させる可能性などを指摘することができる。外部労働力の利用拡大など「数量的柔軟性」を高めるために実施されている施策が，職場の「ゆとり」を削減する場合など，同じく人的資源開発にとってマイナスとなる。人的資源の開発に関しては，外部労働力の活用が拡大すれば，企業としての人的資源開発は不要となるといった議論もある。しかし内部労働市場が縮小するにしても，外部労働市場にそのすべてが置き換えられることはなく[3]，今後も内部労働市場活用型の人的資源が多数となる企業がほとんどで，内部労働市場に包含される人的資源に関しては，その人的資源の開発が「機能的柔軟性」の向上にとって重要であり続けると考えられる[4]。

また短期的成果主義の強化と同時に生じているのは，人事管理機能の職場の管理職への委譲である。従来も人事管理機能における人的資源の活用だけでなく，人的資源の開発，インセンティヴ管理，さらには提供された労働サービスや人的資源自体に関する評価の機能（人事考課）などは，職場の管理職が担っ

ていた。最近では，成果主義を支える装置として目標管理制度が導入・活用されるなど，管理職が担う人事管理機能が一層拡大している[5]。こうしたことは，職場における管理職の人事管理機能の重要性を高めている。さらに成果主義の下では，評価の内容と処遇との結びつきが強化されるため，評価結果に関する納得性の確保が従業員のモラール維持のための鍵となる。こうしたことから納得性の確保向上のために，評価基準や評価方法の見直しを行なう企業も多い。しかし評価制度をいかに精緻に作ったとしても，管理職による運用いかんによっては，意図せざる結果が生まれることになる。評価制度の仕組みだけでなく，職場の管理職による評価制度の運用のあり方も問われるのである[6]。

本稿では，以上ような問題関心に基づき，要員削減など職場の変化や成果主義の強化が職場における人的資源開発のあり方にどのような影響を及ぼしているのか，さらに管理職による人事評価が，労働者の納得性を得られるような形で行なわれているかどうか，の2点に課題を絞り検討を加える。なお分析に利用するデータは，特に断らない限り24社の課長相当の管理職に対するアンケート調査から得られたものである[7]。以下では，「管理職調査」と呼ぶことにする。

1 短期的成果主義と人的資源開発

(1) OJTとキャリア形成

人的資源開発の方法には，OJTとOff-jtがある。OJTは，配置されている職場内における仕事の経験と職場間の移動による仕事の経験の二つに分けることができる。ここでは前者をOJT，後者をキャリア形成と呼ぶことにする。内部労働市場が縮小するにしても内部労働市場のもとにある労働者にとっては，OJTとキャリア形成が人的資源開発の重要な機会であることは今後も変わらないと考えられる。たとえば，日本，アメリカ，ドイツの3カ国の管理職に関する比較研究によれば，現在の仕事を行なうのに必要な能力を獲得する機会とし

表 5-1　現在の仕事を効率的に遂行する上で有効であった教育訓練や仕事の経験（有効度指数）

	日本 (1,567人)	アメリカ (752人)	ドイツ (674人)
1）最終学歴の教育内容	0.86	③1.50	0.87
2）会社が実施する Off-jt	1.96	1.15	1.19
3）独自や自費で受けた教育訓練	1.26	1.15	②1.46
4）当該職能内のいろいろな仕事を経験すること	①1.70	①1.71	①1.58
5）当該職能内の特定の仕事を経験すること	③1.46	②1.57	③1.41
6）当該職能以外の職能の仕事の経験	②1.47	1.06	1.19
7）職場の上司の指導やアドバイス	1.40	1.35	1.06

出典：拙稿「調査の目的と概要」『国際比較：大卒ホワイトカラーの人材開発・雇用システム——日，米，独の大企業(2)アンケート調査編』（調査研究報告 No.101）日本労働研究機構，1998年。

注：(1) 有効度指数は，1）から7）のそれぞれに関する回答からつぎのように計算した。有効度指数＝（「かなり役に立った」（％）×2＋「多少役に立った」（％）×1＋「役に立たなかった」（％）×0）／（100－「経験していない」（％）－「無回答」（％））。「経験していない」の選択肢は，2）から7）に設けられている。
　　(2) 当該機能とは，現在の配属先の機能を意味する。調査対象となった機能分野は，人事，経理，営業・マーケッティングである。
　　(3) 調査対象は，日本の部長，課長に相当する管理職である。

て最も有益だった方法は，3カ国とも職場における仕事の経験とされている。表5-1は，管理職自身が，現在の仕事を効果的に遂行する上で，有効であったと考える教育訓練や仕事の経験を調べたものである。同表によると，3カ国で有効であるとして上位3位以内にあげられた事項のうち，二つは3カ国で共通している。それは，「職能内のいろいろな仕事を経験すること」と「特定の仕事を長く経験すること」の二つ，つまり OJT である。OJT の中でも職能内の幅広い仕事の経験がより有効とされている。したがって，特定の職場内における OJT だけでなく，キャリア形成のあり方が，能力開発にとって鍵となることがわかる。

　しかしながら OJT にしてもキャリア形成にしても仕事を単に経験すれば，人的資源の開発効果が生まれるものではない。人的資源の開発の効率性は，仕事の経験の仕方やキャリアの組み方に規定される。したがって OJT やキャリア形成が円滑に機能するためには，計画性が求められる。計画的 OJT や計画的キャリア形成である。もちろん市場環境が急速に変化する時代においては，安定的かつ継続的なキャリアの形成は難しい。だが過去のキャリアを踏まえ，

仕事からみた配置の必要性をある程度まで満たしながら，従業員の能力開発にとって最善なキャリアを設定することは可能と考える。

他方，OJT 実施の主たる担い手は職場の管理職であり，とりわけ大企業ではキャリア形成の担い手も人事部ではなく，ラインの部門長や現場の管理職である場合が少なくない。人的資源開発に結びつくキャリアの決定は，人事部ではなく，ラインで行なわれている場合が一般的なのである。たとえば，「管理職調査」から，過去3年間に他職場への部下の移動があった管理職を取り上げ，その移動の実質的な提案者を調べると，人事部門とされたのは15.1％でしかなく，当該管理職の上司や部門長が51.9％，当該管理職が20.7％となる。つまり，キャリアの決定権はラインにある。つまり OJT とキャリア形成の両者は，ラインの管理職によって決定されているといえる。したがって，人的資源開発の現状を理解するためには，職場の管理職が，OJT やキャリア形成など部下の人的資源開発にどのように関与し，それに対して最近の人事管理や組織や仕事の変化がどのような影響を及ぼしているかを検討することが求められることになる[8]。

(2) 職場での人的資源開発：OJT が機能する条件

管理職の仕事には，部下を活用して業務を達成するだけでなく，部下の人的資源開発が含まれることを指摘した。しかしながら職場の要員数や仕事の納期にゆとりがなかったり，さらには短期的な成果達成が重視される場合，管理職としては，業務遂行を最優先せざるをえないことになり，人的資源開発が軽視されることになりやすい。また，有能な部下を自己の職場内に長期にわたりとどめようとする人材の職場への抱え込みの傾向が強まると考えられる。こうした事態が生じるのは次のような理由による。

OJT が円滑に機能するためには，いくつかの条件が不可欠である。たとえば，能力の伸長とともに従業員をより高い水準の能力が求められる仕事に取り組ませることが不可欠である。だがそれには，期待した水準の仕事が期日までに完成しない可能性などのリスクがともなう。リスクが現実化した場合，同僚や管

理職がそれをカバーできるゆとりが職場に存在していなくては，そうしたリスクがともなう仕事の配分を実行しにくい。短期的な成果主義の下では，こうしたリスクを避けるため，人的資源開発ではなく，仕事の成果を重視した仕事の配分となりがちとなる。また管理職自身も，部下の人材資源の開発よりも，自分に課せられた目標達成を優先することになろう。さらに短期的な成果主義の下では，人材資源開発のためのキャリア形成も阻害されやすい。中長期的な視点からすれば，部下の能力開発のために，他職場への移動が望ましいと考えられても，有能な人材であればあるほど，自分に課せられた成果達成のために職場内にとどめようとする力学が働くことによる。有能な人材を他職場へ放出したあと，同レベルの人材が配置されない場合，職場の戦力ダウンとなり，自分自身の評価に悪影響を及ぼすことになりかねないためである。実際，同レベル以上の人材が配置される確率は低いといえよう。

上述のような事態が生じているのかどうかを含め，「管理職調査」によって職場における管理職の人材育成へのかかわり方をみよう。部下育成のために管理職が行なっている事柄（複数回答）は，会社の実施する階層別・職能別教育や社外の講習会へ参加させるなどいわゆる Off-jt の活用以外では，「能力の伸長に応じて仕事や目標を与える」(20歳代までの若手：71.0％，30歳代前半までの中堅：79.6％)，「指導・助言を行なう」(若手：67.4％，中堅：70.0％)，「職場内でなるべく多くの仕事を与える」(若手：62.7％，中堅：55.7％)，「自己啓発を勧める」(若手：75.9％，中堅：75.2％）などとなる。つまり，部下の能力の伸長に結びつくような仕事の配分とアドバイスの実施，さらには自己啓発の支援が，管理職が職場で行なっている部下育成のための主たる施策となる。

職場における仕事の配分や助言や指導が，人的資源開発の方法として活用されているが，新人への仕事の配分について人事部門から指示を受けている管理職は極めて少ない。「管理職調査」によれば，「新入社員への仕事の与え方」について，人事部門から指示を得ているとした管理職は16.3％でしかない。このことは，管理職によって職場における人的資源開発への取り組みに格差が生じ

ている可能性を示唆する。

管理職は，部下育成に取り組んでいるが，他方で，部下の人的資源開発が阻害されるような状況（複数回答）が職場に生じている。職場において人的資源開発を阻害する要因として，「短期的な成果達成に追われ，中期的な人的資源開発のために，職場内で移動を行うことが難しい」（48.8％）が第1位にあげられている。職場内で仕事の幅を広げたり，新しい仕事に取り組ませることが人的資源開発の有効な方法であるが，それを行なうと短期的には生産性が低下し，成果達成が難しくなるなどのためであろう。第2位以下には，「自分が忙しすぎて，若手や中堅の人的資源開発に時間が割けない」（34.4％），「若手や中堅が忙しすぎて，育成に結びつくような仕事をさせられない」（31.4％），「新人が配属されないので，若手が育成されない」（31.4％）などが30％台で続いている。

表5-2 部下育成に割く時間の有無別にみた仕事多忙因子得点

仕事が忙しくて部下の人的資源開発に割く時間の有無	仕事多忙因子得点	
割く時間がない	平均値	−.3185413
	N	544
	標準偏差	1.1183605
割く時間がないことはない	平均値	.1684028
	N	1,029
	標準偏差	1.0432078

注：(1) 仕事多忙因子がマイナスが大きくなるほど，多忙度が高くなる。
(2) 仕事多忙因子は，職場と仕事の変化に関する設問から抽出。
(3) 仕事多忙化因子の算出方法は，『管理職階層の雇用管理システムに関する総合的研究（下）（調査研究報告 No.107）』（日本労働研究機構，1998年）を参照されたい。

以上によると，短期的な成果達成の要求，管理職自身や育成の対象となる部下が仕事に忙しいこと，新人が職場に配属されないことなどが，職場における人的資源開発の阻害要因として意識されている。新人が職場に配属されないことが，人的資源開発上の問題とされるのは，エントリージョブから次の段階の仕事へと若手をなかなか移動させることができなかったり，若手が新しい仕事や教える立場を経験しにくいことなどがあることによる。「教えること」は人的資源開発の重要な機会であるが，それを若手に与えることができないのである[9]。

上述の点は，表5-2の職場の状況と部下育成に割く時間の有無の関係で確認できる。部下の人的資源開発上の問題として自分の仕事が忙しく部下の人的

資源開発に割く時間がないと回答した者とそうでない者では,「仕事多忙因子」得点に大きな開きがある。つまり,短期的な成果主義に加え,職場における仕事の多忙化は,管理職による部下の人的資源開発の阻害要因となっている。

(3) キャリア形成と「人材の抱え込み」

配属されている職場内でいろいろな仕事を経験していくだけでなく,他の新しい職場に移動し,そこで新しい仕事を経験することつまりキャリア形成が人的資源の開発には不可欠である。調査対象となった管理職自身も部下の人的資源開発の観点からすると,職場間移動が不可欠であると考えている者が多い。たとえば,「管理職調査」の中で人的資源開発のために望ましい職場配置の方法を尋ねた設問では,「できるだけ長期間同じ職場に配属する」(若手11.2%,中堅6.8%)を支持する者は少なく,「一定期間で他の職場に移動させるべきだ」(若手62.8%,中堅57.2%)が多数となっている(なお「どちらとも言えない」は若手24.6%,中堅35.0%である)。

人的資源開発のために一定期間で職場を移動させることを支持する管理職は,移動までの期間として4年間強をあげている(平均で若手4.2年,中堅4.6年)。さらに移動までの期間の分布をみると,3年(若手41.1%,中堅31.7%)と5年(若手31.7%,中堅44.7%)が多くなる。つまり相当数の管理職は,部下の人的資源開発のためには,3年あるいは5年で他の職場に移動させることが望ましいと考えている。

では実際に一定期間で部下の移動が行なわれているのか。部下である若手について上司や人事部門等から移動の打診があった際の管理職のこれまでの対応(複数回答)をみると,「打診にしたがって移動させた」が54.5%で過半を占め,「後任者を配置することを条件に承諾した」(32.5%),「業務の区切りができるまで現職に配置しておくことを条件に承諾した」(29.2%),「後任者が育成されるまで現職に配置しておくことを条件に承諾した」(9.4%)が続き,他方,本人(12.1)や職場(10.5%)の状況から断ったなどの対応は少ない。しかし仕事の成果と賃金との結びつきが強まっていると回答した管理職では,そうで

ない管理職に比べ,「業務の区切りができるまで現職に配置しておくことを条件に承諾した」(若手：31.0％対24.4％) や職場の状況から断った (若手：10.3％対5.3％) の指摘率が高くなる。

以上によると，人的資源開発のためには一定期間での職場間移動が不可欠と考える管理職が多くかつ職場への人材の囲い込みの傾向は弱いといえる。しかしながら成果主義の強化が，職場間移動による人的資源開発を阻害させる可能性も示唆された。したがって，定期的な移動が人的資源開発にとって不可欠な職場については，人事部門による従業員の配属期間のモニタリングやラインへの移動の働きかけ，さらには社内公募制や自己申告制など移動ニーズを従業員自身から捉える仕組みの整備が必要となろう。

2 人事評価の現状と課題

(1) 人事評価の機能

人事評価ないし人事考課は，従業員の人的資源の内容や労働サービスの提供のあり方を評価するもので，その結果は処遇の決定 (賃金，昇進，昇格) や人的資源の開発などに活用される。人事評価の実施方法は，管理職がその部下に関して行なうことが一般的であり，評価の項目は利用目的などによって内容や重点の置き方が異なる。人事評価を人的資源開発に活用するためには，その結果を被評価者にフィードバックすることが不可欠である。企業から開発を期待されている能力に関して従業員自身が気づくようにしなくては，評価を育成に活用することができないことによる。

人的資源開発のためだけでなく，評価制度の内容や評価の結果を従業員に知らせる企業が増えつつある。人事評価の仕組みの公開や評価結果の本人への開示である。人事評価に関する情報公開の目的は，評価制度や評価結果に関する従業員の納得性を高めることにあると言われる。いかなる方法で，いかに評価され，その結果がどのようなものであったかを従業員に知らせることが，評価

制度や評価結果への納得性を高めることになると考えられている。さらに短期的な成果主義が強まると、評価の結果と処遇との結びつきが強まるため、評価の納得性の担保がより重要性を増すことになり、成果主義の強化と人事評価の情報公開が連動していることが多いことも背景にある。

他方、人事評価の項目や評価の方法は、従業員の行動に影響を及ぼすものである。従業員は、自己の評価を高めることになると考える行動を選択するように動機づけられることによる。つまり人事評価の項目や運用のあり方は、従業員の動機づけにも大きな影響を及ぼし、従業員の行動を変えることにもなる。

以上のような関心から、評価制度の担い手である管理職からみて現状の評価システムがどのような現状にあり、またどのような課題を抱えているかをみていくことにする。

(2) 人事評価の問題点

管理職は自社の人事評価の制度をどのように評価しているのか。「管理職調査」の結果によると、管理職のなかで自社の人事評価制度に問題があるとする者が多く（69.5％）、問題がないとする者（23.2％）を大きく上回る。仕事の成果と賃金との結びつきが強まっているとる回答した管理職では、そうでない管理職に比べて、問題があるとした者がいくぶん少なくなるが、それでも63.5％を占める。成果主義を強化している企業では、評価制度の整備に取り組んでいると考えられるが、それは十分なものと言えないことがわかる。後述する設問でも、仕事の成果と賃金との結びつきが強まっていると回答した管理職では、評価を巡る問題点の指摘率が若干減少するが、基本的には回答計とほぼ同じ傾向を示す。そのため以下では、回答計について取り上げる。

人事評価制度の問題として意識されているのは（複数回答）、「制度の運用が統一されていないため、部門間で不公平が生じる」（56.6％）、「評価基準があいまいなため、部下に対して評価結果を明確に説明できない」（45.1％）、「評価に中心化傾向があり、メリハリのきいた評価が行われていない」（43.4％）が主たる内容となる。このほかは比率が低くなり、「優秀な従業員に高い評価

を与えられないため，彼らのやる気を失わせている」(17.4%)，「評価者が被評価者の仕事内容を十分に理解できていない」(14.9%)，「制度が複雑で従業員が理解していない」(9.1%) が続く。

以上によると，評価制度の仕組みや運用に問題があると意識している管理職が多いことがわかる。

(3) 人事評価制度の運用

評価制度の運用では評価の中心化傾向を問題点として指摘する者が多かった。そこで管理職が，評価結果をどの程度分散させているかあるいは分散させていないかを調べよう。

「管理職調査」の結果によると，「適度に分散させている」は35.1%で，「平均的な評価に集まる傾向がある」が32.2%，「高い評価に集まる傾向がある」が19.6%，「期によって分散したり，集中したりする」が7.8%となる。適度に分散させている者は3分の1を占めるが，半数強は平均や上位に集まる傾向を指摘している。また，人事評価制度の問題として中心化傾向を指摘した管理職（477人）では，「平均的な評価に集まる傾向がある」が42.6%と高くなる。つまり評価の分布については，平均や上位に集まる傾向が確認できる（低分化問題）。

平均や上位に集まる低分化傾向はこれまでもよく知られているため，人事部門が事前に，評価結果の分布について規制を行なっている企業が多い。そこで人事部門による評価分布の規制が，評価の低分化傾向を是正する効果を持つかみてみよう。なお，「管理職調査」では，評価の分布規制を，評価のランクごとに割合を前もって決めるものと定義している。

管理職の回答では，人事部から評価分布に関して規制が「かけられている」が72.0%，「かけられていない」が18.9%で，規制があるとした者が多い。しかしながら人事部の評価結果に関する分布規制と人事評価制度の問題点として指摘された中心化傾向との関係や実際の評価分布との関係を調べると規制が有効に機能していないことがわかる。規制の効果として確認できるのは，規制が

表5-3　評価結果の分布規制と中心化傾向の指摘率

人事部による分布規制の有無	「評価に中心化傾向がありメリハリのきいた評価が行なわれていない」
規制あり（834人）	43.8%
規制なし（190人）	42.6%

注：無回答を除く。評価制度に「問題がある」とした回答した者が母数。人事部の規制の有無について「わからない」と回答した者は表掲していない。

表5-4　評価結果の分布規制と評価の分散のさせ方

(%)

人事部による分布規制の有無	適度に分散	高い評価に集中	平均の評価に集まる	期によって分散と集中	評価する部下はいない
規制あり（1,150人）	38.2	20.1	32.8	6.2	2.8
規制なし（299人）	32.4	20.7	31.8	13.4	1.7

注：無回答を除く。人事部の規制の有無について「わからない」と回答した者は表掲していない。

設けられていると期によって分布が変わることが少なくなる程度である（表5-3，表5-4）。人事部による分布規制は，低分化傾向を解消するものでないと判断できよう。

　評価制度の運用についてさらにみよう。評価の運用上の問題として，これまでもさまざまな事柄が指摘されてきた。たとえば，主観評価先行傾向，直近重視傾向，評価一貫性欠如などである。こうした問題がどの程度存在するのか。

　評価を行なう際に，全体の評価を先に決めてその結果にあうように項目ごとの評価を調整する主観評価先行傾向から見ていこう。「項目毎の評価を積み上げて，全体の評価を決める」が63.7％と多いものの，「まず全体の評価を決めてから，それに合わせて項目毎の評価を決める」も28.1％と30％近くを占める。後者の比率も無視できない水準にある。

　また，評価の観察期間については，評価の直近だけでなく，評価対象期間の全体を通じた評価が求められるが，そのように評価が行なわれているのか。あるいは評価実施時期の直近の評価に偏っているのか（直近評価傾向）。「考課期間を通じて評価できるように，期初から仕事ぶりを記録するようにしている」は14.5％にすぎない。他方，「期間全体を対象とするようにしているが，実際には評価時期に近い数カ月の仕事ぶりに引っ張られてしまう」は10.7％と少な

いものの，大多数は「仕事ぶりを記録することはしていないが，期間全体を評価するように気をつけている」(69.3%) となる。後者の場合には，文書記

表5-5 評価者が変わることによる同一従業員に関する評価のぶれ（5段階評価の場合）

	計	成果主義強化企業
1．評価は変わらない	4.2%	3.6%
2．1段階	58.6	63.5
3．2段階	32.8	30.0
4．3段階以上	3.7	2.4
5．無回答	0.7	0.6

注：成果主義強化企業は，管理職が「仕事の成果と賃金の結びつき」について，「大幅に強まった」「強まった」と回答した企業である。

録がないため評価時期に近い時点の評価に偏る可能性が否定できない。また主観評価先行の評価を行なう管理職では，評価時期の直近で評価する傾向が確認できる。

さらに評価の一貫性欠如の問題もある。これは評価者が変わると，評価結果が変化する問題である。5段階評価と仮定した場合，評価者が変わることによって，評価の結果がどの程度へ変わると考えているかを尋ねたところ，「評価は変わらない」とした者は4.2%にすぎず，大多数が評価段階が変わると回答している（表5-5）。評価の一貫性の欠如の存在が確認できる。具体的には「1段階」変わるが58.6%，「2段階」が32.8%，「3段階以上」が3.7%となる。相当大きな評価のぶれといえる。この点は，仕事の成果と賃金の結びつきが強まったとした管理職にも当てはまる。

評価者によって評価が変わることは，次の設問でも確認できる。表5-6は，具体例をあげて管理者の評価の基準に関する設問への回答を，「管理職調査」の中で回答者数が多い6社について調べたものである。設問1と設問2の両者とも業績基準で評価するとするならば，設問1ではAさんを，設問2ではBさんを高く評価すべきことになる。しかしながら設問1と設問2の両者について6社とも各企業の内部で管理職の評価基準が分かれている。つまり同一企業内でも管理者によって評価基準に大きなばらつきが存在し，均質化ができていない。

人事評価は，制度がいかに精巧にできていても，評価者の運用段階で，さまざまな問題が発生し，制度の意図通りの運用が難しいことが確認された。こう

表5-6 業績評価対向上評価, 業績評価対能力発揮評価

設問1 「前期の業績が100で, 今期は90に落ちたAさん」と「前期が50で今期は80に業績を上げたBさん」がいた場合, どちらを高く評価しますか？

	A社 (138人)	B社 (149人)	C社 (227人)	D社 (160人)	E社 (198人)	F社 (130人)
Aさんを高く評価	48%	36%	35%	35%	24%	49%
Bさんを高く評価	36	30	41	41	50	25
その他	15	35	23	22	26	25
無回答	1	0	1	2	0	1

設問2 「50の業績をあげられる潜在能力を持つAさんが50の業績を上げた場合」と「100の業績をあげられる潜在能力をあげられる潜在能力を持つBさんが70の業績をあげた場合」, どちらを高く評価しますか。

	A社 (138人)	B社 (149人)	C社 (227人)	D社 (160人)	E社 (198人)	F社 (130人)
Aさんを高く評価	50%	31%	35%	46%	50%	45%
Bさんを高く評価	38	45	50	43	33	40
その他	11	23	15	9	17	15
無回答	1	1	0	2	0	0

した問題が発生するため, 制度の設計面の工夫だけでなく, 多くの企業は, これまでも管理職に関して考課者訓練などを実施している。そこで考課者訓練の有効性をみることにしよう。

(4) 考課者訓練の実施状況と問題点

調査対象となった管理職が雇用されている企業における考課者訓練の実施状況に関する自己認識をみると, 実施されていないとした者は9.3％と少ない。多くの企業は考課者訓練を実施している。調査対象企業における考課者訓練の実施方法（複数回答）は,「評価する立場に昇進したとき」が72.1％で最も多く, これに「不定期にときどき行われる」(23.1％),「何年かおきに定期的に行われる」(5.7％) となる。考課者訓練の実施は, 管理職など評価する立場に昇進したときに行なわれる場合が多く, 定期的に実施されている企業の管理職は少ない。さらに調査対象となった管理職がこれまでに受けた考課者訓練の回数は, ゼロ回が17.0％, 1回が51.0％, 2回が21.5％, 3回以上が10.5％とな

る。まったく受けていない者は少ないが，考課者訓練の回数では1回が最も多い。つまり考課者訓練を実施している企業が多いのもの，その回数は少ない。さらに考課者訓練の方法に関する評価では，適正とした者（「適正である」＋「どちらかというと適正である」）が56.2％と50％を超えるが，適正でない

表5-7 考課者訓練の受講回数と主観評価先行問題および直近評価問題の程度

考課者訓練の受講回数	主観評価先行傾向（指数）	直近評価傾向（指数）
ゼロ回（269人）	-17.1	-60.7
1回（812人）	-32.0	-73.6
2回以上（507人）	-51.7	-91.9

注：主観評先行度＝「まず全体の評価を決めてから，それに合わせて項目毎の評価を決める」(％) マイナス「項目毎の評価を積み上げて，全評価決める」(％)
直近評価度＝「期間全体を対象とするようにしているが，実際には評価時期に近い数カ月の仕事ぶりに引っ張られて」×2 (％) マイナス「考課期間を通して評価できるように，期初から仕事ぶりを記録する」(％) ×2 マイナス「仕事ぶりを記録することはないが，期間全体を評価するように気をつけている」(％) ×1

とした者（「適正でない」＋「どちらかというと適正でない」）も18.2％となる。

　考課者訓練を受けた回数と主観評価先行傾向や直近評価傾向との関係をみると，回数が多くなるほど両傾向が弱くなることが確認できる（表5-7）。考課者訓練を実施すれば，評価の運用上の課題が一挙に改善されるわけではないが，繰り返し考課者訓練を実施するとともに，その内容を充実することで，運用面での問題を軽減できるといえよう。

(5) 人事評価の公開とその問題点

　人事評価の制度に関する情報公開や評価結果の本人へ開示している企業が増えていることを指摘した。調査対象となった企業ではどうか。調査対象となった管理職の中で，企業が人事考課の制度に関して情報公開していないとした者は13％と少なく，人事評価制度に関して何らかの情報公開を実施している企業の管理職が多い。評価制度に関して会社が情報公開している内容（複数回答）は，管理職の評価によれば，「評価者」(74.3％)，「評価時期」(72.4％)，「評価項目」(97.8％)，「考課項目毎の判断基準」(57.2％)，「評価の手順・手続き」(51.2％)，「評価項目間のウェイト」(44.5％) などとなる。

　評価制度の関して情報を公開している企業の管理職が多かったが，それに比べると，評価結果を従業員に開示しているとした管理職は少ない。評価結果の

表 5-8　人事評価の結果の本人への通知

(%)

	人事評価の結果の本人への通知に関する管理職自身の考え方					
	是非知らせるべきだ	本人が望めば知らせればよい	成績がよい場合は知らせた方がよい	成績が悪い場合は知らせた方がよい	あまり明確に知らせない方がよい	その他
会社における状況 原則として知らせている (857人)	78.3	14.1	0.7	0.7	4.8	1.4
場合によっては知らせることがある (245人)	37.6	36.7	9.0	9.0	5.7	2.0
原則として知らせていない (491)	25.9	44.6	4.7	1.0	19.6	4.3

　本人への開示の状況では,「原則としてしらせている」が53.6％,「場合によっては知らせることがある」が15.3％,「原則として知らせていない」が30.7％となる。つまり, 人事評価の制度に関して公開していても, 評価の結果に関しては, 本人へ開示していない企業が相当あることを意味する。

　評価結果を原則として知らせているとした管理職は53.6％であったが, 人事評価に関する本人への結果の通知に関する管理職の考え方では,「是非知らせるべきだ」が78.3％と多くなる。つまり結果を開示していない会社の管理職の中にも開示を支持するものが少なくないのである。ちなみに評価結果を「原則として知らせていない」とした管理職でも, 評価結果を本人に知らせた方がよいと考えている者が4分の1となる (表5-8)。

　人事評価の結果を原則として本人へ通知している企業の管理職に対して, 通知することの問題点を尋ねた結果によると,「特に問題がない」とした管理職が46.3％と最も多い。しかし指摘された問題点 (複数回答) も少なくなく,「評価基準が曖昧など, 評価技術上の問題が明らかになりつつある」(30.8％),「評価が甘くなる傾向がある」(21.1％),「評価の低い従業員のモラール低下を招いている」(13.8％) などとなる。

　人事評価の制度や運用に関する情報公開だけでなく, 結果に関しても本人へ知らせる企業が増えつつあり, それを支持する管理職も多い。しかしながら結果の本人への開示が問題を発生させないためには, 評価基準の客観化や評価の

運用面での公平化の確保を一層重視することが必要となることがわかる。

3　小　括

本稿の分析から次の課題を指摘できよう。

(1)　管理職は，仕事の配分や助言を通じて，部下の人的資源開発機能を担っている。しかしながら短期的な成果主義の強化，仕事の多忙化，新人配置の減少などは，職場における人的資源開発機能を低下させていることが明らかになった。短期的な成果主義や要員削減など業務の合理化と，人的資源開発機能の維持，向上の調整が課題となる[10]。

(2)　管理職は部下育成機能を担っているが，新人の育成方法などに関して人事部門からアドバイスを得ているものは極めて少ない。職場における人的資源開発機能を高位で平準化するためには，仕事の配分やアドバイスなどを含め新人の計画的な OJT の進め方に関する情報提供が必要とされる。また，職場への人材の抱え込みの傾向は弱いものの，成果主義の強化が抱え込みを強める可能性が示唆されるため，人事部門としては，中長期的な人的資源開発に不可欠な職場間移動を維持のため，従業員の配置期間のモニタリングに加え，社内公募制や自己申告制など従業員自身による移動の仕組みの整備が必要となろう。

(3)　評価制度やその運用に問題を感じている管理職が多い。評価者によって評価結果が変動することが少ないように評価制度を設計するとともに，運用段階においても管理者による評価のぶれを可能な限り少なくするために，効果は限定的であっても，繰り返し考課者訓練を実施するとともに訓練内容の充実が課題となる[11]。さらには，管理職への昇進選抜に際し，業務遂行能力だけでなく，評価など人事管理機能にかかわる能力や適性を選抜基準に含めることが求められよう。

(4)　人事評価の制度や運用に関する情報公開だけでなく，結果に関しても本人へ知らせる企業が増えつつあり，それを支持する管理職も多い。しかしながら結果の本人への通知が制度への不信感などを生じさせないためにも，評価

基準の客観化や評価の運用面での公正確保が課題となる。

注
(1) 市場環境の不確実性の高まりに対応するために, 労働力の組織化と活用における「数量的柔軟性」(numerical flexibility), 「機能的柔軟性」(functional or task flexibility), 「金銭的柔軟性」(financial or wage flexibility) のそれぞれの向上の必要性とそれを実現する施策として「柔軟な企業モデル」を提示したのは, イギリスの Atkinson (1985) であった。「柔軟な企業モデル」に関するのちの議論では, 「数量的柔軟性」から「時間的柔軟性」(temporal flexibility) を分離し, 独立した変数として扱う論者が多い。本稿もそれを採用した。 Atkinson, J. (1985) "Flexibility: Planning for an uncertain future", *Manpower Policy and Practice,* No. 1, Summer; Torrington, D. & L. Hall (1998) *Human Resource Management,* fourth edition, Prentice Hall Europe, 1998, p. 40.
(2) 詳しくは, 佐藤博樹・藤村博之・八代充史『新しい人事労務管理』(有斐閣, 1999年) の第1章を参照されたい。
(3) 日経連に組織された新・日本的経営システム等研究プロジェクトの『新時代の「日本的経営」——挑戦すべき方向とその具体策』(日本経営者団体連盟, 1995年) は, 従業員層を従来型の「長期蓄積能力活用型グループ」(「企業が従来のような長期継続雇用という考え方で, 従業員もその方向で働きたいとする, 雇用期間の定めのないグループ」) だけでなく, それに「高度専門能力活用型グループ」(「企業の抱える問題解決に専門的熟練・能力をもって応え, 必ずしも長期雇用を前提としない有期のグループ」) と「雇用柔軟型グループ」(「有期の雇用契約で, 職務に応じて柔軟に対応できるグループ」) を効率的に組み合わせ, かつそれぞれのグループにあった処遇システムを整備することを内容とする「雇用ポートフォリオ論」を提起し, それぞれの企業が「自社型雇用ポートフォリオ」を構築する必要があるとした。同報告は, 三つのグループのなかで長期継続雇用の考えに基づく「長期蓄積能力活用型グループ」が, 「今後とも基本的に大切にすべき雇用慣行と思われる」としていた。「長期蓄積能力活用型グループ」が基本となるとしていたが, その比率について報告書はふれていなかった。その後実施された2時点のフォローアップ調査によれば, 内部労働市場の論理が適用される「長期蓄積能力活用グループ」が, 量的な面を含め従業員層の核となると考えられていることが明らかにされている。「雇用ポートフォリオ論」に基づく, 雇用グループの構成に現状と将来の増減の比率によれば, 「長期蓄積能力活用グループ」が減少していくにしても7割程度を占め, 今後も多数派と考えられているのである。

第5章 成果主義と評価制度そして人的資源開発　127

雇用グループの構成の現状と将来

(%)

	現　状			将　来		
	長期蓄積能力活用型	高度専門能力活用型	雇用柔軟型	長期蓄積能力活用型	高度専門能力活用型	雇用柔軟型
第1回調査	81.3	7.1	11.6	70.8	11.2	18.0
第2回調査	84.0	5.9	10.1	72.7	11.4	15.9

出典：『「新時代の日本的経営」についてのフォローアップ調査報告』日本経営者団体連盟・関東経営者協会政策調査局労政部人事・賃金担当，1996年8月，『第2回「新時代の日本的経営」についてのフォローアップ調査報告』日本経営者団体連盟・関東経営者協会政策調査局労政部人事・賃金担当，1998年10月。
注：調査の実施時期は，第1回が96年5月17日から6月10日調査で，第2回が98年6月2日から6月26日である。「将来」の時間は，第1回調査では「3年から5年くらい」，第2回調査では「3年くらい」とされている。

(4)　たとえば，Pfeffer, J. (1998), *The Human Equation: Building Profits By Putting People First*, Boston: Harvard Business School Press.（佐藤洋一訳『人材を生かす企業——経営者はなぜ社員を大事にしないのか』トッパン，1998年）などを参照されたい。
(5)　『「実力主義」・「成果主義」的処遇に関する実態調査報告書（労働省委託）』富士総合研究所，1998年3月（今野浩一郎ほか）などを参照。
(6)　企業（人事部）からみた評価制度の現状と課題に関しては，『評価制度に関する調査研究報告書』三和総合研究所，1995年3月（清家篤ほか）が有益な情報を提供している。
(7)　調査方法は下記のようになる。また，調査の結果は，『管理職層の雇用管理システムに関する総合的研究（下）（調査研究報告 No. 107)』（日本労働研究機構，1998年）にまとめられている。調査メンバーは，藤村博之（法政大学経営学部），八代充史（慶応大学商学部），松本真作（日本労働研究機構）および筆者の4名である。（査票の配布・回収方法）調査への協力をられた24社について，人事部を通じて中間管理職（課長相当および部下なし管理職を含む）へ調査票の配布を依頼し，記入後，回答者が自身で日本労働研究機構へ郵送するよう依頼した。（調査の実施時期）1997年3月はじめから4月末。（調査協力企業）　TDK㈱，モービル石油㈱，コニカ㈱，㈱ヤクルト本社，東京トヨペット㈱，㈱横浜銀行，雪印乳業㈱，コスモ石油㈱，三井生命相互会社，藤田観光㈱，㈱資生堂，スタンレー電機エンジニアリング㈱，三洋電機㈱，富士ゼロックス㈱，山之内製薬㈱，㈱ベネッセコーポレーション，ヤマハ㈱，セイコー電子工業㈱，旭化成工業㈱，千代田化工建設㈱，富士通㈱，㈱都民銀行，京葉瓦斯㈱（調査票配布数）2,178人。（調査票回収数と回収率）1,604人，73.6％。
(8)　最近の職場や仕事の変化に関して詳しくふれることはできないが，要員の削減，

業務の外部化の進展，非正社員の活用増加，業務量の増大，仕事の担当範囲の拡大，実労働時間の増加，仕事の管理強化，情報化の進展などを指摘できる。『管理職層の雇用管理システムに関する総合的研究（下）（調査研究報告 No. 107)』（前掲書）や拙稿「組織・人事の改革とその職場・仕事への影響」桑原靖夫・連合総合生活開発研究所編『労働の未来を創る』第一書林，1997年，などを参照されたい。
（9）　インターンシップ制を，学生を受け入れた企業の若手従業員の能力開発に活用する可能性を指摘できる。
(10)(11)　非管理職に対する調査から，守島基博は，成果主義は職場のゆとりにマイナスの影響を与えるが，人事考課の結果の通知やその納得性の確保がともなう場合は，職場の活性化に結びつくことを明らかにし，玄田有史・神林龍・篠崎武久は，短期的な成果重視の下で管理職が部下の長期的な能力開発機会の確保を軽視した場合，職場の雰囲気にマイナスの影響を及ぼすことなどを明らかにしている。守島基博「成果主義の職場へのインパクト」社会経済生産性本部労使関係常任委員会編『職場と企業の労使関係の再構築——個と個人の新たなコラボレーションにむけて』社会経済生産性本部生産性労働情報センター，1999年7月，玄田有史・神林龍・篠崎武久「職場環境の変化と働く意欲・雰囲気の変化」（前掲書）。

＊本稿は，拙稿「成果主義と評価制度そして人的資源開発」（『社会科学研究』第50巻第3号）を加筆，修正したものである。

第6章　アジア通貨・経済危機と労働問題
　　　――タイの事例――

末　廣　　昭

はじめに

　タイで「労働問題」といえば，1980年代までは農閑期における農村の隠された失業の問題であり，還流型の出稼ぎ労働者の問題であった。そして，低学歴の出稼ぎ労働者を最下層とする，学歴に分断された労働市場の存在が，あるいは農外就業機会の少なさに規定された農民たちの現金所得の低さが，タイにおいて重要な労働問題として認識されてきた（北原編 1987；渡辺 1992；Chalongphob 1993；北原・赤木編 1995）。

　そのため，国家統計局（NSO）が担当する毎年の「労働力調査」（Labour Force Survey）も，農閑期（2月，5月）と，農繁期（8月）の計3回に分けて実施されている。また1960年代以降になると，国家統計局は定期，不定期に，季節的な人口移動や農村における労働人口の動態把握に努めてきた（末廣 1997c）。これらの調査が明らかにしてきた事実は，労働人口に対する6～8％の失業者の存在であり，その半分を占める農閑期の農民失業者の多さ，もしくは季節的な失業者の恒常的な存在であった。

　ところが，1988年から始まるいわゆる「経済ブーム」は，タイにおける労働問題の内容を一変させてしまう。直接投資ラッシュや工場建設ブームは，88年から8年間の間に，民間企業部門に300万人を超える新規労働者需要を引き起こし，同時に従来，農業や自営業に従事していた家計補充者（大半が女性）を，

大量に民間部門へシフトさせていったからである（Sangsit & Kanchada 1993; Sungsidh & Itoga eds. 1996）。その結果90年代半ばには，急速な工業化と経済拡大のもとで，専門・技術職のみならず非熟練労働者の分野でも深刻な労働力不足が生じた。そして，この労働力不足を補うために，同時期には100万人を超える非合法外国人労働者がタイ国内に流入するに至った。タイは25万人に達する人々を出稼ぎ労働者として海外に送り出す一方，100万人の労働者をミャンマー，ラオスなどの近隣諸国から受け入れる「労働輸入国」に転化したのである（末廣 1997a）。

しかし，この労働力不足の時代は長くは続かなかった。1997年の通貨・経済危機とそれに踵を接する形で生じた国内経済不況は，未曾有の解雇・失業問題を引き起こし，一方では失業労働者の農村への還流とその受入，他方では労使関係の流動化や不安定化という新しい問題を生み出したからである。

本章ではタイを事例にしながら，アジア通貨・経済危機が一国の労働市場にどのような影響を与え，かつ政府や労働団体がこれにどう対応しようとしているのかを紹介してみたい。

そこで第1節では，まず通貨・経済危機に先立つ「経済ブーム」のなかで，タイの労働問題がどのような変化を経験したのかを，経済構造の変化と関連させつつ概観する。主たる論点は，①労働力不足に代表される労働市場の構造変化，②急増する派遣労働者と非合法外国人労働者，③工場レベルでの人事労務管理の変容，の三つである。

次いで第2節では，通貨・経済危機以後の労働問題を，①解雇・失業者の増加，②賃金所得の低下，③外国人労働者の強制送還と再登録問題の三つに焦点をあてて検討する。そして第3節では，以上の問題に対して，政府と労働組合・労働団体の双方がどのような対応を示しているのか，その点を紹介してみたい。

なおタイの労働問題は，急速に工業化をすすめている発展途上国に共通する論点を程度の差はあれ集約的に示していると思われる。同時にタイの事例は，経済のグローバル化や金融・産業の自由化が，未整備の労働市場や組織化が進

第6章　アジア通貨・経済危機と労働問題　131

んでいない労働団体に対してどのようなインパクトを与えるのか，その点についても示唆を与えている。そこで第4節では，アジア通貨・経済危機と労働問題の関係について，タイを素材にしながら議論してみたい。

1　経済ブーム下での労働市場の変化

(1)　経済ブームによる構造変化

　タイの経済は1972年から経済危機直前の96年までの25年間をならしてみると，実質成長率は平均7.6％，製造業のそれは10.1％と，途上国の中では相対的に高い成長を実現してきた。とりわけ，88年からは2桁台の成長率を3年間続けている。また，88年以降の輸出の対前年比伸び率は平均30％に達し，輸出入サービス合計額が名目GDPに占める比率は，80年の55％から95年には89％に上昇した（マクロ経済の変化は，末廣・東編著 2000：第1章）。
　一方，インフレの推移をみると，同じ25年間の平均は7.0％であり，特に石油ショック直後の73～74年と80～81年の4年間を除くと，この期間のインフレは4.8％の低水準にとどまった。したがって，過去25年間のタイ経済のパフォーマンスは，何より相対的に安定しており，80年代後半以降は，「成長のアジア」の波に乗って高成長を実現してきたということができる。
　より注目すべきは，1988年から始まる経済ブーム期に生じた経済の劇的な構造変化であろう。この点を75年から95年までの主要指標を示した表6-1，表6-2，表6-3を用いて確認しておきたい。
　まず主要セクター別の付加価値構成を見ると，農林水産業は1975年から95年の間に，27％から11％に大きく低下し，逆に製造業が同時期，19％から28％に上昇した。実質の付加価値額で測って，製造業が農業を上回ったのは79年のことである。また90年代以降は経済のバブル化もあって，建設業や金融保険業の比率の上昇も著しい。次に，製造業の内訳に注目すると，食品，飲料，タバコの「食品関連産業」が31％から16％に激減し，代わりに機械，電機，輸送の機

表6-1 タイ経済構造の変化（名目価格）

(単位：％, 10億バーツ)

セクター別付加価値構成

	1975	1985	1990	1995
一次産業	26.9	15.8	12.5	11.0
二次産業	24.7	29.5	35.0	36.7
製造業	18.7	21.9	27.2	28.2
建設業	3.8	5.1	6.2	7.3
三次産業	48.5	54.7	52.5	52.3
運輸通信業	5.5	7.4	7.2	7.3
商業	19.2	18.3	17.7	16.4
金融保険業	2.6	3.3	5.5	7.6
サービス業	11.1	14.5	13.4	12.7
合計	100.0	100.0	100.0	100.0
合計・実数値	303	1,056	2,184	4,203

製造業の業種別構成

	1975	1985	1990	1995
軽工業	64.8	59.6	51.2	45.2
食品	31.0	29.0	19.3	16.4
繊維・衣類	21.3	21.2	20.5	19.0
重工業	35.2	40.4	48.8	54.8
化学	3.5	3.4	2.5	2.2
石油関連	6.2	5.4	4.3	6.4
機械機器	3.0	2.8	5.3	7.3
電機機器	1.8	4.5	5.8	8.4
輸送機器	6.7	4.9	9.9	8.6
合計	100.0	100.0	100.0	100.0
合計・実数値	57	232	594	1,184

出典：国家経済社会開発庁の国民所得統計新シリーズより算出。

表6-2 タイ貿易構造の変化

(単位：％, 10億バーツ)

輸出品の構成

品目分類	1975	1985	1990	1996
農産物	45.9	40.7	22.5	16.3
コメ	12.1	11.6	4.7	3.6
農水産加工品	12.5	12.6	12.5	10.1
工業製品	35.1	34.4	62.2	70.4
繊維・衣類	2.2	10.9	13.3	7.2
コンピュータ部品	—	—	6.6	11.9
鉱物資源	4.6	4.9	1.7	2.0
合計	100.0	100.0	100.0	100.0
合計・実数値	22	193	590	1,411

輸入品の構成

品目分類	1975	1985	1990	1996
消費財	12.7	9.5	8.5	10.5
中間財・原料	24.1	30.2	33.8	25.8
資本財	33.3	30.0	38.8	46.1
工業用機械	15.5	13.2	14.1	15.2
電気機械	4.1	6.3	8.6	10.3
輸送機器部品	6.8	3.7	6.6	6.4
燃料	21.3	22.6	9.3	8.6
合計	100.0	100.0	100.0	100.0
合計・実数値	67	251	844	1,833

出典：輸出：商務省商業経済局資料，輸入：中央銀行資料より算出。

械機器産業が大きく伸びた。そして，95年にはすでに重化学工業部門の付加価値合計額が軽工業部門のそれを上回っていたのである。

　継続的な工業化と並行して，貿易構造もこの期間（1975～96年）に大きく変化した。輸出構成比は，タイの伝統的輸出品であるコメをはじめとする農水産・畜産物がその比率を46％から16％に大幅に低下させた。一方，70年代後半以降は，砂糖，水産缶詰などの農水産加工品だけではなく，繊維・衣類，宝石，

表6-3 タイ労働市場の変化

(単位:％, 千人)

職種別構成

	1975	1985	1990	1995
専門・技術職	2.2	3.0	3.3	5.0
行政・管理職	0.7	1.3	1.4	2.5
事務職	1.3	2.1	2.8	4.0
販売従事	8.1	8.5	8.7	12.1
農林漁業	73.1	68.5	64.0	46.9
生産労働者	9.9	10.7	13.1	20.5
サービス労働者	2.5	3.5	3.6	4.7
合計	100.0	100.0	100.0	100.0
合計・実数値	18,182	25,853	30,844	30,815

地位別構成

	1975	1985	1990	1995
雇用主	0.4	1.1	1.4	2.6
政府被雇用者	4.7	6.2	5.8	7.9
民間被雇用者	13.6	19.2	22.8	32.3
自営業者	33.8	30.7	28.2	31.3
家計補充者	47.6	42.9	32.8	25.8
合計	100.0	100.0	100.0	100.0
合計・実数値	18,182	25,853	30,844	30,815

出典:労働省: *Year Book of Labour Statistics* より算出。

集積回路などの労働集約型工業製品の輸出も伸びていく。そして,90年代に入ると繊維・衣類に代わって,コンピュータ部品,電子部品,プラスチック製品などの輸出が急速に伸びた。

次に輸入構成に目を転じると,1980年代半ばまでは,燃料(原油ほか)が大きなシェアを占めていたが,その後は中間財・原料,次いで資本財の比率が伸びている。工業製品の伸びがその生産・加工に必要な中間財,資本財の輸入を誘発し,貿易収支と経常収支が悪化するという,多くの途上国で見られる産業基盤の弱さが,タイでも明確に確認できる。

最後に,本章の課題である労働市場の変化を見ておこう。タイにおける工業化の一つの特徴は,就業人口に占める農業の比率が,表6-1の付加価値額で測ったときの数字ほど,急速に低下していかなかったという点にあった。つまり,農水産物やその加工品が輸出産業を支え,輸入代替工業化に必要な原料や中間財・資本財の輸入を可能にすると同時に,他方では農村経済の成長を通して,輸入代替産業に拡大する国内市場を絶えず提供してきた。その一方,農業人口は韓国や台湾と比べると緩やかにしか減少せず,農村部が増加する労働人口を吸収してきた。こうした発展パターンを,かつて私は「新興工業諸国」(NICs)ではなく,「新興農業関連工業国」(NAIC: Newly Agro-Industrializing

Country）と呼んだことがある（末廣・安田編著 1987；末廣 1993：第4章，第5章）。

　ところが，経済ブーム期に就業人口構成や労働市場でも重要な変化が生じた。1985年から95年の10年間の変化を見ると，農林漁業への就業者は69％から47％へとかつてないスピードで低下し，逆に生産・技能労働者が11％から21％へと増加した。絶対数は小さいが，いわゆる「都市中間層」を構成する専門・技術職，行政・管理職，事務職の三つの伸びが著しかったのも，この時期の特徴である。

　一方，地位別の就業人口の推移を見ると，工業化の進展にともなって，民間企業の被雇用者の比率が急速に増加していることが目を引く。特に，1985年から95年の間に就業人口が2,585万人から3,082万人に約500万人増加するなかで，民間企業の被雇用者は純増分と同数の500万人増加し，逆に家計補充従事者は310万人減少した。このことは新規労働力だけでなく，農業や自営業などに家計補充的に従事していた多数の女性就業者が，工場などの労働力に転化したことを示している。この時期，タイは明らかに「NAIC型」から，韓国や台湾と同様の「NICs型」あるいは「NIES型」の工業化に，発展パターンをシフトさせたといえよう。

(2)　二つの労働力不足

　急速な経済拡大と工業化が労働市場に生み出した最初の問題は，コンピュータ技師やエンジニア，会計士などの専門・技術職の供給不足とその賃金・給与の急速な上昇であった。まず新規大卒の分野では，民間企業の技術職の初任給が事務職のそれを大きく上回り，企業間の人材引き抜き競争がこの賃金格差にさらに拍車をかけた。たとえば日系企業を例にとると，大卒事務職の平均初任給は1985年から95年に3,994バーツから8,930バーツへ約2倍上昇したが，技術職のそれは同期間に4,291バーツから1万2,292バーツへと，約3倍も上昇した（末廣編著 1998b：228頁）。

　また，1980年代後半から公務員と民間企業のあいだでは給与・賃金格差が明

確になり，大量のエンジニアや専門職の人々が国営企業や省庁から民間企業へと転職していった。1985年から89年の5年間に限っても，上級公務員（大卒以上）から民間企業への転職は計2,554人に達し，その大半が25歳から34歳のあいだの修士課程修了以上のキーパーソンであったといわれる（Bangkok Bank, BBMR "Economic Diary" February 1990: pp. 50-51）。また81年当時は，新規大卒者の55％が国営企業・公務員に向かっていたのに対して，その比率は90年には36％，さらに94年には29％にまで低下していった（Napaporn 1996：p. 41）。このように新規大卒者の「公務員離れ」が定着したのも，経済ブーム期の大きな特徴である。

　注目すべきは，こうした専門・技術職の不足，新規大卒者の「公務員離れ」から少し遅れて，1992年，93年頃からバンコク首都圏で，さらに95年頃からは地方でも，非熟練労働者の不足現象が目立ちはじめたことである。

　バンコク近郊では，繊維，食品加工，電子組立など労働集約型工場で近隣の農村から若年労働者を恒常的に確保することが困難となり，東北タイをはじめとする地方からの出稼ぎ労働者に依存する体制が定着した。さらにその後は，北タイの工業団地（ラムプーン県など）や南タイの水産缶詰工場でも，若年女子労働者の求人難が顕在化し，工場側が募集する範囲は工場を起点に半径10キロ圏内から50キロへ，さらには150キロへと拡大していった（末廣1997a：89～91頁）。そして，この地方での労働力不足は，陸路（北タイ）や海路（南タイ）を経てタイ国内に流入するビルマ人の雇用へと発展していくのである。

　非熟練労働者の不足は，ただちに賃金水準に反映することになった。図6-1は，初めてバンコクに最低賃金制度が導入された1972年から97年までの数字を示している。賃金委員会（政府，使用者，労働者代表から構成される3者構成組織）が定める最低賃金は，80年の54バーツから89年の78バーツへと，80年代に名目値はかなり上昇していったものの，物価上昇率を勘案した実質賃金はほぼ横這いで推移した。ところが，90年代に入ると名目賃金のみならず実質賃金も上昇を示すようになったのである。ちなみに，89年と96年の2時点をとると，バンコクの名目賃金は78バーツから156バーツへ，実質賃金は34バーツか

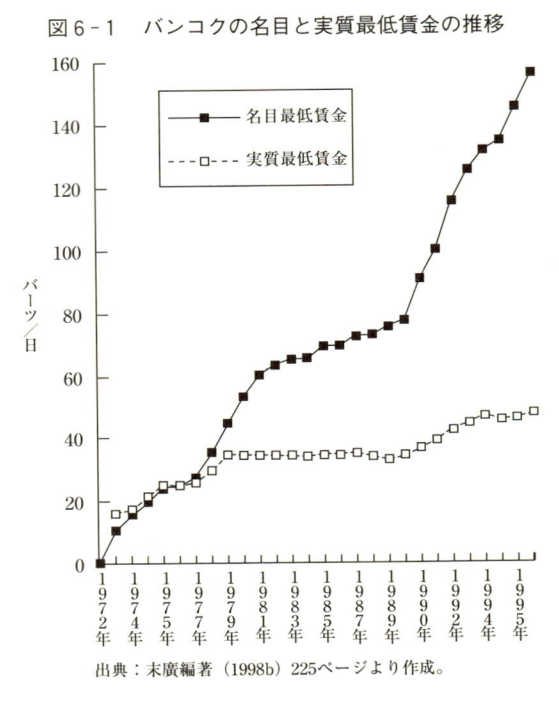

図 6-1 バンコクの名目と実質最低賃金の推移

出典:末廣編著(1998b)225ページより作成.

ら48バーツへと上昇した（末廣編著 1998b：225頁）。

この政府による最低賃金の引き上げ幅は，各製造工場の生産労働者の年次昇給幅に直接的に影響する。したがって，労働力不足に起因する最低賃金の引上げは，労働コストの上昇を通じて企業の経営を圧迫した。そして，1993年，94年から繊維，衣類，靴，玩具製造など労働集約型の輸出産業では，合理化を目的とするレイオフがいっせいに開始された。その結果，この時期から合理化に反対するか，会社都合による解雇に対する見返り（解雇手当）の引上げを要求する労働者の運動が活発化していった（Munnithi Arom, *Raeng-ngan Parithat*, 各号の報告；末廣 1998：228〜231頁）。

(3) 派遣労働者と外国人労働者

非熟練労働者の不足は賃金の上昇だけではなく，一方では「人材派遣会社」が管理する短期雇用労働者と，他方では近隣諸国から流入する非合法外国人労働者という，二つの新しい労働者グループの急増を招いた。

もともとタイでは，短期的な非正規従業員の雇用慣行が盛んであった。そうした中で，1989年1月に内務省労働局（93年9月，労働社会福祉省に格上げ。以下，労働省と略記する）は，無秩序な短期雇用を原則的に禁止し，試用期間は4カ月までとした。そして，4カ月を越える雇用については，勤続1年未満

の労働者には最終月の賃金の1カ月分，勤続1～3年の労働者には賃金の3カ月分，勤続3年以上の労働者には6カ月を限度とする「解雇手当」（退職金ではない）の支給を，雇用主に義務づけるに至った（Munnithi Arom, *Raengngan Parithat,* Vol. 3, No. 2, February 1989: pp. 3-7）。

ところがこの内務省の決定は，解雇手当の支給を必要としない4カ月未満の雇用をかえって促進することになる。建設業やセメント，鉄鋼，自動車組立業など，需要動向に応じて短期の雇用調整が必要な分野の企業は，「人材派遣会社」と契約を結んで，4カ月未満の派遣労働者を雇用する慣行が急速に拡充していった（末廣1998：224頁）。つまり，受入企業側では4カ月ごとに派遣労働者の雇用契約を更新していき，派遣労働者の中から，必要に応じて有能な人材を一定期間後に正規従業員として選抜していく制度が普及していったのである。私が調査した自動車組立工場（96年）では，生産ラインの労働者の実に50％以上をこの派遣労働者に依存していた事例もある。

もう一つの労働力源は，近隣諸国から流入してきた非合法の外国人であった（丸岡1991）。政府の発表では，1994年6月の時点ですでに25万人の数が報告されている。その後，政府はタイ国内に滞在する非合法の外国人労働者を期限を限って合法化する方針に転じ，96年5月に全国76県の労働省県労働事務所にその実態の調査を命じた。その結果，報告のあった39県（のち43県）の非合法外国人労働者数は実に71万7,000人に達した。その所在県はバンコク（27万人）が最も多く，そのほかにミャンマーやラオスと国境を接する北タイや，ミャンマーとラノン県を通じてつながる南タイの各県でも，多数の外国人労働者の数が確認された（末廣1997a：70-71頁）。なお，このときの71万7,000人という数字は，あくまで県労働事務所が把握しえた数字であり，調査にもれた数字を含めると，100万人から120万人の外国人労働者が存在したと見なされている。

次いで，政府は1996年7月2日の閣議で，全国43県に滞在する外国人労働者のうち，所定の手続きに従って登録した外国人に限って，向こう2年間の合法的滞在と就労を許可する決定を下し，これに従って，96年11月末までに合計37

表6-4 タイにおける登録外国人労働者（登録期間1996年9月～11月）

地域	県数	登録人数	地域分布（％）	ビルマ人	ラオス人	カンボジア人	3カ国小計
バンコク	1	56,001	15.1	12,661	966	1,583	15,210
首都近隣県	6	65,665	17.7	33,584	867	941	35,392
中部タイ	12	81,854	22.0	42,979	3,584	13,934	60,497
北部タイ	9	52,836	14.2	30,536	126	30	30,692
東北タイ	2	1,297	0.3	964	185	140	1,289
南部タイ	13	114,318	30.7	59,721	1,735	2,363	63,819
合計	43	371,971	100.0	180,445	7,463	18,991	206,899
外国人分布			100.0	48.5	2.0	5.1	55.6

出典：*Raeng-ngan Parithat*, Vol. 11, No. 4, April 1997, p. 24.
注：1996年6月の閣議決定を受けて合法化されたタイ国内滞在外国人労働者のうち，1996年9月2日から11月29日までに労働省職業斡旋局に登録し，かつ就業許可を得た労働者の分布を示す。

万人の外国人が登録を完了した。なお登録外国人のうち，ビルマ人が49％，カンボジア人が5％，ラオス人が2％，それぞれ占めている（表6-4，参照）。また業種別にみると，農作業（32％），建設業（28％），漁業（20％）の雇用が大きく，この3業種のみで全体の80％を占めた。タイは「じゃぱゆきさん」を含め「労働輸出国」のイメージが日本では強いが，実際には海外出稼ぎ労働者の数を数倍上回る一大労働輸入国だったのである。

(4) 人事労務管理の強化

労働市場の変化と同時に，経済ブーム期にはオフィスでも工場でも人事労務管理の面で大きな変化が生じた。輸出指向企業の増加，同一業種内の企業間競争の激化，人材開発育成の要請などがあいまって，外国系企業でもタイ系企業でも，人事査定制度に代表される能力主義の導入，厳しい品質管理や生産工程管理と連動した労務管理の強化が図られた（末廣1997a；末廣1997b）。

こうした変化は，西タイのパイナップル缶詰工場と北タイの電子部品工場の労務管理を比較するだけで一目瞭然である。パイナップル工場の方は，工場の操業は原料であるパイナップルの収穫と搬入状況に決定的に左右される。つまり，厳格な生産計画は存在せず，洪水が生じたりして輸送に支障が来した場合には，工場は一時的に閉鎖となる。要請される技術は，パイナップルの大きさに応じて選果する作業，裁断機械に果実を搬入する作業，そして梱包作業と，

いずれをとっても熟練を必要としない。かりにパイナップルの一部に傷や腐食部分があっても，日本向けの「リングタイプ」とは別に，ヨーロッパ向けの「ピースタイプ」（細かく裁断する）に製品を振り向けることができるので，生産管理は柔軟に対応できる。

　一方，輸出用電子部品の方は，1個でも不良品があれば，それはただちに組立完製品の機能に影響するので，品質管理の面で抜き取りではなく全数チェックが必要となる。私が訪問した工場では，不良品発生率の許容範囲は30万個に1個という厳しいものであった。また，生産ラインにつく女子労働者は，毎日ノルマが課せられ，個人別に組立生産の結果が本人の前に掲示され，さらに月ごとに班単位の成績が集計されて，その結果が集会室に貼り出されていた。成績優秀組はもちろん表彰される一方，成績不良組は大きくバツ印が表示される。同じ製造工場でも，農作業の延長にあるパイナップル工場と，分単位の生産計画に厳格に管理されている電子部品工場では，作業の内容も人事労務管理の実態もまったく違うのである。

　経済ブーム期に生じていた労働面での大きな変化の一つは，まさにこうした労務管理面での「管理と競争」の強化であった。この点は衣類工場でも自動車組立工場でもまったく同様である。もともとタイ人は仲間同士のあからさまな競争を回避し，「自由で気ままな職場」を選好する傾向があった（農業農村社会の延長）。しかし，民間企業の雇用が急増し，生産の効率性と品質管理を厳しく要求する輸出指向企業が増大するなかで，職場の管理システムも，伝統的な「家族主義」「人間関係重視」の方針から「競争主義」「能力重視」の方針へと移行していった。経済危機に陥る直前のタイは，日本に見られる「管理と競争」を前提とする会社工場社会に向かいつつあったのである（末廣1997b：特に第4節，第5節）。

2 通貨・経済危機以後の労働問題

(1) 通貨危機から国内不況へ

1997年7月2日,タイ政府はバーツをドル・リンク制から管理フロート制へ移行させた。ヘッジファンドの繰り返しの攻撃に対抗して,バーツ防衛のために中央銀行が巨額のドル売り・バーツ買いを実施し,その結果,96年末には340億ドル近くあった外貨準備が11億ドルまで一挙に減少したからである。管理フロート制に移行したバーツは,1ドル=25バーツから40バーツ以上にただちに40％近い低落を示し,8月にはIMF,日本の輸出入銀行などから合計172億ドルに及ぶ救済融資を受けることになった。

なぜ,1988年以降「経済ブーム」を享受していたタイで通貨・経済危機が生じたのか。その背景には,①90年以降の金融の自由化,産業投資の自由化のなかで,急速に国際短期資金が流入し,中央銀行が国内の過剰流動性を管理しきれなかったこと,②国内や海外の資金が非生産部門(株式,不動産,個人消費ローン)に向かい,93年頃から経済のバブル化やローンに依存する経済のクレジット化の現象が顕著になったこと,③賃金の上昇や労働生産性の停滞と実質実効為替レートの増価があいまって,従来型の輸出産業の成長が鈍化したことなど,いくつかの要因を指摘することができる。

タイの通貨・経済危機の原因解明は別の論稿に委ねることにして(末廣編著1998a；末廣1999a；World Bank 1998; World Bank 1999),本章では通貨危機後の国内経済不況の深化が,労働市場に与えた影響について検討してみたい。バブル経済の崩壊にともなう金融不安,そしてドル・リンク制の維持にともなう為替切り下げ圧力の強化(通貨不安)の二つが,通貨危機を経て国内経済不況へと発展していったプロセスは次のとおりである。

まず,IMFは救済融資を実行するにあたって,為替安定,財政緊縮,金融引き締めの三つを柱とする総需要管理政策を,タイ政府に「コンディショナリ

ティ」として要求した。国際収支上の経済安定とインフレや資本逃避を回避するために，20％に及ぶ財政支出の削減，付加価値税（VAT，日本の消費税に相当）の7％から10％への引上げ，各種国内物品税の引上げ，20％を超える高金利政策による金融引き締め，不良債権を抱えた金融会社の清算（97年12月に56社を清算処分）といった政策がそれである。

以上の政策の結果，国内消費は急速に冷え込んでいった。特に付加価値税の引上げは個人消費の大幅な低下を招き，他方で住宅ローン，自動車ローン，消費者ローンを担っていた金融会社の清算は，不動産，自動車，デパートなどの販売不振をただちに引き起こした。また為替の大幅な切り下げは，本来，輸出企業には有利に働くはずだが，輸入財の価格上昇や国内の著しい信用収縮（クレジット・クランチ）に直面した結果，輸出（ドルベース）の伸びはそれほど大きくなかった。さらに，90年代前半の重化学工業化を担っていた石油化学，鉄鋼，情報通信の3業種の場合，ヘッジなしのドル建て資金に設備投資資金の多くを依存していたため，バーツの大幅な切り下げは，ただちに巨額の為替差損の発生と現地通貨換算の対外債務の膨張に直結した。

これらが重なって，主要製造業は軒並み生産の縮小や操業率の低下に追い込まれ，あるいは工場閉鎖に追い込まれていった。ちなみに工業省工場登録課の発表によると，工場閉鎖の数は，通貨危機以前は1,000件未満でしかなかったのが，1997年には2,154件，98年には2,724件に急増している（『週刊タイ経済』1999年4月19日号，2頁）。また商業銀行や金融会社でも，事業清算や合理化計画によって8,000人以上の大量の解雇が生じた。

(2) 解雇と雇用不安

労働省が発表している「従業員解雇数」は，1994年が5,970人，95年が6,936人，96年が5,015人だった（Ministry of Labour and Social Welfare ed., *Year Book of Labour Statistics*, 1996 edition）。それが97年には4万4,753人に増大し，98年は5万499人，さらに99年（1月から10月の数字）も6万9,700人となっている（労働省労働保護福祉局の内部資料）。この数字からも，通貨・経済危機

表6-5 社会保障局の保険証発給停止

年　月	事業所数	被雇用者数
1997年	4,823	408,557
1998年1月	728	71,618
2月	210	21,578
3月	209	17,616
4月	180	27,939
5月	161	24,014
6月	167	25,995
7月	408	19,891
合計	6,886	617,208

出典：労働省社会保障局の資料より作成。

以後，解雇者数が急増していることがわかるだろう。

ただし，以上の数字を実際の解雇者数とみることはできない。というのも，労働省が発表しマスコミが引用するこの数字は，あくまで事業所が自主的に労働省に報告した数字のみを集計したものだからである。タイでは事業主に解雇の報告義務はないし，報告を怠ったからといって罰則が課せられるわけではない。したがって，先の数字は実態を反映していないのである。

そこで，より解雇の実態を示すものとして掲げたのが表6-5である。タイでは1990年3月から従業員20人以上の事業所について，従業員の社会保障制度（医療，傷害，死亡，出産手当の四つ）を導入し，93年9月からは適用範囲を10人以上の事業所に拡大した。98年8月現在，社会保障基金制度を採用している事業所の数は全国で9万2,000カ所，従業員数は610万人に及ぶ。

この制度では，政府，事業主，従業員の3者が，それぞれ賃金・給与の一定比率を基金として毎月積み立てることを義務づけており，解雇や転職が生じた場合には，事業主はただちにその旨を社会保障局に通知する。通知しなければ，支払い義務のない従業員の積立分を事業主は負担させられるからである。したがって，社会保障証の発給停止の月別推移を示した表6-5は，他企業への転職や自己都合による退職を含むものの，当該期間の解雇の状況をより正確に示しているといえよう。

さて表によると，1997年1月から98年7月までに社会保障証の発給を停止した数は61万7,000人であった。他方，同期間に再就職・転職し，別の職場で社会保障証の再発給を受けたのは7万7,000人であったから，差し引き54万人が事実上の解雇者もしくは退職者の数となる。先の労働省の数字がいかに過小評価であるかは明確であろう（バンディット 1999a：31～32頁）。

しかも，解雇・失業の問題はこれだけにとどまらない。たとえば，バンコク首都圏の出稼ぎ労働者の多くは，東北タイなどから移動してきた若年労働者を中心としていたが，彼らの多くは解雇手当に早期退職の上増し分を受けて郷里に帰っていった。その数は約30万人と見積もられているが，そのすべてが先の54万人に含まれているかどうかは疑問である。

さらに，前節で紹介した短期雇用の「派遣労働者」の失職は，解雇数には含まれていない。4カ月間の雇用期間が終了したあとの契約更新の中止は，解雇ではないからである。実際，建設，セメント，自動車組立工場などが経済危機のあとまずとった措置は，こうした派遣労働者の契約更新の中止であった。派遣労働者の社会保障基金に対する事業主分の支払いは，受入企業ではなく人材派遣会社側が分担する。ただし人材派遣会社は，労働省もその実態を把握していない一種のブローカーであり，かなりの企業は社会保障基金制度に加入していないと推測できる。したがって，派遣労働者の失職は社会保障局の54万人の数字から相当漏れているというのが妥当な判断であろう。

(3) 賃金所得の低下と労働問題の社会化

多くの労働者は，今回の通貨・経済危機で大幅な賃金所得の低下に見舞われた。解雇・失職に至らないまでも，諸手当の打切りやカットが生じたからである。具体的には，休日出勤とその残業（通常賃金の2倍），土曜日残業（同1.5倍），平日の残業，2交替制もしくは3交替制にともなうシフト手当，皆勤手当，奨励給などの打切りがそうであった。1998年に私がインタビューした自動車関連工場の労働者の場合には，経済危機のあとの賃金所得は，それ以前に比べて30％から40％の低下をみた。

さらに，タイでは生産ラインにつく労働者の多くは日給ベースで賃金が支給されている。したがって，操業率が下がり，週3回，4回の操業の場合には実働分しか支給されないので，ただちに所得は低下する。また，1997年後半以降の特徴として，労働団体交渉の場では，労働側の要求に先だって，経営側が定期昇給の凍結，ボーナスのカット，諸手当の支給中止を提案し，その後の賃金

交渉に圧力をかけるという傾向が強くなっている。賃金所得に関する時系列の信頼すべき統計はないが、通貨・経済危機以後、相当の低下をみたことはまちがいない。

その結果、失業者や賃金所得者のあいだではさまざまの問題が生じている。住宅や自動車ローンの返済延滞や破綻、子弟の私立学校への入学とりやめなどがその一例である。私立中学校の場合には、1998年度に予定入学者のうち23％が入学をとりやめ、職業学校（高校）の場合も35％が入学をとりやめたと報告されている（教育省の内部資料）。

より深刻なのは犯罪や麻薬・覚醒剤にからむ事件の増加である。刑事事件局の公表によると、犯罪件数は1996年の55万件から97年には59万件に増加し、とりわけ麻薬にからむ検挙数は、93年の6万件から97年には16万件へ、さらに98年も7月までの累計で10万件を超える状況になっている（バンディット 1999a：33頁）。麻薬問題は単に大人だけではなく、現在では高等学校や中学校の現場にまで波及し、深刻な社会問題となっている。経済危機の影響は労働にとどまらず、広範な社会問題に発展しているのである。

(4) 外国人労働者問題の再燃

1996年11月末に、政府は外国人労働者の登録作業を終了し、37万人の労働者に向こう2年間の就労許可証を与えた。それから半年後、タイは経済危機に陥り、労働市場は労働力不足から一転して供給過剰の状態に180度転換した。タイ人の解雇・失業者の数が増える中で、当然、外国人労働者への風当たりも強くなり、政府は97年末に、翌98年5月1日以降をもってタイ国内に滞在する外国人労働者すべてを非合法と見なし、不法に滞在する外国人を本国に強制送還する方針に転じた。その結果、98年1月から5月末にかけて合計21万6,600人の外国人労働者が本国に帰国した。このうち5万4,000人が法律に基づく強制送還で、残りが自主的な帰国であった（*Matichon Raiwan,* July 3, 1998）。

ところがこの新方針を実施していく過程で、予定外の問題が生じた。というのも、すでにビルマ人など外国人の労働に依存していたいくつかの業種では、

重労働がゆえに新規に募集してもタイ人労働者が集まらず、事業そのものに支障を来したからである。たとえば、精米所では100キロ入り（昔は60キロ入り）のコメ袋を搬送する作業をビルマ人が担当していたが、こうした「３Ｋ労働」に応募するタイ人がいないことが判明したのである。「外国人労働問題解決特別委員会」の調査によると、外国人労働者の強制送還によって深刻な労働力不足が生じるのは、天然ゴム園、農業畑作、建設、冷凍倉庫、砂糖キビ刈り入れ、エビ養殖、河川運行、オイルパーム園、精米所、家事労働の10業種で、労働者の数は計24万6,000人に達するというものであった。そのため、関係業界は政府に対して、外国人労働者の追放措置の延期もしくは一時凍結を強く要求するに至った。

その結果、1998年7月に政府は再度政策を変更する。すなわち、次の5業種については向こう1年間に限って、外国人労働者の雇用を認めるという新方針を閣議で決定した。指定された業種と許可された外国人労働者の数は、①ゴム農園労働者（12県、3万8,210人）、②砂糖キビ農園労働者（5県、2万2,725人）、③養豚業（11県、3,160人）、④精米業労働者（33県、1万1,062人）、⑤河川運輸労働者（バンコク、2万人）であった（*The Nation*, July 16, 1998）。このことは、タイの労働市場が供給過剰の中にありながらも、需要と供給のあいだでミスマッチを引き起こしていることを示していた。

3　政府と労働組合・労働団体の対応

(1)　政府・労働省の労働者救済政策

通貨・経済危機の直後、政府はいくつかの対策を講じている。たとえば、1997年8月には「解雇者救済センター」を設置し、同じ月には、解雇・失業者に対する「緊急措置」を閣議で決定した。しかし、「センター」の方はとりあえず自己申請によって解雇者の名前を登録させ、現地語新聞の求人欄にのっている案内を紹介するというおそまつなものだった。また緊急措置の方も、労働

省の既存の労働技能訓練センターを活用して,解職者の再就職のための再訓練を支援するというもので,特別の予算をともなうものではなかった。

むしろ当時のチャワリット政権は,労働者の生活を脅かすような政策を提言している。具体的には1997年9月に,為替政策にならって「賃金フロート制」の導入を,使用者団体側の要請もあって提案した。賃金フロート制というのは,全国を三つの地域にわけて「賃金委員会」が最低賃金を決定している現行制度を廃止し,各県や業種ごとに,労働の需給状況に応じて賃金水準を自由に決めようというものである。この提案は,当然ながら労働組合や労働団体の激しい批判を引き起こし,その批判はさらに労働大臣の罷免要求運動に発展した。そのため10月7日の閣議で,政府はこの提案を取り下げている(末廣1998:225頁)。

政府が労働問題対策に曲がりなりにも着手するのは,1997年11月に政権がチャワリットから野党である民主党中心のチュアン連立政権に移ってからである。チュアン首相は労働問題対策として,(a) IMFと交渉して財政支出の増大(赤字財政)を認めさせ,その財政支出を公共事業に向けて短期の雇用創出を図る,(b)労働省の関連部局や民間商業銀行のなかに,失業労働者の生活資金もしくは転職用の基金を設置する,(c)労働者保護の強化のため改訂労働保護法を制定・実施するの三つを,基本の柱にすえた(Krasuwang Raeng-ngan Krom Sawatdikan lae Khumkhrong Raeng-ngan 1999)。

(a)の雇用創出事業は,チュアン政権が1998年6月に設置した国家社会政策委員会の「経済危機が社会に与える影響を緩和するプログラム」(ソーシャル・セイフティネット計画)や「社会投資計画」(SIP: Social Investment Plan)の一環である。この事業は,98年7月に世界銀行がこの計画に3億ドル,日本の海外経済協力基金(OECF)が134億円の協調融資をそれぞれ決定したことにより,急速に具体化した。この計画の下での事業は多岐にわたるが,骨子は経済危機のなかで速効性をもつ公共事業を各省庁が実施し,それによって地方で雇用創出を図ろうとするものである。なお,この「社会投資計画」の中には,地域住民社会(コミュニティ)の団体や農民組織が自ら小規模プロジェ

クトを提案し，政府貯蓄銀行（GSB）が審査して認可した場合には，必要とする事業資金を実行団体にグラントの形で供与する，「社会投資基金」（SIF: Social Investment Fund）も含まれている（末廣・東編著 2000：第5章）。

(b)の失業労働者支援基金は，表6-6に示したようにさまざまな計画があり，労働省の労働技能開発局や社会保障局，大手民間銀行が担当している。基本的には失業労働者のベンチャー事業の起ち上げや，転職のための労働技能再訓練に対して，低利の資金を融資しようとするものである。ただし，労働団体からは情報が十分当事者に伝わっていないとか，アクセスがしにくいといった，不満の声があがっている。

最後の(c)の労働保護法の改訂は，今回の通貨・経済危機を契機に実施されたものではなく，もともと労働省が過去10年間準備してきたものであった。改訂の主な点は，①1997年新憲法が明記している公的教育の9年間から12年間への延長方針に対応させて，18歳未満を学齢人口（現行は15歳未満）と見なし，同時に15歳未満の労働（児童労働）を禁止する，②労働環境安全基準を明確にし監視機能を強化する，③臨時雇用労働者の身分を保護する，④残業命令の規制を強化する，⑤婦女子労働者の深夜労働を原則的に禁止する，⑥セクシャルハラスメントの規定を新たに導入する，といった点である。

この新労働保護法は1998年3月に国会を通過し，8月から施行する予定であったが，若年労働者や女子労働者の雇用条件の規制が強まることから，経営者団体がその施行に強く反対し，実施の繰り延べを政府に要求した。しかし，チュアン政権はこうした反対を押し切って，98年8月に予定どおり新労働保護法を実施に移している。

(2) 労働争議と労働裁判所への訴え

経済危機のあと労働条件の悪化や解雇・失職に直面した労働者は，それではどのような手段に訴えたのか。表6-7は，過去8年間の労働組合の新設と登録抹消を示したものである。表によると，1991年に多数の組合が登録抹消となっているが，これは91年2月の「国家秩序維持団」によるクーデタのあと，国

表6-6 タイ政府による労働者援助基金の概要（1998年9月現在）

援助基金の名称	援助機関，対象と条件	援助の内容
(1) 転職・労働技能開発関係 ①解雇者労働技能開発援助基金	労働省労働技能開発局担当 解雇前賃金，月1万バーツ未満	＊1万7,500バーツ～11万6,000バーツ ＊24～60カ月返済猶予 ＊利率1％
②民間労働技能開発所設立拡張資金援助基金	労働省労働技能開発局担当 民間企業で，企業内転職用の訓練センターを新設・拡張する意思のある企業。融資は自己資本の1.5倍まで	＊金額は自己資本の規模による ＊6カ月毎の変動金利 ＊返済は15年未満
(2) 職業援助基金 ①国民経済厚生回転基金（Tho. Po. So. 3）	労働省社会保障局担当 低額所得者を対象 生計のための事業費	＊1万バーツを限度
②解雇失業問題解決援助基金	労働省社会保障局担当 解雇・失業者，低額所得者	＊1万5,000バーツを限度 ＊5年間返済猶予 ＊無利子
③タイ人がタイ人を支援する職業グループ援助基金	労働省社会保障局担当 解雇され，保証人がいない者が共同で事業を開始する資金援助	＊1件当たり4,000バーツ ＊無利子
④女子職業奨励回転基金	労働省社会保障局担当 農村在住女子，女子職業訓練センターの労働者	＊1件当たり1万5,000バーツ ＊5年間返済猶予 ＊無利子
⑤障害者復帰援助基金	労働省社会保障局担当 障害者の職業・専門知識の訓練	＊1件当たり2万バーツ ＊5年間返済猶予 ＊無利子
⑥海外出稼ぎ労働者への融資（1994年5月3日閣議決定）	労働省とバンコク銀行 海外出稼ぎを求める労働者	＊9万バーツを限度 ＊MRRから3％引いた利率 ＊18カ月返済猶予
⑦海外出稼ぎ労働者への融資	バンコク銀行，タイ農民銀行 海外出稼ぎを求める労働者	＊15万バーツを限度 ＊銀行による低利融資 ＊18カ月返済猶予
(3) 社会保障給付の例外適用 ①解雇者への例外措置	解雇者 医療，死亡，傷害，出産手当	解雇後，6カ月支給を延長
②家族への社会保障支給	解雇者の困窮家族 医療，児童手当，事業資金	＊1回当たり2,000バーツ ＊3回，6,000バーツ限度

出典："Khwam Chuwai-lua dan Kong Thun lae Sawatdikan Sangkhom" in *Raeng-ngan Parithat* (Mun-nithi Arom), Vol. 12, No. 10, October 1998, pp. 15-21.

注：(1) 基金の財源は労働省一般予算と社会保障局の基金から支出される。
　　(2) 政府貯蓄銀行のバイブーン総裁が提唱する民衆生業援助計画も参加。
　　(3) この援助基金に総額いくらを回すかは明示していない。

営企業の労働組合が解散を命じられ、「従業員職員組合」に改組されたためである。それでも93年以降は、民間企業の従業員数の急増にともない、労働組合数も順調に増加していった（Sungsidh & Itoga 1996, Chapters 3 and 4）。その数が減るのは通貨危機のあとの97年であり、この年に新設57組合に対して登録抹消は104組合を数え、差し引き組合数は47減少した。

表6-7 労働組合の新規設立と登録抹消

年	現存数	新規設立	登録抹消
1990	713	142	22
1991	657	102	158
1992	749	136	44
1993	839	130	40
1994	888	129	80
1995	971	104	21
1996	1,015	86	45
1997	968	57	104

出典：労働省労働保護福祉局。
注：1991年2月にクーデタが勃発し、国営企業の労働組合を禁止して、従業員職員組合に改組したため、91年の組合の登録抹消数は際だって多くなっている。

　解雇・失職の圧力の下で、個々の労働組合の運動は停滞を余儀なくされている。まず、組合指導者や支援者は解雇の対象になりやすいことから、活動を自重する傾向が強まった。また、新たに組合を設立する動きを示すと、解雇の対象になりやすいことから、労働組合の設立を断念する事例もでている。

　労働組合活動の後退は、労働争議やストライキ件数の推移にも明確に示されている（表6-8参照）。従来の研究では、経済ブーム期（1988～95年）に労働争議やストライキの数が低位に推移したと捉え、この事実をもって労使関係の安定化が進展した指標と見なしてきた。しかし、その根拠となった数字は、「合法的な」労働争議（labour disputes）やストライキのみであり、「違法的な」労働対立（labour conflict）やストライキもしくはロックアウトを加えた表6-8をみると、実は通貨・経済危機の前に、争議件数もストライキ件数もかなりの数字にのぼっていることが判明する（末廣編著 1998b：236～237頁）。これは、合理化にともなうレイオフへの抵抗や、賃金・労働条件の改善を求める声が強まったからである。

　ところが、1997年を境に「合法的な」ストライキ件数は激減する。「違法的な」労働対立やストライキの数は残念ながらまだ把握していないが、こちらも大幅に低下したものと推定される。しかし、このことは労働者の不満が完全に

表6-8 タイにおける労働争議とストライキ・ロックアウト（1986～97年）

年	労働争議件数合計	合法的労働争議件数	違法的労働対立件数	ストライキ件数合計	合法的ストライキ件数	合法的ロックアウト件数	違法的スト／ロックアウト件数	労働裁判所訴訟件数
1986	248	168	80	27	9	4	14	7,744
1987	200	145	55	22	4	6	12	6,293
1988	208	120	88	33	5	2	26	6,774
1989	191	85	106	44	6	5	33	7,421
1990	297	127	170	71	7	2	62	7,768
1991	279	135	144	68	7	7	54	9,173
1992	360	185	175	103	20	14	69	9,329
1993	417	184	233	147	14	9	124	11,384
1994	523	165	358	72	8	7	57	9,833
1995	793	236	557	91	22	17	52	n. a.
1996	661	175	486	92	17	1	74	10,327
1997	705	188	518	99	14	6	79	17,140
1998	n. a.	115	n. a.	n. a.	2	n. a.	n. a.	21,000

出典：(1) 1986～96年：Department of Labour, *Year Book of Labour Statistics (YLS)*, YLS 1988, p. 153; YLS 1992, p. 91; 1993-95: YLS 1995, p. 97, および労働省の内部資料より作成。
(2) 1997年の数字は、*Saphap Kan Raeng-ngan Samphan*, Vol. 12 No. 3, Sept.-Dec. 1997. 巻末附録の統計表より作成。
(3) 労働裁判所への訴訟件数は、労働裁判所の内部資料より作成。
注：1986年以降、合法的な労働争議（labour disputes: kho phiphat raeng-ngan）と、違法的な労働対立（labour conflict: kho khat-yaeng）を区分する。

封殺されるか、あきらめに転化したことを意味しない。表6-8に示したように、労働裁判所に対する訴えが、97年以降急増しているからである。労働裁判所は、解雇手当の支給や賃金・労働条件について不当労働行為があったり、労働者側に協約違反があった場合に、労働者側と使用者側の双方が訴えを起こすことのできる「3者構成組織」（Ongkon Traiphaki）である（浅見1997；浅見2000）。タイでは当事者同士の労働協約の締結、ストライキやロックアウトといった実力行使と並んで、あるいはそれ以上に、労働問題の解決手段として重要な意味をもってきた。

その労働裁判所に対する訴えが、1997年以降、年2万件と倍増しているのである。これは経済危機を契機に、解雇手当や賃金・諸手当の支給をめぐって労使間の紛争が急増すると同時に、団体交渉や実力行使の手段を直接・間接に制限された労働者たちが、自分たちの権利保護の拠り所として、労働裁判所に前以上に期待をかけているからだといえよう。

(3) 労働団体の対応と離合集散

現在タイでは労働組合の活動は，次の七つのグループから構成される（詳しくは，バンディット 1999b；Bangdit 1996；浅見 2000）。

①個別単組。「労働関係法」に基づき，同一の使用者もしくは同一業種に所属するメンバーが10名を超えれば，労働組合を結成することができる。1998年末現在，968組合が存在する。

②産業別労働組合連盟。二つ以上の単組が集まれば結成できる。1998年現在，繊維・衣類，鉄鋼・金属，銀行・金融業など18の連盟が存在する。

③「ナショナルセンター」と呼ばれる労働者団体協議会。15以上の単組もしくは産業別連盟が集まれば結成できる。1998年現在，八つのナショナルセンターが存在する。

④地区労働組合グループ。特定のナショナルセンターに所属せず，業種を越えて特定の工場集積地区や工業団地にできる連合組織で，1998年現在，九つ存在する。

⑤国営企業従業員連合。1992年のクーデタで労働組合を解散させられたのち，結成を許された国営企業従業員職員組合の連合組織である。

⑥労働運動連絡調整センター。③のナショナルセンターの一部，④の地区労働組合グループ，⑤の国営企業従業員連合の三つのグループが，「闘う労働者の連絡センター（コーポーロー）」として1997年2月に結成したもので，街頭行動や97年9月の「賃金フロート制」反対などの活動を展開してきた。

⑦婦人のための財団の支部である婦人労働部会（通称，婦人労働者統一グループ）。1992年に出産休暇を現行の60日から90日に拡大する要求運動を展開する中から結成された。

以上七つのうち，通貨・経済危機以前の労働運動の展開において最も重要な役割を果たしてきたのは，③のナショナルセンター，とりわけタイ労働評議会（LCT，78年設立）やタイ労働組合会議（TTUC，83年設立）であった。これらのナショナルセンターは，「3者構成組織」である賃金委員会や労働関係委

員会などに労働代表の委員を送り込み，社会保障制度の拡充や労働の安全基準の強化，国営企業における労働組合結成の権利の復活など，個別単組や産業別労働組合連盟を横断するような要求をとりまとめて政府に提出し，さらには個別単組の団体交渉やストライキなどの組織的支援も行なってきた（浅見 2000）。

また1997年5月には，八つに分裂していったナショナルセンターのうち，LCT と TTUC を含む五つのセンターが連携を図り，将来は単一の全国労働団体に大合同する試みも開始された。しかし，97年7月以降の経済危機はこうした試みを破綻させ，同年10月には，むしろ最大のナショナルセンターであるLCT の執行部がスウィット委員長派とバンチョン書記長派の二つの派閥に分裂し，後者のバンチョン派が自分たちの傘下単組を率いて独立するという事態が生じた。

ナショナルセンターが内部分裂や混迷を深めるなかで，個別単組のストライキや解雇問題を支援し，個別単組を横断する要求書を政府に提出してきたのは，④の地区労働組合グループと⑥の労働運動調整連絡センターの二つである。特に地区労働組合グループは，オームヤイ・オームノーイ，ラングシット，プラプラデーンといった昔からの工場集積地区や，ナワナコン，バーンプーといった新しい工業団地地区につくられた業種を越えた組織である。日頃から労働指導者のあいだで交流があり，加盟単組の工場が隣接しているために，争議やストライキに対しても互いに支援をするなど連帯感が強い。加盟単組の多くが繊維，衣類，電子などに集中していることから，指導者の大半は女性であり，特定のナショナルセンターに所属しないで独自に行動している点も，地区労働組合グループの大きな特徴である。ただしその反面，支援活動の地理的範囲や影響力には自ら限界があり，ナショナルセンターの役割を全面的に代替することはできない。

一方，1998年まで続いてきたナショナルセンター，地区労働組合グループ，国営企業従業員組合の3者間の連携と共闘体制も，99年に入ってから動揺しつつある。その背景となったのは，国営企業の民営化がいよいよ具体化するなかで，政府側やマスコミが意図的に国営企業従業員の「やみ給与」や「やみ手

当」の事実をクリークした結果，民間企業の労働組合やナショナルセンターが不信感をつのらせ，国営企業従業員組合への共闘をやめたからである (*Krungthep Thurakit,* May 6, 1999)。99年4月に実施された発電事業関係を中心とする国営企業従業員の「民営化反対のための一斉行動」に，民間労組があえて参加しなかったのは，その象徴的な事例であった。

したがってタイの労働運動は，一方では，「経済ブーム期」に一定進展をみた当事者間同士の問題解決，つまり団体交渉に基づく労働協約（1～3年間）や労使紛争の制度を通じた解決方式が後退し，労使関係の不安定化や流動化が進むと同時に，他方では，労働団体や連合組織のレベルでの結束が崩れ，内部分裂と相互の対立が進むという，厳しい時代を迎えるに至っている。換言すれば，通貨・経済危機を契機に，①タイにおける労働市場の急速な拡大と，②労働者の組織化や労使関係の制度化が未成熟であるという，二つの実態のあいだの矛盾が一挙に表面化したともいえる。このことは，強制送還と合法化のあいだで揺れる外国人労働者問題に対して，タイの労働組合団体が具体的かつ実効性のある方針をもちえないところにも，端的に示されているといえよう。

4 アジア通貨・経済危機と労働問題

(1) 労働問題への関心の低さ

タイに限らず，韓国，マレーシア，インドネシアにも共通する事態は，国内外のマスメディアの労働問題に対する関心の低さと情報量の少なさである。タイについて言えば，労働問題についてまとまった情報を定期的に提供しているのは，労働支援組織である「アーロム財団」が1987年から刊行している『月刊労働評論』（タイ語，*Raeng-ngan Parithat*）と，労働問題専門家であるスパチャイが，80年以降個人的に刊行している *Thai Labour Chronicle*（月刊，タイ語と英語）の二つくらいしかない。現地の新聞や雑誌，テレビはよほど大規模な労働争議か大量解雇が発生しないかぎり，ニュースとして取り上げることはな

く，韓国のようにインターネットを通じた労働に関する情報の国際向け発信もまだない。

新聞やマスメディアは，もっぱら金融機構改革や経済改革関連の記事に紙面を割き，バンコクや地方の工場労働者の実態はほとんどわからないのが実情である。それだけでなく，雇用条件の変化や政府の労働政策の推移さえも把握が困難である。マクロ経済や金融関係については，IMFや世界銀行の指示により一定情報の開示が進んだ。しかしこと労働問題について言えば，ILOが今回の通貨・経済危機を契機に現地での活動を活性化させたわけでなく，また実態調査やその報告書が刊行されても，マスメディアや一般の人々がほとんど関心を示していないのが現況である。IMF・世界銀行主導の経済改革と労働の実態に関する情報格差の改善は，国際機関や現地，日本の関連機関，研究者が率先してなすべき課題であろう。そうでなければ，「ソーシャル・セイフティネットの強化」を強調する日本の緊急援助計画も，その有効性を十分発揮することができなくなる。

(2) 労働市場と政策・制度のミスマッチ

第二に指摘すべきは，急速な工業化にともなう労働市場の変化が，従来の労働政策や労働団体とミスマッチを引き起こしている点である。その一つの例は，政府が実施した外国人労働者政策に典型的に示されている。政府は当初，労働力不足を理由に外国人労働者の合法化と就労許可を決定したが，経済危機を契機に急遽この方針を撤回し，すべての外国人労働者を強制送還する政策に転じた。しかし，逆にこの政策が農業や運輸業で労働力不足の事態を引き起こし，結局は，再度就労許可を時限的に認めるという方針に戻っている。政策や制度が実態の変化に追いついていないのである。

より深刻な問題とジレンマは，失業保険の問題に集約的に現われている。すでに紹介したように，1990年の社会保障基金制度の開始にともない，政府は医療，傷害，死亡，出産の四つの分野について社会保障を導入した。そして計画では，98年から養老年金，児童扶助手当，失業保険の3分野にも社会保障を拡

充する予定であった。しかし，通貨・経済危機と IMF とのコンディナリティによる大幅な財政支出の削減を理由に，97年10月の閣議では，失業保険の導入提案を却下した。現在のところ，失業保険の導入は2003年までは凍結することが決定されている (Munnithi Arom, *Raeng-ngan Parithat,* Vol. 11, No. 11, November 1997: p. 4)。

今回の通貨・経済危機のなかで「失業保険」の重要性はますます明確になった。もっとも，財政的負担が増えることを理由に，政府や事業主だけでなく労働者自身も，現在では失業保険制度の早期実現には反対している。しかし，アドホックな公共事業による雇用創出や，限定的な労働者支援基金の設置だけでは政策効果は限られている。より長期的な視野にたった財政支出の配分として，失業保険や国家育英資金（96年導入。しかし98年度以降，大幅な財源カットになった）の拡充がなされるべきである。失業保険の導入を見送るか実現に向けて努力するかは，もっと本格的に議論されるべきであろう。

(3) 「強い社会論」と「ほどほどの経済論」の限界

通貨・経済危機を経験したアジア諸国では，IMF・世界銀行の強い勧告もあって，金融機構改革，産業構造調整，企業再構築（コーポレート・ガバナンスの強化）がいっせいに言われている (World Bank 1999: Chapter 2)。その一方では，経済危機が社会に与える影響を緩和し，ソーシャル・セイフティネットの機能を強化しようという議論もでてきている。

そうしたなかで1998年6月に，社会安定化に向けていち早く「国家社会政策委員会」(National Social Policy Committee) を設置したのがタイであった (Munnithi Arom, *Raeng-ngan Parithat,* Vol. 12, No. 7, July 1998)。第4節で紹介したように，「社会投資計画」と銘打って公共事業を中心に地方で雇用を創出するのがその狙いである。この国家社会政策委員会の顧問の一人であり，社会投資計画のアイデアを理論的に支えているのが，長くタイで公衆衛生やNGO活動に携わってきたプラウェート・ワシー医師（マヒドン国立医科大学教授）である。

プラウェート医師は，今回の経済危機を乗り越えるためには，政府や国際機関の経済政策のみでは不十分であり，政治，法律，社会，意識の改革が重要であること，そして仏教の教える道義もしくは社会的公正にかなった「強い社会」（サンコム・ケムケング）の建設が不可欠であることを強調する。なお，プラウェート医師のいう「強い社会」は，地域住民社会（チュムチョン）を生産と消費の基本単位として，いきすぎた工業化や過剰な消費を抑制した「ほどほどの経済」を目標とする。また，人々が縦にヒエラルキー関係に組織されていたり，あるいは各個人が利己的でばらばらになっているのではなく，相互にネットワーク状になった社会組織を想定する（Prawet 1998；末廣 1999b）。

「強い社会論」は，別言すると国際機関が要請するグローバルスタンダードの経済改革に対抗するタイ独自の「社会改革」の提唱であり，同時に農業を基礎とする経済の復興でもあった。国王自らが70歳の誕生日の祝賀会（1997年12月）で「ほどほどの経済」（セータキット・ポーピアング）を提唱したこともあって，マスコミでも頻繁に紹介されるようになった。しかし，私自身は次の二つの理由でこの考え方に疑問をもっている。

その第一は，「強い社会論」が言うほどにタイは「農業国」ではないという事実である。就業人口に占める農業人口の比率は40％台に下がり，農水産物とその加工品（アグロインダストリー）の輸出が輸出総額に占める比率も2割を切っている。タイはすでに「工業国」に移行しているのである。

第二は，「強い社会論」が比較的少ない投資でタイの農業が生産を拡大させ，雇用を確保できると誤って想定している点にある。しかし，農業経済学者たちの調査が明らかにしているように，タイの主要農産物がいま以上に生産と輸出を伸ばすためには，灌漑，道路の整備，高収量品種の導入，流通制度の改善など，取り組むべき課題が極めて多い。その上，輸出所得や新規雇用力を1単位作り出すために必要な追加投資コストで測ると，タイの農業部門は製造業よりはるかにコストを要する産業であることが判明している。

したがって，農業を安易に切り捨てるべきではないが，実態を無視した「農本主義」に安易に依存することも避けるべきであろう。むしろ，引き続き工業

化で雇用を創出しつつ，賃金所得や労使関係の安定化にもっと留意する必要があると考える。そうでなければ，労働問題を組み入れた経済再建は困難だと私は考える。

参考文献
　浅見靖仁（1997），「タイの労働裁判所――その設立の経緯と機能」（『大原社会問題研究所雑誌』第467号，1997年10月）
　浅見靖仁（2000），「労働政策――制度化とインナーサークルの形成」（末廣・東編著2000，第6章）
　北原淳編（1987），『タイ農村の構造と変動』勁草書房
　北原淳・赤木攻編（1995），『タイ――工業化と地域社会の変動』法律文化社
　末廣昭（1993），『タイ――開発と民主主義』岩波新書
　末廣昭（1997a），「タイにおける労働市場と人事労務管理の変容」（東京大学社会科学研究所『社会科学研究』第48巻第6号，3月）
　末廣昭（1997b），「タイ――農業農村社会から会社工場社会へ」（粕谷信次編『東アジア工業化ダイナミズム――21世紀への挑戦』法政大学出版局
　末廣昭（1997c），『タイにおける労働力調査と事業所調査』一橋大学経済研究所中核的拠点形成プロジェクト，Discussion Paper No. D97-10, September.
　末廣昭（1998），「労働市場・労働政策・労働運動――制度化と非制度化の二極分化」（末廣編著1998a，第9章）
　末廣昭（1999a），「タイの経済危機と金融・産業の自由化」（一橋大学経済研究所『経済研究』第50巻第2号，4月）
　末廣昭（1999b），「『グッド・ガバナンス』と『ソーシャル・ガバナンス』」（盤谷日本人商工会議所『所報』1999年6月号）。
　末廣昭編著（1998a），『タイ――経済ブーム・経済危機・構造調整』日本タイ協会別冊
　末廣昭編著（1998b），『タイの統計制度と主要経済・政治データ』アジア経済研究所
　末廣昭・東茂樹編著（2000），『タイの経済政策――制度・組織・アクター』アジア経済研究所
　末廣昭・安田靖編著（1987），『タイの工業化――NAICへの挑戦』アジア経済研究所
　バンディット・タナチャイセータウット（末廣昭・浅見靖仁編集）（1999a）「タイの経済危機と労働問題(1)：労働者の状況」（『労働法律旬報』1451号，3月11日）

バンディット・タナチャイセータウット（末廣昭・浅見靖仁編集）（1999b）「タイの経済危機と労働問題(2)：労働組合の状況」（『労働法律旬報』1452号，3月25日）

丸岡洋司（1991）「タイ国における海外出稼ぎ労働者送り出しの態様と農村におけるその影響——いわゆる『外国人労働者問題』の重要な一側面」（『国際経営フォーラム』2号，3月）

渡辺真知子（1992）「タイの労働市場——季節性と低雇用問題」（『アジア経済』第33巻第12号，12月）。

Bandhit Thanachaisetthawut. (1996), *Rai-ngan Kan Wikhro ruang Sahaphap Raeng-ngan lae Rabop Tri-parki nai Prathet Thai*（タイの労働組合と3者構成組織制度の分析）, Bangkok: FES.

Chalongphob Sussangkarn (1993), "Labour Market" in Peter Warr. ed., *The Thai Economy in Transition*, Cambridge: Cambridge University Press.

Krasuwang Raeng-ngan Krom Sawatdikan lae Khumkhrong Raeng-ngan (1999), *Rai-ngan Pracham Pi 2541*（労働省労働保護福祉局年次報告書 1998年度）, Bangkok.

Munnithi Arom Phonpha-ngoen (1987-1999), *Raeng-ngan Parithat*（労働評論）, Monthly.

Napaporn Triudomsin (1996), "Trends and Perspectives in the Government Official Career," M. A. Thesis, Factury of Economics, Thammasat University, Bangkok.

Nikom Chandravithun & W. Gary Vasue (1993), *Thailand's Labor and Employment Law: A Practical Guide*. Bangkok: The Manager.

Prawet Wasi, Sasatarachan Mo. (1998), *Yutthasat Chat phua Khwam Khemkheng thang Setthakit, Sangkhom lae Sinlatham*（経済，社会，道徳倫理を強くするための国の戦略）, Bangkok: Mochaoban.

Sangsit Piriyarangsan and Kanchada Poonpanich (1993), "Labour Institutions in an Export-Oriented Country: A Case Study of Thailand," Geneva: International Institute for Labour Studies, June.

Sungsidh Piriyarangsan & Shigeru Itoga. eds. (1996), *Industrial Relations System in Thailand*, Tokyo: Institute of Developing Economies.

Supachai Manusupabook ed. (1984-1998), *Thai Labour Chronicle*, Monthly.

World Bank (1993), *The East Asian Miracle: Economic Growth and Public Policy*, New York: Oxford University Press.

World Bank (1998), *East Asia: The Road to Recovery*, Washington D. C.: The World Bank.

World Bank (1999), *Global Economic Prospects and the Developing Countries 1998/99: Beyond Financial Crisis*, Washington D. C.: The World Bank.

第7章　アジア経済危機のジェンダー分析
――雇用，失業，生活と政策――

大沢　真理

はじめに

　アジア経済危機は，周知のようにタイの通貨バーツの危機から始まった。従来1USドルが25〜26バーツのレベルでドルに連動していたバーツは，94年の人民元（中国の通貨）の切り下げと95年半ばからの急激な円安をきっかけとして，タイの貿易収支が悪化したために，95年からたびたび通貨投機（バーツ売り）による切り下げ圧力に悩まされた。97年7月2日に変動相場制に移行するとバーツはたちまち20％も下落し，対外債務が累積するインドネシアなど，他のアセアン諸国も通貨投機を浴びせられた。通貨・金融当局の懸命の再建策，国際金融支援などにもかからず，アセアン諸国の為替レートは株価とともに下落を続け，97年11月から12月には韓国の通貨ウォンが暴落して国際通貨基金（IMF）の支援を受けるというように，東アジア全域に経済危機が拡大した（河合1997；ILO 1998）。甚大な経済危機はまた，97年11月にタイの政権交替，98年5月にはインドネシアのスハルト体制の崩壊といった政治変動を招いた。
　アジア経済危機は，いわゆるメガ・コンペティションの時代に，経済がいかに急激かつ大規模に転落できるものか，まざまざと見せつけた。「メガ・コンペティション」（大競争）は，米ソ冷戦の終焉と中国の改革・開放などにより，市場経済がグローバルに拡大し深化していることを指す。つい97年のはじめまで，東・東南アジア諸国の経済は，その旺盛な成長によって，「奇跡」，新興資

本主義の「モデル」とまでもてはやされ，21世紀初頭にはグローバル経済の中核になると見られていた（World Bank 1993; Tobin 1997）。それが危機後は，金融部門や企業経営における透明性の欠如，政府や政治家の介入も含んだ身内びいきの経済（「クローニー資本主義」）を批判され，IMFおよび世界銀行の緊急支援の条件として厳しい「構造調整」を課された。調整策には，金利引上げ，企業・銀行リストラ，輸入制限や補助金といった規制の廃止による市場自由化，それらと重なる緊縮財政が含まれている（金子・小西・神野・靎見1998；大野1999）。では，このような経済危機，および危機に対処するために官民の種々のレベルでとられた諸方策は，男女の雇用・失業とどのように関連しただろうか。

　バンコクに所在するILO（国際労働機関）アジア太平洋総局とアジア工科大学院（Asian Institute of Technology:AIT）は，98年3月から8月のあいだ，アジア経済危機に関するジェンダー分析を共同で行ない，同年11月に非公式の報告会を開いた。調査対象は，インドネシア，マレーシア，フィリピン，韓国，タイの5カ国である。AITの「ジェンダーと開発」（Gender and Development）専攻の主任であるG. ケルカー博士と同専攻の客員教員でもある大沢真理がコーディネータを務め，調査対象各国の研究者に，通貨・金融危機後の労働市場，労使関係，所得，生活水準などの状況とともに，官民の種々の主体が危機に対処した諸方策についての研究を依頼した。この間，アジア経済危機の原因，結果および回復の処方箋について，多数の調査報告や論文，書物が発表されたが，そのジェンダー分析は，このAIT-ILOプロジェクトが最初である。本稿は本研究プロジェクトの結果の概要を紹介したい[1]。

1　「ジェンダー」，「ジェンダーと開発」，「ジェンダー分析」

　とりいそぎ，「ジェンダー」，「ジェンダーと開発」，「ジェンダー分析」について最低限の解説しておこう。

　「ジェンダー」は，男／女に人間を分割する分割線，つまり「性別」を意味

する名詞である（詳しくは上野 1995; 上野・竹村 1999）。性別という日本語を用いず「ジェンダー」とカタカナ書きするのは，パスポートに代表される公文書などで，性別に 'sex' という英語があてられていることから，混同を避けるためである。もとはヨーロッパ語などの文法上の「性称」をさしていた「ジェンダー」は，1960年代から70年代にかけてこの新しい意味を与えられた。それが，たとえば91年には『広辞苑』（第4版）に収録され，95年9月に北京で開催された国際連合の第4回世界女性会議を契機として，一般新聞でも使用されるというように，日本語としても定着してきた。

　上野千鶴子が整理するように，「80年代のジェンダー論に決定的な転換をもちこんだ」のは，フランスのフェミニスト・社会学者であるクリスティーヌ・デルフィだった。デルフィは「第一に，セックスがジェンダーを規定するどころか，ジェンダーがセックスに先行すること，第二に，ジェンダーとは，男もしくは女というそれぞれの項なのではなく，男／女に人間の集団を分割するその分割線，差異化そのものだということ」，第三にジェンダー関係が「階層的」，つまり「権力的な非対称性」をもつことを，明らかにした（上野 1995：12頁）。

　上野が整理した第二点と第三点を，あわせてひらたく表現すれば，ジェンダーとは，男／女らしさについての通念，男／女とはこういうものという通念であり，社会を階層的に組織する上で，一番もっともらしく使われる区別である，ということになる。ジェンダーは，異なっているが対等だという類いの区分ではなく，タテ型の階層制そのものであって，いうまでもなく男が標準，普遍，主であり，女は差異をもつ者，特殊，従である。

　他方，上野が整理した第一の点をやや敷衍すると次のようになる。雌と雄との生物学的な性差であるセックスは，少なくとも外生殖器，内分泌，染色体，遺伝子というようないくつかの判定のレベルをもつ。分子生物学や性科学の発達は，人類の個体において，セックスは必ずしもまぎれなく雌雄のいずれかに決められるものでもなく，いくつかの判定レベルを通じて一貫しているとも限らない，ということを明らかにした。あいまいな個体の出現率は低くないし，1対ではなくn個のセックスを想定すべきなのだ。このように不明確な区別

から,「男は仕事,女は家庭」のごとき社会的分業—ジェンダーが発達するということは,ありえないだろう。

　これに対してジェンダーは,まぎれもなく男か女かの2分法になっており,しかも前述のように両性のあり方は対称ではなくタテの階層性をもつ。そのようなジェンダーが基盤でセックスまでも規定するようになったのである。ジェンダーという用語が登場してからも,生物としての自然であるセックスが基盤で,そのうえに文化がジェンダーを発達させたという理解が,暗黙のうちにも常識だったと思われる。そのような「常識」は,90年代初年までに,分子生物学や性科学,そしてジェンダー論の発展によって,くつがえされた。

　しばしばGADとも略称される「ジェンダーと開発」は,ジェンダー論のこのような展開と並行しながら,従来の「開発と女性（Women in Development: WID）」から発展してきた研究・実践領域である。WIDは,70年代に,社会・経済開発が男性と女性に異なった影響をもつことに着目して始まり,不公平の原因を探り,男女が開発の利益を公平に得られるための処方箋を求めてきた。WIDが,暗黙のうちにもセックスがジェンダーを規定するという立場に立って,ともすれば女性を男性との社会関係から隔離して焦点をあててきたのに対して,GADはその限界を認識することから展開している（村松1994；モーザ1993/1996）。AITの開発とジェンダー研究センターは,91年1月に環境・資源・開発研究科の協力研究分野として設置された。工科系の大学院大学がジェンダー研究センターをもつのは世界的にもユニークなことである。97年11月末に,センターは専攻へと昇格を果たした。

　ちなみに日本での言説は,95年9月に北京の世界女性会議で日本政府首席代表の野坂浩賢官房長官（女性問題担当大臣）が,WIDの推進を骨子の一つとする代表演説を行なったことで,WIDが脚光を浴びてから日が浅いという状況である。北京会議以来,WIDの公式の日本語訳は「途上国の女性支援」である（原・大沢1996：8頁；男女共同参画室1997：90頁）。しかし,GADの問題構成は,女性（としばしば子ども）だけ,「途上国」だけに視野を限定せず,男女のタテ型の階層制としてのジェンダーそのものを,「先進国」の開発

課題とともに，問題化するということである。課題を，「途上国」の・「女性」への・「支援」として3重に限定するかのような公式訳は，日本政府の発想がいまだに GAD に対して距離をもつことを象徴するようだ。

さて，最近ではジェンダーは動詞としても使われるようになった。たとえば，福祉国家をめぐる観念や言説，分析にジェンダーを組みこむという意味で，福祉国家を「ジェンダーする」(to gender)，あるいは福祉国家の「ジェンダー化」(gendering) と表現する (Sainsbury 1994)。ジェンダーを組みこむといっても，新しい要素や次元をつけ加えるのではない。既成のあらゆることがらのとらえ方や学問パラダイムのすべてに，陰に陽に，ジェンダーにかかわる偏り（バイアス）や含意（インプリケーション）が埋めこまれている。「ジェンダー化」の正確な意味は，埋めこまれた偏りや含意を問題化し，ジェンダー・バイアスのない世界観を創りだすこと，といえるだろう。

アジア経済危機のジェンダー分析を目指した本 AIT-ILO プロジェクトは，危機が労働市場，労使関係，所得，生活水準などに及ぼした影響とともに，官民の種々の主体が危機に対処した諸方策についての研究を，上記の意味でジェンダー化しようとした。とりわけ危機に対処する諸方策（crisis coping strategies）を分析するうえで，図7-1のようにジェンダー化された枠組を念頭に置くよう，コーデイネータは調査者たちに示唆した。

社会・経済的変化はおよそいかなるものも，アジア経済危機のように突発的で過激な例ではとりわけ，人口のさまざまな層に対して，社会階層，エスニシティ，産業上あるいは職業上の所属，年齢，教育レベルなどに応じて，そしてそれ以上にジェンダーにより，異なる影響を与える。過激な変化は個人および集団に対して，危機にいかに対処するかという「政策課題」を提起する。変化に対して人々は，個々に，および／あるいは，家族，地域社会，労働組合，民間企業，地方政府，中央政府，国際機関などを通じ集団的に，対応するが，その際，これもジェンダーをはじめとする各人の属性に応じてあらかじめ分配されていた物質的文化的資源を動員する（政策インプット）。もっとも，変化のすべての側面が政策的「応答」を得るとはかぎらない。まず政策課題として

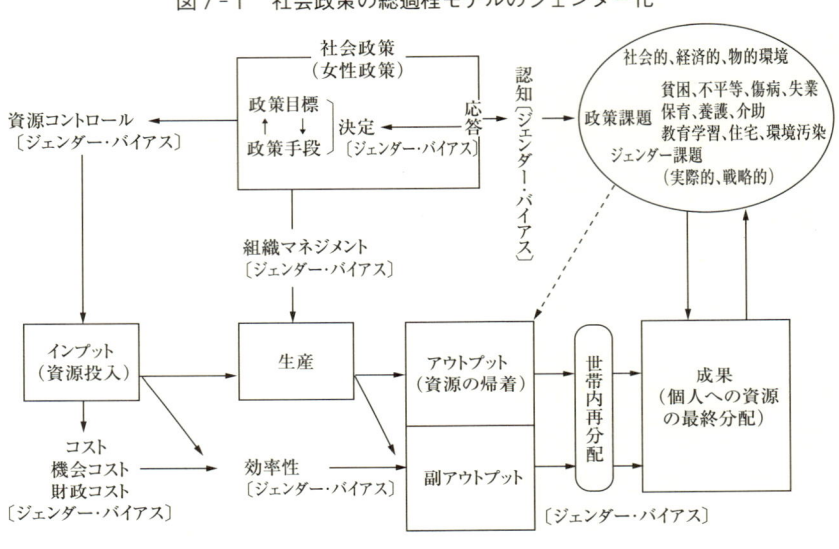

図7-1　社会政策の総過程モデルのジェンダー化

```
                    社会政策
                   （女性政策）
                    政策目標                   社会的、経済的、物的環境
                      ↑↓        認知        貧困、不平等、傷病、失業
資源コントロール ← 決定 ← 応答 → 政策課題  保育、養護、介助
〔ジェンダー・バイアス〕 政策手段 〔ジェンダー・バイアス〕〔ジェンダー・バイアス〕 教育学習、住宅、環境汚染
                                             ジェンダー課題
                                            （実際的、戦略的）

                  組織マネジメント
                 〔ジェンダー・バイアス〕

  インプット    →   生産    →  アウトプット → 世 →  成果
 （資源投入）                 （資源の帰着）  帯    （個人への資源
     ↓              ↑              ↓       内     の最終分配）
   コスト             │          副アウトプット 再
  機会コスト   →   効率性                    分
  財政コスト      〔ジェンダー・バイアス〕        配
〔ジェンダー・バイアス〕                    〔ジェンダー・バイアス〕
```

「認知」される段階を経て政策の諸過程が開始するのである。

　ジェンダーに関連する政策課題については，2つの重要な留意点が存在する。つまりジェンダー格差の帰結（たとえば女性労働者の育児ニーズや母子世帯の貧困など）と，ジェンダー格差そのもの（たとえば家事労働の女性への集中や就業機会の不均等など）である。モーザの区別に習って（モーザ 1993/1996），前者を実際的ジェンダー課題，後者を戦略的ジェンダー課題と呼ぶとしよう。それらのジェンダー課題は，明示的に女性に関連する施策ばかりでなく，あらゆる政策課題に暗黙のうちにも含まれる。そこで，いかなる政策課題についても，埋め込まれたジェンダー課題のどの部分が，どの程度認知されているかを問うことによって，政策のジェンダー・バイアスを検証することができる。

　政策課題が認知されると，それへの応答を担当する個人または組織が決まり，政策目標が確定されるとともに政策手段が選ばれ，予算が決まる（課題が認知されても政策的応答が行なわれない場合もある）。この政策決定過程のいずれの段階にも，そしてしばしば暗黙の不決定にさえ，ジェンダー・バイアスが入

りうる。政策手段の作動を管理する個人または組織にもジェンダー・バイアスはつきものである。主流の公共政策は埋め込まれたジェンダー課題を無視することが通例であり、そのことによって実は既存のジェンダー格差を維持ないし強化するようである。また、認知された政策課題と立てられた政策目標のあいだ、目標とそれを実現するはずの手段のあいだ、手段とそれを作動させるはずの人員・予算のあいだなどに、不整合ないし矛盾が起こりうる。政策分析はそれらのバイアス、不整合を検証しなければならない。

政策への資源「インプット」とは、予算および行政要員の賃金費用と機会費用の合計である。そうして投入された資源が、政策手段を通じて個人や集団に対する「アウトプット」に変換される段階が、狭い意味での「生産」過程である。「生産」はしばしば当初の政策目標では意図されていなかった副アウトプットをもたらす。アウトプットが世帯内での資源再分配を経て、最終的に個人に分配され、個人の欲求を充足（不充足）し、あるいは政策課題を解決するという「成果」にたどりつく。

ここで強調すべきは、個人あるいは集団による対処策の「成果」が、家族のなかの諸個人に平等に分かち合われるわけではないということである。従来の社会階層研究や貧困研究は家族または世帯を分析の単位とし、この単位のなかの個人すべてが、ジェンダーや世代にかかわらず平等に所得や資産を分かち合い享受すると仮定していたが、このような仮定はフェミニストの社会政策研究者たちによって批判され、維持されなくなった（Glendinning and Miller 1987: pp. 1, 8-9; Dwyer and Bruce 1988; Kanbur and Haddad 1994: p. 445）。

以上の枠組みは、本研究のコーディネータの1人が、比較社会政策研究の近年の展開に学びつつ、考案したものである（大沢1996）。とはいえ、各調査者はこのような分析枠組を終始一貫して適用できたわけではない。公共政策については、既存の労働統計や制度研究も利用すれば、政策課題、手段、インプットを把握するのはさほど困難ではないものの、世帯間の所得分配のような資源配分に関する具体的なデータは、本研究の対象国の多くで利用可能ではなかった。また、ジェンダー区分された最新の大規模な統計データが存在しないなか

で，世帯内の個人への財・サービスの最終分配まで検討することは不可能だった。そこで調査者たちは，新聞報道，女性団体や各種団体への面接調査やアンケート，被害を受けた個人との話しあいなどの多様な情報源から，質的・量的データを収集し，分析することに努めたのである。

2 経済危機の影響とジェンダー

(1) 雇用・失業

インドネシアでは，1997年2月時点の完全失業率は，女性で5.6％，男性で4.1％であり，従来どおり女性の失業率のほうが高かった（98年の統計は調査期間中には利用可能とならなかった）。女性の従来の失業率の高さにもかかわらず，通貨危機の到来後も，本研究の調査者は，たとえば解雇のジェンダー格差に関する議論には接しなかった。雇用主が解雇対象者を選別する際に，ジェンダーによって差別している蓋然性について，報道や公的な調査もなければ，事例報告もいっさい見当たらなかった。もとより，大量の余剰労働力が存在し，社会保障制度をもたない貧困な経済では，完全失業者数は氷山の一角にすぎない。水面下の巨大な氷塊にあたるのが，膨大な不完全就業者である。1,700万人にのぼるインドネシアの無給の家内労働者は，不完全就業者の一部であるが，その大多数はもちろん女性である。

マレーシアは，本研究の調査期間中（98年8月まで）は完全雇用状態を維持しており，98年6月時点の失業率は2.6％だった。公式統計によれば，98年前半に解雇された者2万6,500人のうち，44％が女性で56％が男性である。しかし，労働力人口に占める女性の比率は3分の1にすぎないので，解雇された者の女性比率は不釣合に大きい。企業内の職階別，職業別，産業別，企業規模別といった仕事の階層において，女性はより低位で保護されない層に属している。本研究の調査者は，危機で最も打撃を受けた繊維，衣料などの産業の下請け部門で，衣料の裁断や縫製を担当する女性家内労働者の雇用が急激に減少したこ

とに注意を促す。

　フィリピンの失業率は98年4月には13.3％，失業者数は430万人に達した。97年から98年のあいだに解雇された者の過半は男性であり，職を得た者の過半は女性だったが，女性の失業率は15.2％と，依然として男性の失業率12.2％を上回っている。本研究の調査者によれば，女性は男性より低賃金ですみ，より劣悪な契約条件で雇用できるので，男性労働者を女性に置き換えている企業がある。とはいえ，女性が得られる新しい仕事の大半は，自営者と無給の家族従業者からなるインフォーマル部門のサービス業である。

　韓国では，98年8月時点の失業率は女性で5.8％，男性で8.5％と，依然として女性のほうが低い。しかし労働力人口は，98年8月までの1年間に，女性では約40万人減少したのに対して（4.4％の減少），男性では6万5,000人とわずかながら増加した（0.5％の増加）。農林水産業と専門的管理的職業を除いて，すべての職種で女性就業者の数は減少した。減少率が最も大きかったのは事務従事者（25万4,000人，18.4％の減少），減少数が最も大きかったのは不熟練の生産労働者である（32万9,000人，14.8％の減少）。女性失業者の前職を見ると，サービス従事者，銀行の窓口事務員，準専門職，モデル，販売従事者が多く，それらが最も影響を受けたことがわかる。産業別では，製造業，小売業，対人または社会サービスが，最も打撃を受けた分野である。雇用形態では，女性の正規労働者が19.7％減少したのに対して，男性の正規労働者は6.4％の減少だった。本研究の調査者は，構造調整が女性により大きな打撃を及ぼし，彼女たちを非正規雇用に押しやったと見る。

　タイについて本研究の調査者は，ジェンダー区分された統計を十分に集めることができなかった。タイ国家経済社会開発庁とアジア開発銀行の委託によりオーストラリアの社会政策研究者N・カクワニが行なった研究が，ある程度ジェンダーによる計量分析を行なっている。98年第1四半期までの時期を対象としたこの調査によれば，就業者数の減少，失業者数の増大，失業率の上昇，不完全就業者数の増大などの側面で，一応，女性よりも男性のほうが危機の影響を受けた。しかし，危機による就業者総数の減少は統計的に有意ではないとい

う。危機の影響で就業は賃金労働または給与労働から農業に移行したが、これは実際には一種の偽装失業である。人々がどんな低賃金でも働こうとしているなら、失業者数よりも実質収入の水準こそが危機の影響について真実を語る、というのである (Kakwani 1998: p. 24)。

カクワニのこの研究によれば、1カ月当たりの平均実質賃金総額は、危機により、女性では594バーツ、男性では620バーツ低下した (Kakwani 1998: Table 6)。男性の平均賃金月額は女性のそれよりも、依然として少なくとも1,000バーツは高いことを考えると (Kakwani 1998: Fig. 4)、女性の平均賃金に対する危機の影響は男性の平均賃金に対するよりも厳しかったと結論してしかるべきだろう。ところがカクワニ自身は、平均「総所得」において、男性のほうが女性よりも危機によって厳しい影響を受けたと指摘する。ここで「総所得」とは1人当たりの賃金総額と利潤および農業所得の合計を指す (Kakwani 1998: p. 26)。ジェンダー視点から見て問題なのは、就業者1人当たりの利潤収入と農業収入を算出するカクワニの方法である。すなわちカクワニは、商工業または農業の事業体の純利潤や農業純所得の総額を、その事業主または家族従業者として就業する者の数で割って、就業者1人当たりの利潤収入と農業収入を算出した (Kakwani 1998: p. 22)。従来の社会階層研究や貧困研究がそうであったように、事業主も家族従業者も、ジェンダーや世代にかかわらず所得を平等に分かちあうと暗黙のうちにも前提したのである。

(2) 労働者団体の状況

インドネシアでは、労働者の組織は一般的に弱体だった。スハルト政権下では、労働組合としてSPSIのみが認可を受けていたが、ハビビ政権はその他の労働組合の活動を登録し認知した。本研究の調査者は、インドネシアの労働者が、ILOや国際的な労働者組織の支援を得て、自由で民主主義的な労働組合運動の基盤を作ることに期待している。

フィリピンでは、危機の結果として労働組合の交渉力が低下したと報道されている。危機の影響がさらに悪化するのを避けるため、98年はじめにいくつか

の組合は,ストライキとレイオフの停止(モラトリアム)を守ることを雇用主と合意した。しかし,いくつかの企業がレイオフを避けるために費用削減措置を採用した一方,レイオフによって組合員数は減少した。レイオフや転職によって女性リーダーを失った組合もある。

韓国では労働組合の組織率は12％と低迷しており,女性の組織率はさらに低い。ILOの報告が述べるように,98年1月に発足した労使政委員会は決定権をもっており,より大規模で公認されている韓国労総ばかりでなく,民主労総からの代表も含んでいる。2月6日に労使政社会協定に署名するに際して労働組合側は,結社の自由を改善するという合意と引き換えに改正労働基準法の整理解雇規定に関して譲歩した(ILO 1998: p. 46)。本研究の調査者が報告するように,9月の現代自動車ストライキは新労基法を適用するテスト・ケースと目されたが,新たに解雇された約200人の労働者のうち180人は女性だった。その女性たちの多くは会社の食堂から解雇されたが,彼女たちを再雇用できるように労働組合は会社食堂の経営について交渉している。

タイの労働組合は分立している。工業事業所に雇われる700万人ほどの賃金労働者のうち,わずか3.5％にあたる24万5,000人が組合員であるにすぎない。その労働者たちが981の組合に組織され,18の労働組合連合のもとにある(ILO 1998: p. 46)。本研究の調査者が指摘するように,女性の労働組合加入は極めて低い。女性労働に依存する生産工程は,危機のあいだに,費用削減のため「下請け」制度を通じて工場から家内の作業所に移された。そのため労働組合の女性メンバーの数はいっそう減少した。

(3) 貧困の深化

危機で深刻な影響を受けた部門には,建設業,製造業(繊維,衣料,電子機器,機械),不動産業,卸売・小売業,金融業,保険業が含まれているといわれてきた。一見して都市部のほうが危機の影響を被ったようであり,都市経済の状況と諸問題に注意が集められてきたが,農村部のほうが概してより深い問題を抱えている。本研究は農村の貧困層と女性がかなり経済危機の矢面に立っ

てきたことに着目した。特にタイとフィリピンの場合に、農村は危機によって余剰とされた労働者の多くを扶養するクッションの役割を果たしている。主として女性が生産し管理する家族の「米櫃」が、失業者を支えているのである。さらに、本研究のコーディネータの1人が携わった別の調査が明らかにしたように、出稼ぎ労働者の収入に農村経済がかなり依存するようになってきたために、都市での収入減少は農村市場を沈滞させた（Nathan, Kelkar and Suphan-chaimat 1998）。

危機に見舞われた地域の多くで98年前半には賃金率が上昇したが、インフレーションは賃上げを上回った。強制的な最低賃金が守られることは少なく、守られたとしても最低賃金ではまず家族は支えられないため、多くの労働者は賃上げの利益を得ることはないだろう。数百万世帯が貧困化し、その多くは農村部で生じるだろう。たとえば、フィリピンの400万から500万以上の世帯、タイ東北地方の農村就業者の3割にとって、窮乏化の脅威がさし迫っている。それは、児童の教育、栄養状態、および健康に悪影響を及ぼし、その国が不況から脱出するために当面必要な力を損なうだけでなく、より高い生産性を発展させる将来の能力をも損なうだろう。

(4) インフォーマル部門の最大の被害者

インフォーマル部門に関する公式統計にはいろいろと問題があるが、本調査でのインドネシア、マレーシア、フィリピン、およびタイの調査者たちは、この危機で最も被害を受けたのが家内労働者、伝統的職人、織布工、工芸品製作者たちであるということを明らかにしている。仕事が減り、賃金が下がり、生産物への需要が激減したまさにその時に、物価が上昇したことによって、彼らは打撃を受けた。東北タイの絹織物、北タイの銀器・陶器産業はほぼ挫折し、小規模・零細の事業者は製品を3割から4割も値引きして売ることを余儀なくされた。国際農業開発基金（IFAD）が行なった調査によれば、「インドネシアの伝統的織布工の所得は76％も減少し、彼らの多くはいまや土地なし労働者として働くほうがましだといっている」（IFAD 1998: p. 4）。

98年6月にバンコクで開催されたホームネット国際ワークショップでは，インドネシア，フィリピン，タイのインフォーマル部門の労働者たちが，危機の影響のいくつかの共通点を次のように指摘している。

・フォーマル部門からの下請け仕事の発注が不定期だったりとぎれがちである。衣料，製靴のような輸出向け産業の工場が危機のために閉鎖され，家内労働者が失業した。
・最近失業した者の参入もあり，残存する仕事の受注競争が激化して，家内労働者の交渉力の低下による単価の切り下げなどが起こっている。
・フォーマル部門での失業により所得の必要性が高まっている。フォーマル部門から失業した者や都市から農村に帰った者を世帯が支えなければならないため，家内労働者の収入がいっそう重要になっている。
・一般的な危機のなかで人々は工芸品への支出を削っており，交通輸送費の上昇もあって，自営の家内労働者にとって製品を売りさばくことがより困難になっている。販売の困難とリスクの増大のため，自営の者が下請けに転換せざるをえなくなっている。
・自営の家内労働者にとって，質，価格の点で原材料の調達もむずかしくなっており，輸入原材料の場合はなおさらである。

3　経済危機への対処方策とジェンダー

(1)　政府の労働市場政策

本研究の調査者が指摘するように，インドネシアでは，レイオフされた男性は目につくが，女性はレイオフされても目につかないため，公的な対応にもジェンダー・バイアスが生じている。たとえば，緊急の手段として政府は，98年の最初の3カ月間，都市の側溝や灌漑水路掘りといった事業の形で労働集約的な雇用施策を導入し，また港湾地区を中心として1万5,000人ほどの解雇労働者に昼食を支給した。これらの施策の受益者は当然ながら全員男性だった。施

策の立案や実施にあたる担当者の大多数は男性で、彼らは、もし女性のために何かをするなら、特別の「女性向き」施策を工夫しなければならないと考えがちである。いずれにしても彼らは、女性の第一の責任は家庭を整えることにあると見ている。

マレーシア政府は、98年7月22日に発表した国家経済復興計画のなかで経済危機に対処するために実施する措置の概略を明らかにした。マクロ経済政策の諸手段と並んで、労働の競争力を引き上げる施策が提起され、そのなかには労働者に訓練や再訓練を受けさせるよう雇用主を奨励する措置や、外国人労働者から徴収した税金を解雇労働者の再訓練費用にふりむける措置などが含まれている。自営業の機会を拡大する努力もなされてきた。たとえば、小口取引を始めようとする者や農業に関心のある者のために訓練を推進するとか、雇用を創出するために土木建設やインフラ関係の事業を再活性化するなどの措置である。しかし、本研究の調査者が注意を促すように、女性、都市貧困者、高齢者などのグループのためには何の措置もとられようとしていない。配置転換できない外国人労働者は本国に帰るよう奨励される一方、入国管理の強化が検討されている。

98年2月の全国経済サミットでの合意により、フィリピン政府は、雇用を守り生産性を改善すること、社会的部門や社会的施策を予算削減措置から除外することにより立場の弱いグループを保護すること、解雇労働者を再訓練すること、生活必需品の価格を監視することなどを約束した。労働雇用省は、解雇された労働者および危機の影響を受けた海外のフィリピン人労働者を支援するよう指示された。労働雇用省の介入施策は、次の3項目からなっている。

①雇用の監視。雇用喪失、解雇、雇用創出などを監視する。

②雇用の連結。失業者に対して訓練資金や雇用仲介サービスを提供し、農村労働者や解雇された出稼ぎ労働者に対して訓練を兼ねた生産の機会や雇用機会を提供する。

③失業の防止。労使の協力を促進するための対話やシンポジウムを始めさせる。

こうして多くの施策が実施されているが，本研究の調査者によれば，これらの支援策が女性労働者にどう影響するかは不明である。

韓国政府が策定した98年労働市場政策体系は，以下のように四つの基本施策のもと12の事業群からなり，総予算額7兆9,000億ウォンにのぼるものである。

①雇用の維持。ⓐ中小企業への金融緩和などのために信用保証施策を拡充する。ⓑ労働力の配置転換や訓練計画などを奨励することにより，ワーク・シェアリングを支援する。ⓒ労働力余剰の場合に労働者との協議や労働者への説得を奨励する。

②雇用の創出。ⓐ失業したホワイトカラーおよびブルーカラーの労働者に起業のための融資を提供する。ⓑ公共事業で臨時的な雇用機会を創出する。ⓒ中小企業に対して雇用創出と労働条件改善のための融資を行なう。

③オン・ザ・ジョブ・トレーニングと就職斡旋。ⓐ職業訓練の強化。ⓑ学校卒業者をインターンとして雇用または訓練するように企業を奨励する。ⓒ就職斡旋ネットワークの確立。

④失業者に対する社会的ケアの提供。ⓐ失業給付の拡張。ⓑ所得創出活動や保健・教育・住宅への融資。ⓒ公共事業プロジェクト。

本研究の調査者によれば，こうした政策には，たとえば公共事業プロジェクトが男性に仕事を与えるよう計画され，3カ月以上求職登録している者に限定されて，主たる所得者または世帯主である者を優先するなど，ジェンダー・バイアスが埋め込まれている。他のプロジェクトでは，たとえば最低生活保障の提供や住宅ローンその他の融資計画が，「扶養家族をもつ世帯主」のみに適用されている。

しかし，韓国政府は98年6月になって，女性の失業が深刻であることを認知し，ⓐ女性とジェンダー差別に焦点をあてた特別の査察，ⓑ社会福祉援助のような公共事業プロジェクトで年配の失業女性を優先する，ⓒ低所得世帯の世帯主である長期失業女性に補足的な現金支給を行なう，ⓓ働く女性のセンターを通ずる職業訓練や就職斡旋，ⓔ家内労働やパートタイムなどの労働者を保護する法的措置の拡充，などの政策手段を打ち出した。これらは，ⓐを別とすれば，

実際的ジェンダー課題を認知するにとどまる。

　不当な女性解雇の事例の大多数は，韓国の労働基準法と雇用平等法の下で違法となるものである。政府は，現行制度に真の拘束力をもたせるような措置をとってはいるが，法制をより実効あるものにするためには，より強い権限と多数の訓練された職員を与えて関係機関を強化することが重要である。雇用平等法を改正して間接差別を規制し，同一価値労働同一賃金のための指針を規定するなど，関連法制を強化することが期待される。

　ILOが報告しているように，タイ政府は危機の社会的影響を緩和するための特別融資を，アジア開発銀行からは社会部門プログラムに対して，世界銀行からは社会投資プロジェクトに対して，受けることになった（ILO 1998:39-40）。社会部門プログラムは，アジア開銀が98年3月はじめに承認した5億ドルの融資に基づき，4年間にわたって実施される。同プログラムの下で優先される労働市場政策の手段には，解雇労働者支援センター（CALOWs）を設立して求職活動トレーニング，カウンセリングおよび就職斡旋サービスを提供する，労働競争力を改善するために最低賃金の引上げを制限する，関係各省に指示して県レベルのデータを県内の貧困率に応じて区分し農村住民への保護を拡充する，民間企業が従業員の職業訓練に投資する場合に税の減免を受けられる手続きを簡素化する，などが含まれている。

　他方で世銀は98年6月に，タイ政府の社会投資プロジェクトのために4億3,000万ドルを融資することを承認した。このうち2億5,000万ドルは，保健，教育，環境保全などの領域で現在進行中の政府の施策を補助するために使われる。それらの施策には，失業対策，農村工業と労働集約的な公共事業の推進，職業訓練の拡充が含まれている。世銀融資の残り1億8,000万ドルは社会投資基金と新規の都市開発施策にあてられる。社会投資基金は雇用創出をその目的の一つとしており，地域に根ざしたNGOによって実施される以下のようなタイプのプロジェクトに向けられる。ⓐ地域経済の開発：地域の農業や商工業の実演会，地域バザールや貯蓄グループなど。ⓑ地域福祉の推進：高齢者の福祉センターやHIV陽性者のシェルター，伝統医療センター，保育センターなど。

ⓒ環境保全：植林，防火，治水，公共排水システム，廃棄物管理，民俗博物館など。ⓓ地域組織の知識技能の強化：地元産物の開発や地域情報センターなど。

しかし，本研究のコーディネータが98年9月末と99年3月はじめに東北タイのコンケンで聞き取り調査をしたところでは，社会投資基金はまだ村レベルに届いていなかった。なおILOは雇用創出と社会的セイフティネットの提供に焦点を合わせたプロジェクトの管理技術および監視能力を育成することによって，社会投資基金事務所を援助している。他国の諸施策がそうであるように，国際金融機関の支援に基づくこれらの施策も，ジェンダー・バイアスを含んだものとなりかねない。本研究では，社会的施策の実態について，地域レベルの実施も含めて引きつづき注視する必要があることを確認した

(2) 小規模融資事業

インドネシアでは98年3月に，KPKU-Prokesraと呼ばれる家族福祉プログラムのための小規模事業パートナーシップ計画が，全国家族計画調整委員会によって導入された。委員会は家族計画フィールド・ワーカーという決定的なインフラをもっており，それを活用して家族福祉プログラムへの参加と福祉の状況に関する世帯ごとのデータ・バンクを構築した。このデータ・バンクにより委員会は，貧困緩和施策の潜在的な受益者を世帯レベルで識別することができる。もっともそれは家族計画を受け入れている世帯に偏るのではあるが。本研究の調査者によれば，このKPKU-Prokesra計画では女性が有利になるだろうと期待できる。

フィリピン政府は中小企業と失業者に対して新規の融資プログラムを開始したが，7割が女性である零細事業者は対象とされていない。通商産業省やNGO，協同組合などが運営してきた小規模融資計画では，生産費用の上昇にもかかわらず融資限度額を低く据え置いており，借り手は非常に頻繁に会合に出席することを義務づけられている。利子は低いが，時間と手間の面での費用が高くなる場合が多いのである。本研究の調査者は，例外的な措置として，98年はじめにバタンガス県のある都市で開始された女性農村銀行に注目する。こ

の銀行は地元のNGOと提携しており，借り手である女性はNGOから技術的助言や支援を受けられる。銀行は徴収係を派遣し，毎日の返済を最低の市場金利で集め，借り手から預金も受けとる。小規模融資事業を行なう他の機関とは異なって，この銀行は女性に仕事を中断させて会合に出席させたり返済に来させたりしない。つまり，借り手ではなく銀行が取引費用を負担しているのである。

(3) 社会的保護

インドネシアの場合，労働省が所管する労働者社会保障制度（Jamsotek）に労使双方が拠出を義務づけられている。5年以上この制度に加入していた労働者は，6ヵ月失業すると自分の社会保障勘定から残高を引き出すことができる。本研究の調査者によれば，98年には1,400万件の引出し申請が起こると予測されたが，自分たちの拠出金から給付を受ける機会を得た労働者はごくわずかであり，女性ではさらにわずかだった。

フィリピンのフォーマル部門の労働者は，民間雇用者社会保障制度または公務員のための政府職員保険制度に加入している。しかし，民間雇用者社会保障制度の保険料支払いを履行している雇用主の割合は，危機以前にも35％から55％と低く，危機によってさらに低下するだろう。フィリピンには失業保険制度はない。レイオフされ社会保障の任意拠出金を払えない労働者は，出産給付を含めていかなる社会保障給付も受けられなくなる。企業は，出来高払い労働者のためには社会保障拠出を払う義務がないので，正規の労働者を非正規労働者に置き換えている。既述のように社会部門は，98年2月の経済サミットの合意に基づいて政府予算の削減の対象外とされたが，そこにも緊縮プログラムが及ぶことになれば，保健，とりわけ児童の健康が悪影響を受けるだろうと，本研究の調査者は懸念している。

危機に直撃された国々のなかで韓国だけが，賃金総額の0.6％の保険料率（それを労使で折半する）に基づく失業給付制度をもっている。この制度には，当初は従業員数30人以上の企業の雇用者しか加入できなかったが，98年1月1

日から10人以上，98年3月1日からは5人以上と，加入対象が拡大された。しかし，従業員数が5人未満の企業の雇用者は600万人にのぼり，雇用者全体の約45％を占めている。現在雇用保険制度の対象外となっている労働者のうち，週労働時間が30.8時間未満のパートタイム労働者と日給労働者は，99年7月1日から加入できることになった。本研究の調査者が観察するように，失業保険給付の受給者に占める女性の比率は，失業者の女性比率よりも低い。というのは，パートタイム労働者が除外されているためばかりでなく，10年以上の被保険者期間をもつ労働者だけが7カ月という最長期間の給付を受ける資格をもつからである（ILO 1998: pp. 41-42も参照）。

タイの新しい労働保護法は，当該企業での勤続が長い労働者により高い離職手当を支給するよう規定している。この新規定の利益を受けるのは，女性よりは男性だろうと予測される。同法はまた，雇用者共済基金を義務づけている。この基金の目的は，離職手当を保証すること，および従業員10人以上で自社の共済基金をもっていない企業の雇用者のために強制的共済基金として使われることである。ところで上述のアジア開銀の融資は，レイオフされた労働者への医療，出産，障害および死亡給付に関して，レイオフされた日から6カ月まで社会保障期間を延長するよう支援しようとしている（ILO 1998a: p. 39, pp. 43-44も参照）。

(4) 女性の家族責任の増大，家父長制の強化

上記のように韓国を別とすれば，失業者は国から何の給付も受けていない。企業は社会保障拠出を払わなくてすむように，正規労働者を非正規に置き換えている。女性がますます，「柔軟」な労働条件のもとで非正規労働者として労働力に参入している。社会部門に関する責任は，危機の影響に最もさらされている。緊縮措置が社会部門にまで及ぶと，女性の負担が増大するだろう。女性は家族に食べさせなければならないだけでなく，従来は公的に提供されてきたサービスを供給しなければならなくなるからである。たとえば，病院の入院日数が短くされ，病人の療養介護の負担が家族の女性に転嫁されている。

危機の結果として生じた不気味な傾向は、家父長制的な価値の復活である。韓国の調査者は、経営者が「女性がなかなか仕事をやめない」と不平を鳴らしていると指摘する。マレーシア、韓国、タイの政府は、女性に対して、「妻として、母として」の義務を果たし、夫や息子を「元気づけ」、宝石や貯金を供出して国のために犠牲を払うよう要求した。経済危機により、貧困が増し公的な福祉措置が削減されただけでなく、儒教的な家父長制イデオロギーと男性中心のナショナリズムが復活し、市場中心的イデオロギー——資本の成長は気にかけるが女性の不幸は省みないという風潮が強まったのである。

これらの諸価値の復活は、アジアの女性運動にとって、またジェンダー平等に根ざした市民社会を要求する運動にとって、深刻な事態である。種々の政策主体の現状把握において、家族は力の源泉であり失業者を扶養するクッションを提供するものと見なされている。アジアの家族が、家父長制的権威と階層制により従属的な家族メンバー（女性と子ども）から無償の労働とサービスを不断に要求するという点で、弱点をもつことは、とりわけ経済危機の時期には注目されない。アジアの多くの地域では、家族はいまも対等な人間同士の自発的結合ではなく、父系的、夫方居住であるのみならず家父長制的であるということに留意すべきである。ジェンダーと世代を超えた平等は存在しない。家族の男性メンバーが政治的経済的な権威をもち、家族の資源を支配していることが、アジアの人権と人間開発にとって深刻な経済的社会的結果を招いている。危機に対する女性の対処戦略でさえ、社会と家族の既存のルールの下で追求されているが、そうした既存のルールそのものに対抗し、再交渉して変更する必要があるかもしれないのである。

そのような「対処戦略」のなかに児童労働が含まれる。見聞される事例から、各国で路上や市場などで働く児童が増えていると推測される。しかも児童たちは、家内労働でも工場や港湾などの仕事でも、青年や成人の失業者と激しく競争しなければならない。家族の生存の脅威に直面した最貧困層にとっては、児童の賃金率が低下していても児童労働が選択肢の一つとなる。上述のカクワニの研究によれば、タイでは児童労働は92年以降着実に減少してきたが、危機に

より統計的に有意な増大が見られた（Kakwani 1998: pp. 32-33）。

　タイの新聞は，この1年で少なくとも40万人の児童が学校を辞めたと報道している。国際農業開発基金（IFAD）の調査によれば，インドネシアでは退学者は生徒の2割にものぼるかもしれない（IFAD 1998: p. 7）。児童のなかにもジェンダーがある。一般に女児に対するバイアスがあり，男児よりも女児のほうが多く退学したと推測される。イギリスの児童救済基金の調査者から本調査のコーディネータの1人が直接得た情報によれば，家族を支えるため性産業で働くように娘を説得するほうが，働きに出るように息子を説得するより，親たちにとって容易だという（Nathan and Kelkar 1998）。こうして，10代あるいはより年少の少女を中心により多くの児童が，性産業に引き込まれている。

4　結論：ジェンダー関係を転換させるための政策環境

　本研究を通じて，私たちは，危機の直撃を受けた各国に共通する問題があることに気づかされた。つまり，家族の危機に対処する責任を女性が担っているということ，そして危機の結果としてジェンダー関係が転換する可能性があるということ，これである。女性がこの特有の家族責任を負うようになったのはなぜなのか。それはどの程度まで，儒教的な東アジアの伝統的責任，あるいは双系的親族システムをもつ東南アジアの伝統的責任の一部，または延長と考えられるのか。女性が担うこの責任は，家父長制的な権威を弱め，夫への女性の従属でなくジェンダーのパートナーシップが暗黙のうちに受容されていくことにつながるのだろうか。それがどの程度まで，女性が家庭を出て，政治経済的領域，管理的および意思決定的な領域に進出することを推進するのだろうか。つまり，経済危機によって女性と男性の関係は，長期的かつ不可逆的に変化し始めたのだろうか。

　現代の社会秩序の一環として，いうまでもなく，ジェンダー関係は真空中で家父長制的になったのではなく，物質的で市場的な文化と接合した歴史的社会システムから発達したものである。経済の再構築や移行に関する諸著作は，危

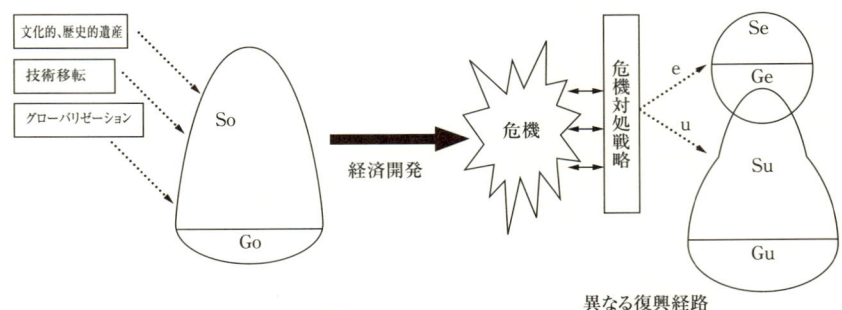

図7-2　復興政策とジェンダー関係

So/Go　東アジアと東南アジアにおける社会とジェンダーの原状
Se/Ge　実現の可能性のある，社会とジェンダー関係のより平等な状況（eは復興政策）
Se/Gu　実現の可能性のある，社会とジェンダー関係のより不平等な状況（uは復興政策）
'e' 復興政策　・男女平等で民主的な労働・雇用慣行
　　　　　　　・ジェンダーを基盤とする福祉政策
　　　　　　　・ジェンダーに敏感な，労働とテクノロジーの質的向上
'u' 復興政策　・権威主義的で，ジェンダー・バイアスのある雇用システム
　　　　　　　・危機対処の矢面に立つ家庭内の女性
　　　　　　　・競争力の基盤としての安い労働力

機がジェンダー関係の転換の萌芽をはらんでいると指摘している（Arnold 1988: p. 5; Elson 1992; Kynch 1998: pp. 108-109)。たとえば図7-2に示唆されているように，危機は，政策革新を導くような新興の社会的規則および文化的規範と作用しあい，「許しがたい」ジェンダー行為に関する制約条件や行為の許容範囲を変える可能性がある。したがってジェンダー関係が転換する可能性があるのだ。経済危機における人間の経験の謎を解明するには，疑いもなくさらに研究が必要である。危機を管理するために女性と男性が駆使した対処戦略を十分に調査研究し，ジェンダー関係を転換する上で有効で実施可能な政策的テコとして研究成果を活用できるか否か見極めること，それこそ私たちの知性が問われる営みとなるだろう。

注
（1）　本稿の第1節の後半以降は，次の原稿の抄訳に大沢が加筆したものである。Govind Kelkar & Mari Osawa (1998), *Gender, Policy and the Economic Crisis*. 同稿は，ILOから出版予定の報告書の序章となる。各国の調査者は，Mayling Oey-

Gardiner & Nick Dharmaputra（インドネシア），Rokiah Talib（マレーシア），Jeanne Frances I. Illo（フィリピン），張必和 Chang Pilwha（韓国），Teeranat Karnjanauksorn & Voravidh Charoenloet（タイ）。

引用文献

Arnold, D. (1988), *Famine, Social Crisis and Historical Change,* Basil and Blackwell: Oxford.

Dwyer, D. & Bruce, J. ed. (1988), *A Home Divided, Women and Income in the Third World,* Stanford University Press: Stanford.

Elson, D. (1992), "From Survival Strategies to Transformation Strategies, Women's Needs and Structural Adjustment", Beneria, L. & Fieldman, S., ed., *Unequal Burden, Economic Crisis, Persistent Poverty and Women's Work,* Westview Press: Colorado.

Glendinning, C. & Miller, J. ed. (1987), *Women and Poverty in Britain,* Wheatsheaf: Brighton.

IFAD (1998), *The Asian Financial Crisis and the Rural Poor* (Draft), Asia and the Pacific Division, IFAD: Bangkok.

ILO (1998), *The Social Impact of the Asian Financial Crisis,* Technical Report for Discussion at the High-Level Tripartite Meeting on Social Responses to the Financial Crisis in East and South-East Asian Countires, Bangkok, 22-24 April 1998. ILO Regional Office for Asia and the Pacific: Bangkok.

Kakwani, N. (1998), *Impact of Economic Crisis on Employment, Unemployment and Real Income,* Institutional Strengthening of Development Evaluation Division, National Economic and Social Development Board (T. A. No. 2744-THA), Development Evaluation Division, National Economic and Social Development Board & Asian Development Bank, presented on September 25, 1998, at AMARI Watergate Hotel: Bankok.

Kanbur, R. & Haddad, L. (1994), "Are Better-off Households More Unequal or Less Unequal?", *Oxford Economic Papers,* Vol. 46, pp. 445-458.

Kynch, J. (1998), "Famine and Transformation in Gender Relations", Jackson, C. & Peason, R. ed., *Feminist Visions of Development, Gender Analysis and Policy,* Routledge: London and New York.

Nathan, D. & Kelkar, G. (1998), *Agrarian Involution, Domestic Economy and Women,* Rural Dimension of the Asian Crisis, paper presendted on October 26, at IFAD Bangkok.

Nathan, D., Kelkar, G. & Suphanchaimat, Nongluck (1998), *Carrying the Burden of the*

Crisis, Women and Rural Poor in Thailand, IFAD: Bangkok.
Sainsbury, Diane ed. (1994), *Gendering Welfare States*, SAGE: Thousand Oaks.
James Tobin (1997), "Sand in the market's gears", *The Nation*, December 24.
World Bank (1993), *The East Asian Miracle: Economic Growth and Public Policy*, A World Bank Policy Research Report. Oxford University Press: Oxford.
上野千鶴子 (1995),「差異の政治学」(岩波講座現代社会学11巻『ジェンダーの社会学』)
上野千鶴子・竹村和子 (1999),「対談ジェンダー・トラブル」(『現代思想』1999年1月号)
大沢真理 (1996),「社会政策のジェンダー・バイアス——日韓比較のこころみ——」(原・前田・大沢 1996)
大野健一 (1999),「国際統合の加速と途上国政府の役割——非欧米社会の市場経済化とは何か」(青木昌彦・奥野正寛・岡崎哲二『市場の役割 国家の役割』東洋経済新聞社)
金子勝・小西一雄・神野直彦・霍見誠良 (1998),「経済再生への対抗提案 政府・経済戦略会議路線では危機を脱せない」(『世界』1999年1月号)
河合正弘 (1997),「東アジア諸国通貨動揺の構造 国際金融論の立場から」(『世界』1997年12月号)
男女共同参画室(総理府)編 (1997),『男女共同参画2000年プラン&ビジョン』大蔵省印刷局
原ひろ子・大沢真理 (1996),「序章 女性学と女性政策」(原・前田・大沢 1996)
原ひろ子・前田瑞枝・大沢真理編 (1996)『アジア・太平洋地域の女性政策と女性学』新曜社
村松安子 (1994),「『開発と女性』領域における女性の役割観の変遷」(原ひろ子・大沢真理・丸山真人・山本泰編『ライブラリ相関社会科学2 ジェンダー』新世社)
C. モーザ (1993/1996), 久保田賢一・久保田眞弓訳『ジェンダー・開発・NGO——私たち自身のエンパワーメント——』新評論

第8章　変容する社会国家と大学
　——現代ドイツの雇用と失業問題の周辺——

広 渡 清 吾

1　ドイツの赤緑連立政権の成立とその政策

(1)　連立協定の内容

　1998年10月，ドイツでは社会民主党のG. シュレーダーが連邦首相に選出され（10月27日），社会民主党と「90年同盟／緑の党」のいわゆる「赤緑連立政権」が成立した。両党の連立協定（10月20日署名）は「覚醒と革新——21世紀へのドイツの道」と題されたが，その前文によれば，新政権の現状認識と課題は次のように示されている(1)。
　「ドイツ連邦共和国は大きな挑戦のまえに立たされている。深刻な，経済的，エコロジー的および社会的変化は，断固とした改革政治を要求している。ドイツ社会民主党および90年同盟／緑の党は，新しい挑戦にふさわしい政治を作り上げる。連立諸政党によって今後の4年間のために合意された政府の政策は，経済的安定，社会的公正，エコロジー的近代化，外交政策上の信頼，国内の安全と市民の権利の強化，並びに女性の同権化を目指す。国内政治（nationale Politik）の行動条件は，この数年間の間に根本的に変化し，また，将来さらに変化するであろう。ますます結びつきを深める世界経済と金融市場の国際化，進展するヨーロッパ統合と持続的発展についてのグローバルな挑戦が——アジェンダ21に示されるように——，ドイツ政治にとってもまた行動条件を形成す

る。現在の世界経済的危機の傾向は，より強化された国際的協力を展開する政治の必要性を示している。連立諸政党によって合意された政府の政策を通じて，グローバル化のチャンスは，持続的成長，投資および未来のある雇用のために利用されねばならない」。

　この総論の下に，課題の大きな柱として①失業問題の解決，②税制改革および③中小企業の助成が示され，さらに両党の共通の目標として以下の12項目が提起されている。

　①持続的成長と投資によって雇用を作り出すこと，②エコロジー的近代化を雇用と環境のためのチャンスとして利用すること，③国家財政の健全化によって政府の財政的行為能力を高めること，④青年のための未来のある職業養成および教育を確保し，機会の平等を作り出すこと，⑤社会国家（Sozialstaat）を確保し，革新し，連帯的社会を強化すること，⑥世代間契約（Generationsvertrag）を革新し，新たな基礎の上に置くこと，⑦未来の世代のために自然的生活基礎を確保し，また，維持し，子どもと家族にやさしい社会を創造すること，⑧市民の権利と社会民主主義を強化し，連帯的社会のなかに寛容の文化を新たに基礎づけること，⑨労働と社会の領域において女性の平等化を決定的に推し進めること，⑩労働関係および生活関係の同化を推進して，ドイツの内的な統一を完成すること，⑪行政を市民に親しみやすいものにし，職業的官僚制を解体して，国家を近代化すること，⑫近隣諸国との平和的，パートナーシップ的協力関係をさらに発展させ，ヨーロッパ統合を拡大・深化させ，南の諸国との連帯を強化し，また，世界的な持続的発展を促進すること，そして⑬教会ならびにその他の社会的グループおよび団体との協力関係を促進すること。

(2) シュレーダーとブレアの共同文書

　シュレーダー政権の成立後，社会民主党党首で，かつ，連邦蔵相の地位にあったO.ラフォンテーヌ（Oskar Lafontaine）がシュレーダーとの確執で突如として党首と蔵相のポストから退いた（1999年3月11日）。ラフォンテーヌは，伝統的な社会民主主義の路線（サプライサイダーの経済政策に反対してケイン

ズ主義的デマンドサイドの政策の優位性を主張）を支持する党内左派の中心であり，首相シュレーダーは，社会民主党の伝統を維持しようとする左派との軋轢を経ながら，この間しだいに「社会民主主義の近代化」と称する路線を明確にしてきている。

シュレーダーは，連邦議会の選挙戦中から，イギリスのブレア労働党政権の基本スタンスをモデルにしながら，ドイツ社会民主党の新路線を「新中道」(die neue Mitte) 路線と定式化してアピールしてきた。シュレーダー政権の官房長官である B. ホンバッハ（Bodo Hombach）によれば，この路線は「自由主義と社会民主主義の第三の道」であり，「社会的市場経済の原則に新たな道を開く」ものとして国家の役割を「配分国家から活性化させる国家」に切り替え，「左からのサプライサイダー政策」を推進するものと説明されている[2]。ここでたとえば具体的な政策としては，失業対策の領域では「雇用保障から雇用の流動化へ」，年金制度改革では公的年金一元制度から，企業年金と私保険年金を組み合わせる「カプチーノ方式」の導入（コーヒーの部分は全員共通だが，クリームとカカオは選択できるという意味）などがすでに示されていた。

1999年6月8日にロンドンで会談したシュレーダーとブレアは，欧州議会選挙を前にして共同で「ヨーロッパ社会民主主義者の前進への道」と題する文書を発表した[3]。ここでは，いわゆる「新中道路線」の基本的立場が明確に定式化されている。それによれば，社会民主主義者は "左翼" というものの理解をイデオロギー的に狭くすべきではなく」，経済的社会的変化に対して「イニシアチヴと適応能力」を証明すべきであり，増大する諸要求に柔軟に対処しつつ，しかし同時に「社会的ミニマム規範」を維持しなけれならない。

この立場から推進されるべき基本政策は次のように示される。

第一に国家の役割である。国家は自らボートを「漕ぐ」のではなく，「舵をとる」ものであり，コントロールを少なくし，社会を活性化させ，問題の解決のためのネットワークを組織すべきである。これに対応して，国家的支出を削減し，公的セクターおよび公行政を根本的に近代化することが要求される。

第二に社会経済政策である。この20年の新自由主義的レッセフェールの政策

はすでに過去のものであるが，しかし，これに代わって70年代型の赤字財政を復活させてはならない。「左翼のための新たなサプライサイダー的なアジェンダ」が定式化され，実行される必要がある。すなわち「ミクロ経済的な柔軟性とマクロ経済的な安定性の実りのある共存のために需要政策と供給政策のみかけ上の矛盾を克服」しなければならない。「企業家精神」が社会のあらゆる領域で推奨されることが重要であるが，また，「労働組合」の役割は減殺されてはならない。「社会国家は近代化されるべきであるが，解体されてはならない」。「諸権利からなるセーフティネット」を「自己責任における跳躍板」に改造すべきである。中産階級の構築が進められ，また，小企業の人材確保を容易にすることが必要である，とされる。

第三に税財政政策である。ハードな労働および企業についての税負担の軽減，「環境に負担をかける消費に対する課税強化」など，全体として税負担のバランスを新たに見なおすことが求められる。また，EU レベルで，不正競争の防止と課税逃避防止のための積極的な対策を講じるべきこと，公債の発行は景気循環の調整や財政投資の手段として活用しうるが，経済の構造的弱さをカバーするような「赤字財政」のために利用されてはならないことが強調される。

以上に見るように，ここで示された基本的態度と政策は，1998年10月の連立協定に示された内容に比して，一層明確にイギリスのブレア路線へのシュレーダーの傾倒を確認するものとなっている。ただしシュレーダーは，党内左派の反発を想定して，この文書が主としてブレア側で準備されたこと，ドイツ社会民主党の総路線は充分な党内討議を経て初めて確立されるものであることを，別の機会にあらためて述べている[4]。

ブレアの社会民主主義近代化路線に理論的基礎を提供しているイギリスの社会学者 A. ギデンス（Anthony Giddens）は，グローバリゼーションの条件のもとで伝統的左翼路線を発展させる「第三の道」の模索を，「社会的な連帯，社会的正義と経済の効率化を両立させる新しい試み」として位置づけ，これまでの左翼が主唱してきた「平等な社会」を「人々を包み込む社会」（inclusive society）として再定義することを提案している[5]。とはいえ，このような新

路線が，どのように社会民主主義の伝統的な支持層に受け入れられるかは問題であり，この共同文書の発表後に行なわれた欧州議会選挙では，イギリス労働党もドイツ社会民主党も前回に比して支持を減らし，これに対して相対的に伝統的左翼路線に近い対応をとっているフランス社会党が支持を伸ばすという結果が示された。

(3) 連邦政府の2000年度予算案

1999年3月に辞職したラフォンテーヌのあとを受けて，かつてヘッセン州の首相を務めた H. アイヒェル（Hans Eichel）が連邦蔵相に任命された。アイヒェルの主導の下で，2000年度予算案の策定と税制・年金制度等についての改革案の検討が急速に詰められて，1999年6月下旬には，経済改革計画が連立与党間で合意され，これを踏まえて連邦政府の閣議決定が行なわれた。

この経済改革計画の内容は，第一にまず財政赤字の縮小であり，2000年度連邦予算は前年度比1.3％をカットすることとされた（約300億マルクの歳出縮減）。また，GDP に占める公共部門の比率を5年間で1％引き下げる（98年度は47％。イギリスは40％）ことが計画された。第二に，税制改革であり，その柱は法人税の減税である。現在の40％の法人の税負担を減少させるべく，法人税率が35％に引き下げられる。また，さらに政府は年間で80億マルクの税負担の軽減を経済界に約束した。第三は雇用創出のための企業負担の軽減である。雇用者は労働コストとして社会保険料を労働者と同じ割合で負担しているが，労働者の社会保険料負担は2003年までに現在（1998年）の20.3％（賃金に対する割合）から18.9％までに漸次的に引き下げられることになった。これによる労使の負担軽減分は国家財政によって負担されるが，その財源はガソリン税（今後4年間1リットル当たり6ペニッヒずつ増税）および電力消費税（1キロワット時当たり0.5ペニッヒの増税）の増税でまかなわれる（いわゆる環境税 Ökosteuer である）。第四は年金制度改革である。これについては上でみたように，中期的には「カプチーノ方式」の導入が検討の一つの課題とされているが，今回は年金支給額のスライドの基準を賃金上昇率ではなく，物価上昇率

に切り替える（現役世代の負担を軽減する）改革が行なわれた。また、失業手当ての削減（連邦労働省予算は前年度比で125億マルクを削減されるが、これはおおむね失業手当ての分である）によって就業率を高めることが目指されている[6]。

　以上のように、アイヒェルの経済改革計画は、サプライサイダー的な性格をもつものとなっている。「改革」の議論のなかでは、さらに所得税の最高税率を引き下げ、累進税率の刻みを15％、25％、および35％の3段階にする案が社会民主党連邦議員団長のP. シュトルック（Peter Struck）によって提案されている。これに対しては党内左派でザールラント州の首相である（同州の前首相はラフォンテーヌであった）R. クリムト（Reinhard Klimmt）が「財産税」（富裕税）の新たな賦課を提唱するなど、税制改革をめぐる左右の対抗がみられる。国民の資産総額は、不動産・有価証券などでおおよそ14兆5,000億マルク、うち金融資産総額が5兆7,000億マルクと見積もられているが、従前の財産税は1995年6月22日の連邦連邦憲法裁判所判決によって違憲とされて（不動産とその他の財産の不平等な取り扱いを理由とする）、廃止されており、また財産税には徴税事務に大きなコストがかかるため必ずしも有効な税制として評価されていない。シュレーダーは、各州において考慮することは別として、連邦での再導入は考えられないことを明言している[7]。

　連立政権のこのような政策提示に対して、ドイツの人々の反応は今のところ全体としてネガティヴであるように思われる。1999年7月末から8月はじめに実施された世論調査によると、税制改革案についてそれが「公平の原則を考慮していない」とする者が71％に達している。また、失業対策、年金改革、経済対策について、連立政権の仕事に満足している者はいずれも3割前後にしかすぎない。そこで、全体としての政党支持率についても、与野党の逆転が生じている。前年9月の連邦議会選挙では、社会民主党が40.9％、キリスト教民主・社会同盟が35.1％の得票率であったが、この調査での支持率はそれぞれ35％と43％になった。90年同盟／緑の党は、6.7％から6％へとやや減少している。首相シュレーダーと外相J. フィッシャーのコンビによるコソボ紛争解決など

の外交政策に関しては，6割を超える支持が与えられているから（フィッシャーは期待度ナンバーワンの政治家にランクされている），与党への支持の低迷はその社会経済政策に対する信頼感の欠如によるものと判断される[8]。

2 社会国家の概念規定と内容

(1) 社会国家の概念規定

社会国家（Sozialstaat）という表現は，ドイツに特有のものであるが，同一の意義を英語で表現すれば welfare state である。welfare state は，通例では「福祉国家」と訳される。社会国家とは，ドイツ型の福祉国家であるといってもよい[9]。福祉国家の意義は，社会科学的に厳密にいえば，経済学者の加藤栄一の定義のように「労働者階級の政治的，社会的，経済的同権化を中核にして形成され，全国的な広義の社会保障制度を不可欠の構成要素とする・現代資本主義に特徴的な体制」として理解することができる[10]。ただし，上述の政策文書などにみられる社会国家の用法は，社会国家の内容を国家的な社会保障制度を中心に考えるものである。

社会国家の語源的探索によると，初出は L. フォン・シュタインの1876年の著作『ドイツ法学および国家学の現在と未来』にみられる。シュタインは，そこで，自由主義（Liberalismus）および社会主義（Sozialismus）とは異なる第三の道，すなわち革命なき社会改良を意図する国家を社会国家として特徴づけたのである[11]。社会国家は，このようにその出自において，社会的階級対立の克服・調和のための国家の役割をその規定に含んだ概念であるといえる。ワイマル時代には，保守派の古典的なブルジョア国家論に対して社会民主主義者は社会国家論を対置して論陣を張ることが少なくなかった（「ブルジョア的法治国家」に対して「社会的法治国家」論は，社会的不公正や矛盾の解決のための国家介入を正当化しようとした）。コミンテルン派の正統マルクス主義は，この時代のドイツにおける社会国家論をブルジョア修正主義的な国家論として

批判していた(12)。

　第二次大戦後，1949年に制定された西ドイツの基本法は，その20条1項で「ドイツ連邦共和国は，民主主義的，社会的な連邦国家である」と規定し，「社会国家」は憲法上の国家概念になった。社会国家条項について，基本法制定当初には，単なるプログラム規定であり，「実質のない白紙概念」であるという解釈も存在したが，このような解釈はすぐに否定され，現在では社会国家はドイツの国家のあり方を示す，法的拘束力をもった憲法上の目的であることが広く承認されている。基本法は，ワイマル憲法と異なり，社会保障についての権利，労働や教育についての権利などを個別に規定していないが，社会国家条項は，このような社会的基本権をドイツ国家が保障すべきことを命じる一般条項であると解釈されているのである(13)。

(2) 社会保障制度——社会国家の内容——

　社会国家の中核的内容は，歴史的にみれば，国民の大多数である労働者階級の人たるに値する生存の確保であり，また，平等の実現である。つまり，生存権と平等権の保障である。その重要な内容的柱をドイツの歴史と制度に即してみれば，第一に，ドイツ皇帝ヴィルヘルム1世の教書に発する社会保険制度の創設とそれ以降の社会保障制度の展開がある。第二に，直接的に労使関係にかかわる領域であり，これも帝政末期に始原をもつ従業員代表委員会制度，またさらに第二次大戦後における共同決定制度の展開がある。もとより，ここでは労働協約締結権を有した労働組合の役割が重要である。そして第三に，教育制度の展開，特に公教育のあり方が考慮されるべきものであろう。

　第一の発展系列は，周知のように皇帝教書に基づいてビスマルクによって推進された労働者のための保険制度（1883年疾病保険，1884年労災保険および1889年老齢・廃疾保険）の創設に始まる。その後の発展をたどれば，1911年，職員について老齢・廃疾保険が創設され，1916年には，労働者の老齢年金支給開始年令が70歳から職員と同様に65歳に引き下げられる。1927年には失業保険制度が導入され，また，国家的な職業紹介制度が始まった。大恐慌期（1930〜

33年）には失業保険金および年金額の切り下げが行なわれたが，ナチス期には状況が緩和し，また，1938年には老齢年金制度が自営手工業者および商業者に拡大された。第二次大戦後，1957年にアデナウア内閣の下で動態年金制度（年金水準を現役の賃金水準に連動させる）が確立され，また農業者老齢年金制度が創設された。1961年には連邦社会扶助法が制定され，国家的扶助（生活保護）への請求権が規定される。1972年には，年金制度が主婦，学生，労働不能の障害者にも開放される。

　戦後の経済成長を背景にした社会保障制度の順調な発展は，しかしながら，オイルショックによる不況を経過して1970年代半ば以降しだいに陰りをみせてくる。1977年には医療費を抑制する措置が戦後初めて採られる。1992年には動態年金制度に基づく年金額の決定基準が，総賃金から純賃金に変更された。この中でも，コール政府は，高齢社会の条件づくりのために1994年に「社会保険の第五の柱」として介護保険を創設したが，これは一層の困難を抱え込むことであった。

　社会国家の中核である社会保障制度，とりわけ5つの柱をもつ社会保険制度が直面する危機は，制度の基礎である国民の人口構造の大きな変化（社会の高齢化）によってもたらされつつある。つまり，生産活動に従事する人口に対してそうでない（非生産的）人口の比率が増大し，社会保険の原資の調達が先細りになるということである。動態年金制度の基礎に置かれた「世代間契約」（現役のときに高齢者を養い，自らが引退すれば現役から養われる）の現実性が失われつつある。現在では5人に1人が60歳以上であるが，2030年には3人に1人が60歳以上になると予測され，その場合現役世代の社会保険料負担は総賃金の3割に達すると想定される（現在は約2割）。医療費の伸びも大きな問題である。1970年から90年の20年間でドイツのGDPは約2.5倍に伸びたが，医療費の額は3.5倍の伸びをみせた。社会の高齢化による生産人口の減少に対しては，外国人労働力の積極的導入（計画的移民政策の実行）や女性の一層の活用などの労働力政策がかねてから提起されている。しかし，この場合にはそれにみあう雇用の創出が問題となり，処方箋としてただちに有効なものとは考え

られていない。それゆえ，いずれにしてもなんらかの社会保険制度改革が目指されるのであり，国家が財政的に措置する対象を基礎年金に限定し，企業や個人による年金をその上に補充的に積み上げるモデル，あるいはいわゆる確定拠出型年金モデルなどが改革案として有力に議論されている。シュレーダー政権の目指す「社会国家の近代化」は，こうした課題を担うわけである[13]。

(3) 教育制度における平等——社会国家の内容——

第二の系列は，労使関係の領域における社会国家的制度の展開であるが，本稿の問題設定から外れるので，これは論じないことにする。そこで，第三の系列の教育制度の展開に簡単に触れ，特にその重要な要素として本稿の中心的な主題である大学の問題を扱うことにしよう。

社会民主党系の教育問題専門家で，統一後に新設されたエアハルト大学の学長を務めた P. グロッツ（Peter Glotz）は，20世紀のドイツの教育を振り返って，教育政策をめぐって五つの大きな対決が存在したと述べている[14]。

第一は，「改革教育」（Reformpädagogik）をめぐる対決である。帝政期の懲罰主義的教育に対して，「生活形式としての学校」をスローガンにした多様な改革教育が今世紀のはじめから，登場する。1919年には，シュトットガルトでルドルフ・シュタイナーの教育思想に基づく，最初の「バルドルフ学校」が創設された。グロッツによれば，改革教育の思想と試みは現在に至るまで続いているが，それは少数者の間にとどまっており，ドイツ社会の構造を変えるような作用をもっていない。

第二は，基礎学校（Grundschule）をめぐる闘争である。第一次世界大戦後，1920年にドイツでは4年制の基礎学校が全国的に導入された。帝政期にはブルジョア子弟の多くは，家庭教師，私立学校，あるいは上級学校に設置された予備学校などで初等教育を受けることが通常であったので，全国民を対象にした基礎学校の設立はこれらの陣営からの大きな反発を生み出した。しかし，基礎学校の制度は定着する。グロッツは，基礎学校の導入をめぐる闘争がまぎれもなく「階級闘争であり，しかも，例外的に成果を収めた階級闘争であった」と

評価している。

　第三は，ドイツ型の3分岐教育システムをめぐる対決である。3分岐教育システムの下では，共通の基礎学校を終えると，児童は，5年制の基幹学校（Hauptschule），6年制の実科学校（Realschule），または9年制のギムナジウム（Gymnasium）のいずれかの学校を選択する。前二者は，職業養成制度に結合する学校であり，大学進学資格（アビトウア）を取得するためには，ギムナジウムに進学しなければならない。このような早期に児童の進路を選別する厳格な3分岐システムに対して，60年代半ばから，児童の能力発展について「機会の平等」を要求する立場から批判の声が急速に広がった。神学者のG.ピヒト（Georg Picht）は「ドイツの教育の破局」を告知し，社会学者のR.ダーレンドルフ（Ralf Dahrendorf）は，「教育に対する市民の権利」を高唱した[15]。

　こうした教育改革の要求に応えて導入されたのが，三種の学校を統合する「総合制学校」（Gesamtschule）である。総合制学校は通常第5学年（基礎学校の終了以降）から第10学年までの学年から構成され，大学進学コースの選択も学年進行中に変更できることになる。1964年に各州文部大臣会議の協定によってこの種の学校の創設が可能とされ，社会民主党の政権下にある州でまず準備が進められた。1969年に教育審議会が総合制学校40校の実験的創設を勧告し，各州文部大臣会議は実験プログラムについて協定を締結した。そして，1982年には各州文部大臣会議において，総合制学校修了証書の相互承認に関する協定が締結されて，総合制学校は，3分岐制の下での諸学校とならんで，ドイツの教育システムに地歩を占めることになったとされている[16]。

　総合制学校の導入も平等化の理念に支えられたものである。その結果について，グロッツは「ギムナジウムの拡張」を指摘する。すなわち，「できる子」が総合制学校を避けてギムナジウムに行くという傾向が生じたのであり，総合制学校の教育水準に対して問題が投げかけられている。

　第四の対決は，職業教育におけるいわゆる「二元制度」（duales System）をめぐるものである。職業養成において，私的経営での訓練と公的職業学校への通学を結合するシステムは19世紀末以来のものであるが，このあり方について

は，いわゆる大学闘争の時期に特に「徒弟の搾取」が問題とされて批判が生じ，1969年に連邦職業養成法が制定されて，教育を受ける者本位の制度として二元的制度が法的に整備された。これは，大学改革よりも重要な改革プロジェクトであったという評価もある。基幹学校および実科学校を終了した者でさらに全日制の学校に進学しない者は，定時制の職業学校に職業教育を受けるために18歳まで通学する義務を負うものとされ，この場合企業内教育が合わせて行なわれるのである。グロッツは，職業教育のこの二元的制度が他のイシューに比べて問題視されることが少ないことを認めながら，一方で企業が生徒の受け入れに消極的になっていること，他方でまた熟練労働者の独自のキャリアパスの価値が急激に減少しつつあることを問題として指摘している。

さて，第五の対決は，大学改革をめぐるものである。これについては1960年代後半の大学闘争と改革，それを背景とした1976年の大学基本法（Hochschulrahmengesetz）の制定が現在に至る出発点である。大学闘争と改革要求を生み出した基礎条件は，政治的な射程で見れば，戦後保守政治が維持してきた伝統的社会構造に対する批判的革新の力が噴出したこと，大学という局面で見れば，社会の高等教育へのニーズの増大＝学生数の増大が伝統的大学の構造との軋轢を引き起こしたことのなかに求められよう。

1976年の大学基本法は，「大学の大衆化」の現実に応じるように，大学像を伝統的な「教授の大学」（Ordinarienuniversität）から「諸グループの大学」（Gruppenuniversität）に転換するものであった[17]。伝統的大学は，正教授（Ordinarius）が講座を担い，講座の集合として学部が構成され，そして学部の集合として大学が存在するものとして組織されていた。これに対して大学基本法は，大学全体の機関においても，各学部の機関においても，大学を構成する四つのグループ，すなわち，教授，学生，助手および職員がそれぞれ一つの「グループ」として，原則として平等の権限と責任をもって大学の運営に参加することを規定した。大学の自治は，これによって，「教授の自治」から「全構成員の自治」に「発展」したのである。自治への参加の範囲は，大学基本法によれば，「課題に即して」各グループの「資格・機能・責任および関与度に

従い」定められる（同38条）。

　改革後（1980年代初頭）のヘッセン州のある大学を例に取れば，大学総長および副総長を選出する機関である「大学議会」の構成は，教授35名，学生25，助手20名，職員10名とされている。これらの議員は，それぞれのグループごとに選出される。また，学部にはすべての案件を審議決定する「学部協議会」（Fachbereichsrat）が設置されるが，教授が15名以上の学部の場合，その構成は教授13名，学生5名，助手4名および職員2名とされている[18]。学部協議会において，教授が過半数を占めているのは，研究・教育および教授任用にかかわる事項の決定機関の構成については教授の絶対多数が要件であると規定する大学基本法（同法38条3項）に基づくものである（この点は大学改革をめぐる急進主義と穏健主義の分岐の論点であった）。以上のように，大学進学者の増大およびそれを背景にした全構成員大学の考え方は，社会の平等化のイシューにほかならない。

　グロッツは，大学基本法の規定する大学モデルが大衆化した大学を適切にマネージする構造を作り出すことができなかったことを批判的に指摘する。全構成員自治のモデルは，大学の大衆化に対する「民主化」の戦略であったが，それはリーダーシップの発揮をさまたげ，各機関の「議会化」を進めて，全体として身動きのとれない官僚制を作り出してしまったのであると。そしてさらに決定的な問題は，大学進学希望者を定員制などで限定することなく，希望通りに大学に入学させるという国家政策の決定（1977年11月の連邦および各州首相による「大学の開放についての決定」）にもかかわらず，それにみあう大学建設・整備への公的資金の投入が促進されなかったことである。この間学生数は，1978年の約92万人から1998年の約184万人へと増加した（表8-1参照。ドイツはごく少数の例外を除いては私立大学はない）。グロッツは，いまや「痛みをともなう真実」が国民に対して告知されるべきであるという。すなわち，「大学生は授業料を支払うべきである。国家が大学に対する必要な予算を確保できないでいるときに，なお授業料を払わないでいるとすれば，そのことはもはや平等化とは関係がない」。

表8-1　ドイツにおける大学数・学生数の変化（1990年以前は西ドイツ）

	1950年	1960年	1970年	1977年	1985年	1989年	1998年
大学数（総数）	143	153	211	265	241	244	337
内訳							
総合大学	31	33	40	50	59	62	84
教育大学	78	77	32	31	31	8	6
神学大学	16	17	14	11	15	16	16
芸術大学	18	25	27	26	26	30	46
専門単科大学	—	—	98	136	122	121	181
総合制大学	—	—	—	11	8	7	7
学生数（総数）	172（千人）	329	534	913	1,338	1,728	1,832

*　1950～1977年の数字は，Hansgert Peisert/Gerhild Framhein, Das Hochschulsystem in der Bundesrepublik Dutschland, 1980 の Tabelle1,2 から引用，1985～1998年の数字は Statistisches Jahrbuch für BRD の各年版による。学生数は千未満を四捨五入。1998年では，学生総数の65％が総合大学，22％が専門単科大学，8％が総合制大学に在籍している。同年の学生総数に女性の占める割合は43.5％であり，総合大学だけだと46.8％である。

**　以上の大学は，各州法にしたがって承認されている大学であり，設置者（国立＝州立，教会立，私立）の如何を問わない。ただし，私立大学はごく例外的存在であり，それには，たとえば，ヴィッテン／ヘルデッケ大学協会（Universitätsverein Witten/Herdecke e.V）によって設置されたヴィッテン／ヘルデッケ大学がある。
　大学の種類についてコメントをしておく。
①総合大学（Universität）には，工科大学（technische Universität）および，教育大学・神学大学以外の Universität と同格の学術的大学（wissenschaftliche Hochschule, たとえば technische Hochschule）を含む。②教育大学（Pädagogische Hochschule）は現在バーデン＝ヴュルテンベルク州（6大学）にしかない。③専門単科大学（Fachhochschule）は1970年代初頭以降，高等教育の大衆化の要求に対応して，新・増設されてきたものであり，(a)応用技術的教育を行なうこと，(b)履修プランが厳格にさだめられること，(c)履修期間が短く3年間であることなどの点で総合大学と異なる。ここには事務系の上級公務員養成のための行政内部の専門大学である Verwaltungsfachhochschule も含めている。総合制大学（Gesamthochschule）は総合大学と専門単科大学を結合して一つの大学として運営するものであり（完全に統合される統合型とそれぞれがなお独自性を持つ協力型がある），70年代末に大学改革の一環として設立されたが（76年の大学基本法はこれについて規定している），一義的成果をあげているとは必ずしもいえず，85年の大学基本法の改正では総合制大学に関する規定は削除され，現在ではもはやその新設は行なわれず，ノルトライン＝ヴェストファーレン州（6大学）とヘッセン州（1大学）の2州にしか設置されていない。

3　大学「改革」と社会国家

(1)　大学制度における社会国家的平等主義

　ドイツの大学制度は，社会国家的平等主義から評価されるべき次のようなメリットないし原則を有している。第一に，グロッツがその廃止を要求している「授業料の不徴収」である。第二に，それと同様に経済的なものであるが，広範に付与される奨学金の制度である。ドイツの学生は奨学金のことを「バフェク」（Bafög）とよぶが，これは1971年に制定された Bundesausbildungsförderungsgesetz（連邦教育助成法）のことであり，奨学金はこの法律に基づいて支給されている。第三に，上述した，大学の管理運営に関する全構成員自治のシステムおよびその基礎としての「諸グループ大学」の理念を，あげなければならない。

　第四に，ドイツに伝統的なことであるが，個別の大学の入学試験がなく，ドイツ全体に共通の大学入学資格（Abitur）に基づいて有資格者はいつでも，どの大学の，どの学部でも入学できるということである。若干の学部・学科について定員制（Numerus clausus）が採られているが，これは例外的なものと考えられている。

　1972年に連邦憲法裁判所が示した見解によると[19]，憲法上の基本権である職業選択の自由および教育を受ける場所の選択の自由（基本法12条1項）は，平等原則および社会国家原則と結びついて，大学入学の許可を求める権利を希望者に与える。これを制限する定員制は，それゆえ，一定の条件の下でのみ認められうるにすぎない。裁判所によると，定員制は①公的資金によって調達されている教育の容量をことごとく利用しながらも，なお絶対的に避けられないという場合に，②進学希望者の教育を受ける場所の個人的な選択を可能な限り考慮し，希望者すべての機会を配慮し，事物合理的な基準にしたがって学生の選択と配分が行なわれるという条件の下で，初めて許されるものとされている。定員制の場合の学生の選択と配分および新入生の最初の学期の履修地の配分を行なう機関として，1972年に各州の協定に基づいて，ドルトムントに「履修ポスト配分センター」（Zentralstelle für die Vergabe von Studienplätzen）が設立された（1967年からその前身の機関が活動していた）。こうした定員制についての厳格な考え方も，平等原理との関係において位置づけうる。

　第五に，「大学の卒業」という統一した制度がなく，大学における履修の終了はそれぞれの専門領域に即した「資格」を獲得することによって証明される。大学では，資格を獲得するまで期間の制限なしに履修を続けることができる。それゆえ，「〇〇大学卒業」ではなく，いかなる資格を有するかが社会的には評価の対象となり，大学の序列化が存在しない。しかし，ドイツの大学に「序

列がない」というのは，いわゆる Lebenslüge（生活上の方便）であるということもまた一定のリアリティをもって語られている。最近，学生や教師を対象にしてドイツの大学ランキングのアンケートが行なわれ，その結果が公表されている[20]。しかし，これらに示されるランキングは，日本の大学について日本の人々が抱いている序列観（これは明らかに企業の採用実務や社会的プレステージに直接影響を及ぼしている）とは異なる意味をもつものであると思われる。

(2) 大学「改革」の構図

「社会国家的平等主義的な大学」は，社会保障制度と同様に社会国家の近代化路線のターゲットである。1998年8月に大学基本法の大改正が行なわれた。これはコール政権末期の仕事であるが，新連立政権において旧政権の大学政策の巻き戻しは行なわれず，同様の方向で進むことが予測される。変容する社会国家の下での大学「改革」の方向を検討してみよう。

オルデン大学学長の M. ダクスナー（Michael Daxner）は，大学政策を論じる基礎的前提として次のような状況に注意をうながしている[21]。

第一に，学問の発展と社会の進歩が必然的に結合するという関係が消失している。第二に，大学が社会において研究と教育の中心であるという自明の地位は失われつつある。第三に，大学修了の資格は社会的な物質的特権に結びつかなくなっている。第四に，ドイツの大学制度は英米の大学制度の圧力にさらされ，また，国際的なレベルでの大学間競争が進み始めている。第五に，ドイツにおける大学への公的財政支出は，医学部関係を除いてこの25年来停滞している。第六に，ドイツの大学の人事制度は業績主義的に構成されておらず，効率性のヨーロッパ的水準と矛盾している。第七に，大学の修了資格の種類が限られており，それは多様な職業的キャリアの必要性からみて極めて不適切である。以上のような状況の下での大学改革は，ダクスナーの指摘する第四点のように，英米の大学制度をモデルとした方向に進められようとしている。ダクスナーは「大学改革」をめぐるキーワードを英語で示して，英語のままで示すことに意

味があるのだと付け加えている。挙げられるのは，accountability, autonomy, accreditation, lump sum budget, modularization などである。大学の公開性を高め，社会に対する説明義務を果たすこと，そのためにも大学の評価を適切に行なうこと，財政的に企業経営的運営を強めて，自立性を強化すること，また大学間の単位互換性などを通じて流動性を高めること，などがこのようなキーワードに盛られたメッセージである。

　lump sum budget は聞き慣れない用語であるが，ドイツ語では Globalhaushalt と表現される。1999年7月に制定された日本の独立行政法人通則法は，法人に対する国庫からの財政措置を規定しているが（同法46条），これに基づいて法人に交付される補助金は，行政庁の説明文書によると「渡しきり交付金」とよばれている(22)。渡しきり交付金は，国の通常の予算とは異なり，支出費目の指定がなく，また，当該年度内に支出を完了することも義務づけられない，いわば「自由なお金」として交付されるものと説明されている（会計処理は企業会計原則で行なうこととされる）。ドイツの Globalhaushalt（包括予算制）もほぼ同様のことを意味している。

　ドイツではハンブルク市のすべての大学（6大学）に，また，シュレーダー首相の地元であるニーダーザクセン州の若干の大学に，試行的に「包括予算制」がすでに導入されている(23)。これは，公的資金に対する議会的コントロールを，資金のインプットの局面（あらかじめ拘束的な支出費目や支出期限を設定する）から，アウトプットの局面（支出の結果をレビューする）にシフトするものである。一般的にこの予算制度は，一方で大学が財政処理に大きな柔軟性を確保できるというメリットを生む（もちろん予算配分をめぐる大学内での闘争が生じる）が，他方で，政府が以降の予算額のカットをその内容に立ち入ることなく，大学に実質的な処理を委ねる形でより簡単に行ないうるという危険性をともなう，と論じられる。特にハンブルクの具体的な経験によると，アウトプットの議会による審査（成果報告書の提出がその前提となる）においては，大学の活動について数値による評価に関心が集中し（たとえば学生1人当たりの経費），また大学間の比較がより明瞭に行なわれ，他方で大学側とし

ては，自己の特徴や他の大学に対する比較優位をどのように確保するかをたえず意識させられることになる。こうして大学は，大学のプロフィル・目的設定をめぐって大学内部での議論を活発化せざるをえず，包括予算制は従来の大学の業績制度・意思決定制度に作用を及ぼす，と報告されている。これは「新制度」が大学に変化をもたらすことを裏づけるものである。

大学基本法の改正に際しては，その理由づけのために，伝統的なドイツ型大学モデルへの批判が展開されたが，それを要約すれば第一に，もっぱら公的財政によって支えられている大学制度のコスト・パフォーマンスをよくすること，第二に，大学に業績主義の原理を導入し，競争と評価によって大学の活動の効率性を高めること，第三にドイツの大学教育を国際的に開かれたものにすること，などがその中心的論点である。

最大の問題は，大学の授業料の徴収である。上で見たように，グロッツは，授業料（年額2,000マルク）の貸付制度（本人が労働者の平均賃金を上回る賃金を得ることを期限にして返済させる）を提案している。社会民主党は，少なくとも野党時代には授業料徴収に原則反対であり，むしろ大学基本法に「授業料不徴収の原則」を規定することを主張した。連立政権下でも，その態度は維持しているが，ただし，在学期間が長期にわたる学生について何らかの措置をとる可能性に言及している（連邦教育相 Edelgard Bulmahn の発言)[24]。キリスト教民主同盟が政権をにぎるバーデン・ヴュルテンベルク州は1998年から在学期間が長期に及ぶ（基準履修期間を越える）学生について年間1,000マルクの授業料を徴収することを決定した。授業料問題は保守派の間でも意見の一致しない問題だといわれているが，政策的には一定の在学期間を越えた学生（大学基本法では基準履修期間を4年半と規定しているから，これが目安とされうる）について授業料を徴収するという線で政党間の合意が目指される可能性がある。

授業料の不徴収は，EUレベルでみると，ドイツだけではない。デンマーク，スウェーデン，フィンランド，オーストリア，ギリシアは同様である。また，フランスおよびアイルランドは低額の事務経費を徴収するにとどまる。徴収し

ている各国（ベルギー，イタリア，ポルトガル，スイス，スペイン）の授業料額は，最高でも年額1,500マルクまでである。ただし，イギリスおよびオランダは1998年冬学期から「本格的な」授業料（約3,000マルク，2,500マルク）の徴収に踏み切った[25]。この二つの国の政権は，ドイツの社会民主党にとって「社会民主主義の近代化」のモデルを提示しているものでもある。

連邦教育助成法に基づいて大学生に賦与される奨学金については，その効率的配分が議論されている。助成の予算が全体として伸びていないので，支給を受ける学生の割合は年を経るに従って減少している。1970年代には約40％の学生が受給していたが，現在では15％程度にすぎない。そこで，無償給付の奨学金を低額にしてより広く配分し，特別事情の場合に無償貸与や有償貸与の追加奨学金を用意する案などが示されている。受給資格を一定の学業成績や基準履修期間の維持に結びつける案もある[26]。

授業料徴収や奨学金制度の改革をめぐる議論は，従来のあり方を批判するものではあるが，これによってむしろ逆にドイツにおいて教育の平等化（高等教育の無償はこの基本原理に依っている）がいかに根強い文化として社会に定着しているかを示しているように思われる。

(3) 大学基本法の改正

1998年8月に成立した改正大学基本法は，1976年法の課題が大学モデルを民主化・平等化の原理に即して転換することであったのに対して，競争と業績原理を大学モデルに組み入れ，大学の研究教育活動の質と効率性を高めることを狙いとしている。民主化・平等化の問題意識は後退し，これに応じて76年法における諸構成員グループの管理運営への参加に関する詳細な諸規定は，簡略にされ（36条，37条），または削除された（38～40条）。1998年の改正の要点は次のようである[27]。

第一に，大学の研究および教育に関する評価を導入し，その業績に応じて財政的な措置に差異をつけることが明確に規定された。「業績を基準にした大学に対する国家財政措置の原則」である（die leistungsorientierte Hochschulfinanzierung)。この場合，研究，教育および後継者養成における業績に加えて，男女平等の課題達成度が，財政措置の基準とされる（同法5，6条）。大学の研究教育評価がイギリスにおける RAE（Research Accesment Exercise）および TQC（Teaching Quality Control）を想定しつつ導入されたことは明らかである。ただし，大学基本法自体は，評価の方法や手続きについて何も規定していない。このことについては，連邦法である大学基本法の改正を受けて各州で州の大学法の改正が改正法施行後3年以内に行なわれるべきこととされており，州大学法が具体化することになると思われる。法制定時の連邦教育相 J. リュットガース（Jürgen Rüttgers）の説明によると，評価は，内部評価（学生の参加を含む）のみならず，外部の専門家よる評価（Peer-Review）を利用しなければならないとされている。また，大学の業績能力の記述のために多くの指標について数量的データを用意すべきことが要請されている。

　第二に，大学における教育の質の向上が目指されている。これについては，まず学生の履修をより厳しくコントロールし，また助成することが規定された。これには，総合大学では4年半，専門単科大学では4年の基準履修期間の確定（11条），その間の中間試験の義務付け，履修終了の資格試験に関して，基準履修期間以内の早期受験は2回に制限されている受験回数にカウントされないという「試し撃ち試験」の奨励（15条），大学による学生に対する履修指導の強化（14条）などがあげられる。また，学生の入学について，学生のアビツアの成績を考慮し，個別の大学の選抜権を認めるなど業績主義・競争原理の要素を一部導入した。すなわち，「履修ポスト配分センター」は，各大学への学生の配分について配分数の25％までは学生の住所地ではなく，アビツアの成績を基準として学生の希望を優先しうることとなり（31条2項），かつ，個別の大学は定員制をとる学部についてその20％まで自ら面接やその他の学力試験によって学生を選抜できるものとされた（32条3項）。さらに，教員の側に関しても，教授の任用に際して研究能力に加えて，特に教育能力を業績審査の対象とするべきことが規定された（44条1項2号）。具体的に教育能力をどのように審査するかは，州法の規定に委ねられる。

第8章　変容する社会国家と大学　203

　第三に，大学の国際化を進めること，また，より開かれた大学が目指される。学生の履修について，異なった大学間の履修単位の積み上げや移転を容易にする「成績点数システム」が採用され（15条3項），いわゆる modularization の方向が打ち出される。これは学生の国内的，国際的流動性を高める方策とされる。また，英米モデルにしたがって，bachelor (Bakkalaureus) および master (Magister) の資格を与える新しいコースを導入することが一般的に認められた。前者は3～4年間，後者はそれに続いて1～2年間の履修期限が規定されている。これらの資格を証明する証書には学生の申し立てに基づいて英語の翻訳が添付される（19条）。これは，ドイツの大学の修了資格 "Diplom" に普遍的な国際的通用力が欠けているという認識に基づいている。新コースの設立については，連邦政府が1997年の冬学期からすでに支援プログラムを始めている。

　大学教授の任用に関して，従来の取り扱いは大学教授資格（Habilitation）を原則として要件としていたが（大学教授資格は資格授与権限をもつ各大学各学部によって，提出される教授資格論文を審査のうえ賦与されるものである），改正法は任用を柔軟化し幅広く人材を大学にとりいれるために，任用の要件として教授資格と同等に評価しうる研究上の業績で足りるものとした（44条2項）。

(4)　結　語

　「大学」は，グローバル化する資本主義世界において，国民経済的にみれば，科学技術の発展，時代に適応する高度専門労働力の創出，国際的な知的人材の確保など，資本主義的競争のなかで「国民経済」が他から優位するための不可欠の制度である。世界の大学モデルが，資本主義的経済システムにおける動向と同じように，グローバル・スタンダードにそって，特に上で見たように英米モデルにそって改革を迫られていることは，ドイツの例もまたよく示している。日本においても，1998年10月に公表された大学審議会答申「21世紀の大学像と今後の改革方策について――競争的環境の中で個性が輝く大学」は，大学教育の質の向上，教育研究システムの柔構造化，リーダーシップを重視した組織運

営体制の整備，および教育研究の評価制度の確立を大学改革の柱として提示した。ドイツの大学制度と日本の大学制度は改革の前提となる現状においてそれぞれ異なる面を多くもつとはいえ，改革の方向は相似的である。

　さらに，日本では行政改革の一環として国立大学の設置形態を変更し，いわゆる「独立行政法人」[28]に移行すべきことが政府・文部省によって求められつつある。そこで最終的に狙いとされているのは，大学を「経営体」としてより効率的・合理的に運営し，国民経済的に大学が使命とするところの目的を達成することである。日本と異なり私立大学がまったく例外的にしか存在せず，ほとんどすべてが国立（州立）大学であるドイツにおいても，大学を一つの「企業」（Unternehmen）のように取り扱うべきかどうかが議論され[29]，また社会民主党の連邦教育相は，大学教授の公務員身分（官吏＝Beamteとして終身的に保障された地位）を再検討し，業績に応じた待遇の差異化を可能にするために独自の「学術公務員法」を制定する意図を表明している[30]。

　「社会国家」は，経済システムしての資本主義（の矛盾）が「社会」を破滅させないように社会に安全装置を用意しようとするものである。経済システムは社会にとって基礎的な条件であるが社会そのものではない。大学は，社会に属するものであり経済システムの手段ではなく，それに従属したのでは社会に対する使命を果たすことができない。しかしまた大学は資本主義から超然と生きることもできない。社会国家も大学も，グローバル化する資本主義との緊張関係の中で[31]，その再構築を迫られている。

注
（1）　Aufbruch und Erneuerung-Deutschlands Weg ins 21. Jahrhundert. Koaltionsvereinbarung zwischen der Sozialdemokratischen Partei Deutschlands und Bündnis 90/Grünen. Bonn, 20. Oktober 1998.
（2）　B. Hombach, Aufbruch. Die Politik der Neuen Mitte, 1998, in: Der Spiegel vom 5. 10. 1998, Nr. 41, S. 40-43.
（3）　Der Spiegel vom 14. 6. 1999, Nr. 24, S. 22-30.
（4）　Der Spiegel vom 2. 8. 1999, Nr. 31, S. 29-30.

（5）『日本経済新聞』1998年11月23日朝刊。
（6） Deutschland No. 4/99, 1999, 日本版, pp. 6-7.
（7） Der Spiegel vom 2. 8. 1999, Nr. 31, S. 22-25.
（8） Der Spiegel vom 9. 8. 1999, Nr. 32, S. 58-61.
（9） ドイツ型社会国家を福祉国家の一類型として国際比較を行なうものとして次のものが参考になる。Gerhard A. Ritter, Der Sozialstaat. Entstehung und Entwicklung im internationalen Vergleich, 1989. 邦訳として木谷勤ほか訳『社会国家——その成立と発展』晃洋書房, 1993年。
（10） 加藤栄一「現代資本主義の歴史的位相」,『社会科学研究』第41巻第1号, 1989年, 1～35頁参照。
（11） Lorenz von Stein, Die Gegenwart und die Zukunft der deutschen Rechtswissenschaft und der Staatswissenschaft, 1876.
（12） ワイマル時代の代表的な論者として Hermann Heller, Rechtsstaat oder Diktatur, Recht und Staat in Geschichte und Gegenwart, Heft 68, 1930. マルクス主義からの社会国家批判として P. Lipinski, Der "Sozialstaat". Etappen und Tendenzen seiner Entwicklung, in: Unter dem Banner des Marxismus, 2. Jg. 1928, S. 377-418.
（13） 以上について, Iring Fetscher, Der soziale Staat, Der Spiegel vom 5. 7. 1999, Nr. 27, S. 66-77参照。
（14） 以下について, Peter Glotz, Der verkrustete Weg, Der Spiegel vom 31. 5. 1999, Nr. 22, S. 149-162参照。
（15） 1969年の社会・自由連立政権を生み出し、またそれによって推進された教育改革の政治社会学的分析として Kult Sontheimer, Zeitenwende-Die Bundesrepublik Deutschland alter und alternativer Politik, 1983, S. 175-187.
（16） マックスプランク研究所研究者グループ著／天野正治監訳『西ドイツの教育のすべて』東信堂, 1989年, 第10章参照。
（17） Hansgert Peisert/Gerhild Framhein, Das Hochschulsystem in der Bundesrepublik Dutschland, 1980, S. 12-29.
（18） Ingo Dienstbach/Hartmut Stieger, Die Justus-Liebig-Universit Gießen. Ein Universitätführer, 1982, S. 32-35.
（19） Entscheidungen des Bundesverfassungsgerichts, Bd. 33, S. 303ff.
（20） Der Spiegel vom 12. 4. 1999, Nr. 15, S. 58-107；木戸裕「ヨーロッパの大学にもランキング？——『シュピーゲル』誌の調査を中心に——」,『IDE』1999年3月号, 50～57頁；同「ドイツの大学ランキングと大学改革の課題」,『週刊教育資料』1999年1月4日号, 34～35頁, 1月11日号, 32～33頁。
（21） Daxner, Das neue Hochschulrahmengesetz-(k)eine Hoffnung auf Erneuerung?, Kritische Justiz, 1/1998, S. 30-43.

(22) 中央省庁等改革推進本部平成11年1月26日決定「中央省庁等改革に関わる大綱」。
(23) Lothar Zechin/Hanns H. Siedler, Globalhaushalt an Universitäten, Kritische Justiz 1/1996, S. 68-87.
(24) Der Spiegel vom 30. 11. 1998, Nr. 49, S. 78.
(25) Der Spiegel vom 24. 8. 1998, Nr. 35, S. 50.
(26) Der Spiegel vom 8. 12. 1997, Nr. 50, S. 38.
(27) 改正大学基本法については、ドイツ連邦教育・科学・研究・技術省のホームページ（http:/ww. bmbf. de）から1998年10月15日にダウンロードした資料によった。木戸裕「国際競争力をもつ大学へ——ドイツ・第4次改正大綱法が始動」、『内外教育』1998年9月25日、8〜10頁。
(28) 山本隆司「独立行政法人」、『ジュリスト』1999年8月1〜15日号、127〜135頁参照。
(29) Der Spiegel vom 11. 1. 1999, Nr. 2, S. 50-53.
(30) Der Spiegel vom 30. 11. 1999, Nr. 49, S. 78.
(31) グローバリゼーションと国民国家としての福祉国家の矛盾については広渡清吾「グローバリゼーションと日本国家」、『法の科学』第27号，1998年，8〜24頁で考察している。

第9章　脱社会主義と失業問題――七つの論点――

小森田　秋夫

　　はじめに

　1989〜91年を転機に，旧ソ連・東欧諸国では，社会主義的計画経済から資本主義的市場経済への転換（体制転換）が進行しつつある。このような転換の進捗状況を見ると，欧州連合への加盟が日程にのぼり，それへ向けた交渉が続けられているポーランド・チェコ・ハンガリー・エストニア・スロヴェニアのような国がある一方，国際的な背景をもった通貨危機に直撃され，大きな挫折を味わったロシアのような国もあり，一様ではない。しかし，そのような相違を超えて共通しているのは，体制転換が少なからぬ「社会的コスト」をともなっているということ，それぞれの国の内部で新しい経済システムに適応できている人びととできないでいる人びととの分岐が生じている，ということである。そのようなコストと明暗を示す最大の，目に見える現象こそ，大量の失業の発生にほかならない。

　失業問題は資本主義経済の随伴物であり，日本を含めて，今日改めてその深刻さを増している。旧社会主義国が資本主義経済へと転換しようとしている以上，その意味で失業問題の発生は自然の理とも言える。しかし，これらの国ぐにおいては，体制転換の直前までは「失業が存在しない」ということを前提に制度が組み立てられ，人びとの意識もそのことに適応してきただけに，短期間に大量の失業が発生するということは特別の重みをもった問題なのである。

本稿は，資本主義経済への移行期にある諸国における失業問題をめぐる論点を整理することを課題とする。個々の論点については，それぞれ実証的な分析が必要とされるが，ここでは問題の所在を示すことに力点を置く。また，問題をこれら諸国が共通に抱えるものとして示すことを意図しながらも，素材として用いるのは，主としてポーランドの事例に限られる。

1　「失業のない社会」の光と陰——社会主義経済と完全雇用——

社会主義諸国の憲法は，一様に「労働の権利」を謳っていた。たとえば，ポーランドの52年憲法（76年改正）第68条は，第1項で「ポーランド人民共和国の市民は，労働の権利，すなわち労働の量と質に応じた報酬を得て就業する権利をもつ」と定め，第2項で，この権利が「社会主義的経済システム，生産力の計画的発展，あらゆる生産要素の合理的利用，国民経済への科学技術進歩の絶えざる導入および職業的資格の形成と向上のシステム」によって保障されるとしていた。このような憲法の下で，労働能力のある者には労働の機会が与えられる完全雇用が，事実として実現されていた。実は，日本国憲法にも「すべて国民は，勤労の権利を有し，義務を負ふ」（第27条1項）という規定があるが，ほとんど忘れられているか無視されている。これに対して，社会主義諸国の労働の権利は，それなりの実体をともなうものであったのである。ただし，この点については，いくつかの説明を加えておく必要がある[1]。

第一に，工業を中心に，国民経済の圧倒的な部分は国有セクターによって占められていた。国有セクターは，国家予算によって直接に維持される予算部門（教育，医療，警察，軍隊，国家行政など）と，国庫から形式的には分離された独立採算的単位をなしている国有企業とからなっている。しかし，後者においても，生産は上級国家機関から指令として与えられた計画課題を配給された資材を用いて遂行するという形で行なわれていた（指令的計画経済）。モノとは違って，生きた労働力は行政的な配給の対象ではなく，各企業が労働契約を通じてそれぞれ雇用するという形になってはいたものの，賃金は中央集権的に

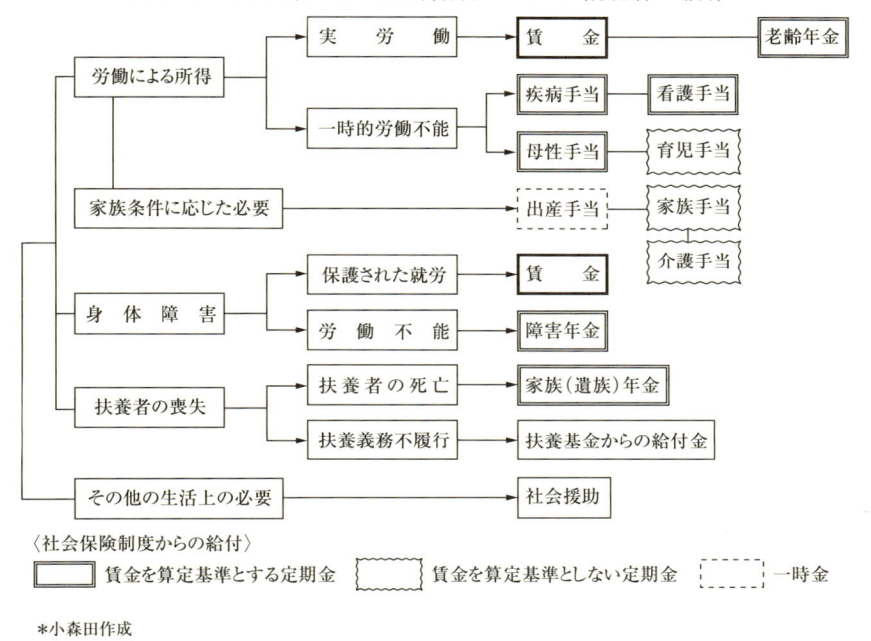

図9-1　社会主義の下での所得保障システム（労働者の場合）

```
労働による所得 ─┬─ 実　労　働 ──────── 賃　金 ──────── 老齢年金
                │
                └─ 一時的労働不能 ─┬─ 疾病手当 ── 看護手当
                                    └─ 母性手当 ── 育児手当

家族条件に応じた必要 ──────────── 出産手当 ── 家族手当
                                              ── 介護手当

身　体　障　害 ─┬─ 保護された就労 ── 賃　金
                └─ 労　働　不　能 ── 障害年金

扶養者の喪失 ─┬─ 扶養者の死亡 ── 家族（遺族）年金
              └─ 扶養義務不履行 ── 扶養基金からの給付金

その他の生活上の必要 ──────────── 社会援助
```

〈社会保険制度からの給付〉
　　□ 賃金を算定基準とする定期金　　〰 賃金を算定基準としない定期金　　┆ ┆ 一時金

＊小森田作成

決定され，労働条件も労働法典によって（最低基準としてではなく，直接に遵守すべき基準として）法定されていた。このような前提の下で，国家には，蓄積と消費への資源の配分を決定し，部門別に分化した賃金水準を決定することを通じて労働力の諸部門への流れを誘導し，賃金水準と年金水準との関係を定めることによって労働力の世代交代をコントロールし，貨幣所得を回収するのに適当な水準に消費財の価格と量を定め，教育や医療などのサービスを直接に組織することによってその水準を決定する可能性が，少なくとも制度的には与えられていた[2]。完全雇用は，国家が事実上の雇い主であるようなこのようなシステムによって支えられていたのである[3]。

　第二に，生活保障システム全体が，完全雇用を前提として組み立てられていた。図9-1のように，労働に応じた賃金を中核に，一時的に労働が不能な場合（傷病や妊娠・出産）には賃金に代わる手当が，老齢に達した場合には，一

定の労働経歴をもつことを条件に老齢年金が，いずれも本人の賃金を算定基準として支給され，家族的条件に応じた必要に対しては，賃金とは切り離された手当が支給される，という仕組みである。労働能力に問題のある障害者のための給付システムはあるが，恒常的な現象としての失業が消滅している以上，失業手当制度は廃止されていた。

　ここで重要なことの一つは，男性だけでなく女性もまた，原則として社会的労働に参加することが当然視されていた，ということである。したがって，所得保障をはじめとする生活保障システムも，家事・育児に専念する妻と子を養う男性労働者ではなく，夫婦共働き家族の構成員たる男女を基本的なモデルとするものとなっていた。女性もまた（家計補助的労働の担い手ではなく）一人前の労働者として扱われたが，それは男性もまた一人前の賃金しか受け取らないということと背中合わせであった。配偶者も働いている限り，家族手当の対象は主要には子どもということになる。妻の年金権も夫とは独立に発生した[4]。

　もう一つは，国有企業や予算部門の施設が，主として非金銭的な給付を行なうチャンネルとして重要な役割を果たしていた，ということである。企業・施設は，独自の事業所住宅，保養施設，保育園・幼稚園，診療所，職業学校，文化・スポーツ施設などを備えているのが普通であった。これらのサービスは，現役の従業員やその家族だけでなく，元従業員や年金生活者にも提供され，しばしば労働とは直接の関連をもたない生活上の多様なニーズにまで広がっていた。こうして企業は，現役・非現役の労働者とその家族が生存上の欲求の圧倒的な部分を充足すべき場所となっていたのである[5]。

　第三に，以上のような完全雇用は，経済的には，人的・物的資源の新規の投入によって生産の量的な拡大を図る，いわゆる外延的（extensive）発展という成長モデルの帰結であった。国有企業の業績評価の基準は，何よりも物量単位で測られるアウトプットであり，そのために資源をいかに効率的に利用するかは二義的な問題とされた。企業が独立採算的単位をなしている以上，会計上の計算も一応なされるが，黒字の大半は国庫に上納され，赤字は補助金によっ

て補填される仕組みであったから，支出を切りつめ，効率的な経営を行なうことによって利潤を増大させるという資本主義的企業のような動機は働かなかった。他の資材と同様，労働力についても，不測の事態があっても計画課題達成義務を確実に果たせるように，これをできるだけ抱え込んでおくのが企業の態度であった。

女性の社会的労働への参加が促されたのも，一つには，社会的労働への参加による経済的自立を女性解放の基礎的条件と見る思想（いわば「社会主義的フェミニズム」とでも言うべきもの）によるものであったが，そのような思想を経済的に裏打ちしていたのも，労働力に対する絶えざる需要を生みだす上記のような成長モデルにほかならなかった。資本主義経済に特有な景気変動がなく，したがって景気変動に応じて労働力の量を調節するためのいわゆる縁辺労働力が必要とされ，そこに女性が配置されるという構造が生まれなかったことも重要である。

しかし，ソ連でも東欧諸国でも，戦後復興が一段落する50年代後半あたりから，外延的成長路線の限界が意識されはじめ，効率を重視した内包的（intensive）発展という成長モデルへの転換（経済改革）が模索される。ここから先の歩みについてはソ連・東欧諸国のなかでもそれぞれ様相を異にしながらも，結局のところ，全体としてはこのような転換に成功しないままに，社会主義的経済システムそのものの放棄に立ち至ることになるのであるが，この過程で，かつては労働力は不足していると見なされていたのに対して，むしろ過剰に雇用されているのだという認識が徐々に広がっていった。過剰な雇用は，経済的には根拠のない「隠れた失業」であり，労働へのインセンティヴを阻害する「社会的雇用」（福祉的な理由で維持されている雇用）だと考えられるようになったのである[7]。

にもかかわらず，第4に，過剰な雇用の整理が公然たる失業につながるような労働力の効率的利用に踏み込むことは極めて困難であった。なぜなら，失業の一掃＝完全雇用の実現こそ，失業現象と手を切ることのできない資本主義に対して社会主義の「優位性」を主張することのできる最大のものであり，経済

的要因によっていったん実現された完全雇用を維持することは,体制そのものの正統性にかかわる政治的要請ともなっていたからである。人びとは,社会主義経済の提供する消費財の量と質の水準に対する不満感を高めていったが,完全雇用のもたらす——経済的変動から守られ,政治的異議申立てさえ慎めば奪われる恐れのない——「社会的安全」については,もはや空気のように意識すらしないものとなっていたのである[8]。

2 脱社会主義と失業発生の諸要因

1989年から91年にかけて,ソ連・東欧諸国では,社会主義を放棄し資本主義に転換するという政治的選択が相次いで行なわれた。先陣を切ったポーランドでは,89年9月に成立した『連帯』主導政府の副首相兼財務相の名をとって「バルツェロヴィチ・プラン」と呼ばれる政策プログラムを基礎に,同年末にあわただしく採択された法律パッケージに基づいて,翌年1月から資本主義への移行をめざす経済システムの抜本的改革が始められた。バルツェロヴィチ・プランは,インフレを沈静化し,財政赤字を削減し,ポーランド通貨ズウォティからの逃避(外貨経済化)を抑制することを目的とした経済安定化と,「高度に発展した諸国に存在するものに所有構造を接近させる所有改造」をはじめとするシステム変革という二つの柱からなり,相当数の失業者の発生を見込んだものであった[9]。しかし,失業率は政策立案者の想定を上回る規模で上昇し,ピーク時の93年には16.4%,実数にして290万人近くに達するに至った。

それでは,脱社会主義的転換と失業現象とのあいだには,どのような関連があるのであろうか。資本主義化する以上,失業の発生それ自体は自明のようにも見えるが,この点について,やや一般化しながら考えてみることにしたい。

脱社会主義的転換はまず,上からの指令ではなく市場における需給状況に反応しつつ,そこでの競争に勝ち抜くために効率的な経営を行なうことを経済主体(企業)に強いる。企業は,原則として補助金による赤字補填をもはや期待できない代わりに,「社会的雇用」を維持する責任からも解放されることにな

る（市場経済化）。脱社会主義的転換はまた，そのような経済主体として私企業が自由に市場に参入することを認めるだけではなく[10]，従来の国有企業を私有化することによって，私的セクターの支配的な経済構造を創出することを意味する（資本主義化）。大量の国有企業を私有化するのには多かれ少なかれ時間がかかり，したがって旧国有企業は，国有企業のままで，あるいは国庫を株主とする株式会社に姿を変えながらしばらく存続することもあるが，そのような場合でも，効率的な経営への圧力に確実にさらされてゆくのである。国有企業の私有化は，国家が事実上の雇い主として社会全体の雇用水準を左右することのできる地位を失うことを意味する。国家は，行政・教育・医療などのいわゆる予算部門においては雇い主であり続けるが，ここでも緊縮財政政策による縛りが働くことになる[11]。

こうして，失業は，対策の必要な政治問題ではあっても，体制そのものの正統性にかかわるものでは——さしあたり——もはやなく，むしろ新しい経済システムに不可避的に随伴する現象として「公認」されるに至る。失業をめぐる認識のこのような転換の指標となるのが，解雇規制の緩和と失業救済措置の制度化である。ポーランドでは，前述した89年末の法律パッケージの一部として，いわゆる集団解雇法と雇用法とが制定された。前者は，①事業所側の経済的理由，組織上・生産上・技術上の変更と関連して必要となった，②従業員1,000人以下の事業所では従業員総数の少なくとも10％，それを超える事業所では少なくとも100人という規模の解雇が，③一挙に，または3ヵ月以内に行なわれる場合を「集団解雇」と規定し，そのような集団解雇の手続きと被解雇者に対する補償措置とを定めたものである。また，後者は，失業者登録制度を導入し，失業手当の支給を含む各種の失業対策を盛り込んだものであった[12]。

失業の発生は不可避的であるとして，それでは失業の規模はどのような要因によって規定されるのであろうか。

まず，一方で，社会主義システムのもとで堆積した過剰雇用（「社会的雇用」）が＜放出＞され，他方では，市場メカニズムが働くことにより経済的必要に即した新しい雇用（「生産的雇用」）の場が生み出されて，放出された労働

者を＜吸収＞する，そして，やがては＜放出＞と＜吸収＞との差として「適度な」[13]水準の失業がもたらされる，というのが基底的な論理であろう。

そのうえで，ショックが大きいほど短かい期間と少ないコストで治療効果が上がるというのが，ポーランドにおいて典型的に現われた「ショック療法」の考え方にほかならない。それによれば，＜放出＞がどれだけ急速かつ徹底して行なわれたかが，改革の前進すなわち市場の論理の企業経営への浸透の指標として評価される。＜吸収＞が不十分で失業の水準が過度にわたることは好ましいことではないが，だからと言って＜放出＞を人為的に抑制すべきではなく，いかに市場の論理によって経済を活性化し雇用＜吸収＞力を高めるかという点に何よりも注意が向けられるべきだ，ということになる。

ところが，実際には，しばしば「体制転換リセッション」と呼ばれる経済の激しい収縮が生じ，失業を含む体制転換のコストは，「ショック療法」の立案者が当初想定した以上の規模に達した。このような現象の原因をどう見るかをめぐって，「ショック療法」の擁護者が病状（過去の遺産）のあまりの重さや想定外の事態の発生（コメコンの解体）を強調する傾向があるのに対して，その批判者は，「ショック療法」に含まれていた政策（短期にインフレを収束させることを最優先した総需要抑制策や性急な貿易自由化）それ自体の問題性を指摘する。いずれにしても，脱社会主義的な体制転換が，より多面的な要因によって規定された，前例のない複雑な過程であることは明らかである[14]。

しかし，このような不況もやがて底を打ち，経済は回復軌道に乗ってくる。それにつれて失業率もピークを過ぎ，減少の兆しが現われるとともに，春先には失業が減り秋口に再び増加するというような季節的循環も見られるようになる。しかし，この局面で明らかになるのは，失業率が低下し始めるとしても，ある程度以下にはなかなか下がらないということ，1年以上失業状態に置かれた長期的失業者の滞留が顕著な現象となるということである。短期的な解決の困難な，構造的失業が姿を現わすのである。

構造的失業の要因の一つは，労働力人口の動向である。ポーランドの場合，93年末の総人口は3,850万人，そのうちの生産年齢（男性は18〜64歳，女性は

18～59歳) の人口は58.0%で，80年の59.4%よりも下がっていたが，実数では110万人増えている。長期予測によれば，96年から2005年の10年間にはさらに190万人の増加が見込まれている (それ以降は，生産年齢人口の伸びは弱まり，高齢化が進行する)[15]。＜放出＞分に加えて，労働市場はこれだけの労働力を＜吸収＞する負担を負っていることになる。

　もう一つの要因は，産業構造の転換の必要性である。農業の比重の縮小，工業におけるハイテク産業化，サービス産業の比重の増大が求められているが，これらは，労働力の質の転換と部門的・空間的再配置とを必要とする。社会主義時代のポーランドでは，重工業と採掘産業を牽引力とする経済発展パターンと関連して，高い賃金をともなう肉体労働が重視され，このことが低水準と狭い専門化という職業教育の特徴と結びついていた[16]。このような旧来の教育システムの生み出す人材の質と新しい産業構造の求める人材の質とのミスマッチも，構造的失業の重要な原因の一つとなる。

　ところが，脱社会主義化は閉じられた国民経済の枠内で生じているのではなく，資本主義世界経済への開放＝接合をともないながら進行しており，しかも資本主義世界経済は資本・商品・労働力の移動の障壁を制度的・技術的に低くするグローバル化の様相を強めている。このようななかで，開放の程度と速度を単独で決定しうる主権国家の力能が弱められており，特に一連のポスト社会主義国の場合には IMF など国際金融機関の強いコントロールのもとに置かれている。ポーランドを含め，2000年代の遅くない時期に EU に加盟することを目標としている諸国の場合には，時間という要素を自ら抱え込んでいる。

　このような対外的要因は，上記のような国内的要因を増幅させ，失業問題にも多角的な影響を及ぼす。第一に，コメコンの解体による東側市場を対象としてきた産業への打撃と，貿易構造全体の西側へのシフト，第二に，貿易の自由化という条件のもとでの通貨レートの変動の輸出競争力への作用，第三に，石炭・鉄鋼などのリストラの加速化に対する圧力，第四に，労働力の国際的移動への影響[17]，最後に，全体として国際競争力の強化に対する要請の強まり，がそれである。

3 マクロ経済指標と失業率——国別の偏差——

　以上，主としてポーランドに即して失業発生のメカニズムについて考えてきた。そこで次に，ポーランドにおける失業率の時間的推移をその他のマクロ経済指標と合わせて改めて概観するとともに，他のいくつかの旧ソ連・東欧諸国のデータと比較し，国別の偏差の存在を確かめておくことにしたい（表9-1）。

　ポーランドでは，「ショック療法」開始の年の90年に11.6％という著しいGDPの落ち込みを経験し，翌年にもさらに7.0％低下した。同時に，登録失業者は90年はじめの5万人から年末には112万人（失業率6.3％）と急騰し，さらに上がり続けた。しかし，GDP成長率は92年から他の国に先がけてプラスに転じ，95年から97年までは6～7％台を維持した。生産のこのような回復はやや遅れて雇用状況にも反映し，失業率は93年の16.4％（290万人）まで[18]上がり続けたあと，翌年から減少に転じ[19]，97年には10％強の水準にまで下がってきた[20]。一方，インフレ率（消費者物価上昇率）は90年に劇的に上昇したあと，91年からは着実に低下し（とはいえ，なお10％台の水準にとどまっている），93年からは財政赤字も対GDP比3％未満という水準を一貫して維持している。しかし，GDPの安定的な成長，失業率とインフレ率の系統的な低下というこのような趨勢が，その後も一直線に続いているわけではないことに注意する必要がある。96年頃から貿易赤字が急速に拡大するなどの問題が生じ，98年にはGDP成長率の伸びが鈍化するとともに，失業率が再び上昇に転ずるという傾向が現われている[21]。

　失業率が急速に上昇したあと下降線をたどるという山形を描く点では，（ポーランドよりも山がなだらかであるとはいえ）ハンガリーも類似している。ただし，ハンガリーでは94年にGDPが上昇に転じたあとでもポーランドほどの伸びは見せず，財政赤字と貿易赤字の大きさに見られるような困難を抱えていた。インフレ率も，出発点でポーランドのようなハイパーインフレこそ経験しなかったものの，20％台の水準で推移していた。そこで95年に二つの赤字を

表9-1 旧ソ連・東欧諸国のマクロ経済指標

(単位:%)

GDP実質成長率

	1990	1991	1992	1993	1994	1995	1996	1997*
ポーランド	−11.6	−7.0	2.6	3.8	5.2	7.0	6.1	6.9
ハンガリー	−3.5	−11.9	−3.1	−0.6	2.9	1.5	1.3	4.4
チェコ	−1.2	−11.5	−3.3	0.6	3.2	6.4	3.9	1.0
スロヴァキア	−2.5	−14.6	−6.5	−3.7	4.9	6.9	6.6	6.5
ルーマニア	−5.6	−12.9	−8.8	1.5	4.0	7.2	3.9	−6.6
ブルガリア	−9.1	−11.7	−7.3	−1.5	1.8	2.9	−10.1	−6.9
ロシア	−3.0	−5.0	−14.5	−8.7	−12.7	−4.1	−3.5	0.8

消費者物価上昇率(年平均)

	1990	1991	1992	1993	1994	1995	1996	1997*
ポーランド	585.8	70.3	43.0	35.3	32.2	27.8	19.9	14.9
ハンガリー	28.9	35.0	23.0	22.5	18.8	28.8	23.6	18.3
チェコ	9.7	56.6	11.1	20.8	10.0	9.1	8.8	8.5
スロヴァキア	10.4	61.2	10.0	23.2	13.4	9.9	5.8	6.1
ルーマニア	5.1	170.2	210.4	256.1	136.8	32.3	38.8	154.8
ブルガリア	23.8	338.5	91.2	72.8	96.0	62.1	123.0	1,082.3
ロシア	5.3	92.6	1,526.6	873.5	307.0	197.5	47.8	14.8

失業率(各年末)

	1990	1991	1992	1993	1994	1995	1996	1997*
ポーランド	6.3	11.8	13.6	16.4	16.0	14.9	13.2	10.5
ハンガリー	1.9	7.8	13.2	13.3	11.4	11.1	10.7	10.4
チェコ	0.8	4.1	2.6	3.5	3.2	2.9	3.5	5.2
スロヴァキア	1.6	11.8	10.4	14.4	14.8	13.1	12.8	12.5
ルーマニア	—	3	8.2	10.4	10.9	9.5	6.6	8.8
ブルガリア	1.7	11.1	15.2	16.4	12.8	11.1	12.5	13.7
ロシア	—	—	4.8	5.7	7.5	8.8	9.9	11.3

出典:WIIW, Countries in Transition 1998(大津定美「労働市場とソーシャル・ネット」大津・吉井編『経済システム転換と労働市場の展開』4頁より引用)。
注:*印は速報値を含む。

削減するための思い切った措置(いわゆる「ボクロシ・パッケージ」)がとられた結果,97年からは4～5%のGDP成長率とインフレ率の低下という,積極的な傾向が現われてきている。

一方,チェコでは,インフレ率・失業率ともに低い水準を維持したまま,

GDP が（ポーランドよりは若干遅れたとはいえ）順調な回復を見せ，いわゆる「クーポン私有化」によって少なくとも形のうえでは早期に私有化を終了させたことと相まって，注目を集めた。しかし，97年春に至って通貨危機に見舞われ，GDP の成長が低迷するとともに，失業率も上がってきている[22]。

ロシアでは，失業率が確実に上昇したとはいえ，ポーランドやハンガリーほどの高水準ではなく一桁台で推移した反面，GDP もなかなか上向に転じず，低迷が続いていた。ところが，当初爆発的な水準に達したインフレ率が95年頃から急速に収束の兆しを見せはじめ，97年には GDP がようやく上向きに転じると見えたところで，98年夏に深刻な通貨危機に陥り，脆弱性を一気に露呈させた。失業についても，さらに増大する要因を抱えていると見られている。

以上四つの国の主要経済指標の動向について，より立ち入った分析を加えたり，そのほかの国をも比較の対象に加えることは，ここでの課題ではない[23]。以上の簡単な考察からさしあたり確認しておきたいのは，脱社会主義の過程にある諸国の経済動向を見る際，特定の経済指標にだけ着目するのではなく，多様な指標を総合的に視野に入れる必要があること，しかも，数年単位の変化ではなく，より長い時間的射程でものを見る必要があるということである。

失業率についていえば，さらに二つの点に注意しなければならない。一つは，各国における平均値として示される失業率の背後に，国内における少なからぬ偏差が横たわっているということであり，もう一つは，登録失業者についての統計によっては捕捉されない複雑な現象が広がっている，ということである。再びポーランドの場合に立ち戻って，考えてみよう。

4　失業者のプロフィール――地域・年齢・教育・性――

まず，最も大きいのは地域的な偏差である。平均13.2％（97年）という失業率の下で，ワルシャワ・クラクフ・ポズナンのような大都市を抱えた県が4～6％台の水準にとどまっているのに対して，グダンスク県を除く北部の諸県では25％前後に及んでいる[24]。第二次大戦後にドイツ領からポーランド領に変

わったこの地域では，追放されたドイツ人のあとに東部の旧ソ連領から移住した人びとを担い手として国営農場（PGR）が組織されていた。89年以降，PGRの大半は破産させられ，その打撃から未だに回復できないでいることが，高い失業率の主な原因となっている[25]。全体として，新規の労働力需要の多い大都市および＜放出＞の緩慢な農村部と比べて，小都市での失業率が高くなる傾向がある[26]。

年齢別では，特に若年層の失業が深刻である。18～19歳では50％前後の失業を記録し，全失業者の約4分の1を24歳以下の者が占めている。ここには，戦後の人口増の波の新たなピークに乗った世代が登場しつつあるという人口学的要因，職業教育制度が労働市場の要請に適合しておらず，また適合させるのに必要な将来予測も欠如しているという教育制度上の要因，青年に求職や職業変更の能力が欠けている状況の下で職業相談や職業紹介のシステムがうまく機能していないという雇用制度上の要因が重なり合っている[27]。

ポーランドの教育制度では，8年制の基礎教育学校を終えたあとの進学先は，普通教育学校（4年），中等職業学校（4～5年），基礎職業学校（3年）におおむね3分され，普通教育学校卒業生の約70％が大学に進学していた[28]。このうち，基礎職業学校卒業生の失業率が40％近くの水準に達しているのに対して，大学卒業生のそれは1～2％にすぎない。大学卒業生は労働市場において最も安定した部分となっており，特に銀行・保険・地方自治・法・資本市場など体制転換にともなって新たに生まれ，高度な専門資格を要する魅力的な職業の給源として重要性を高めている[29]。教育無料化の原則を高等教育においても維持すべきか否かが，社会政策上の鋭い争点となるゆえんである。

性別で見ると，失業率は男性よりも女性のほうが常に高い。失業率がピークに達した93年には男性13.6％に対して女性は16.5％，98年末の失業者のうち58.5％が女性であった[30]。職業学校に進学する者の多い男性と比べて，女性は大学に通ずる普通教育学校への志向が強かったが，その結果，教育水準は全体として女性の方が高くなる一方，かなりの女性が何らの職業的資格も持たないまま卒業するということになり，このことが労働市場における競争で女性を

不利にする一要因となっている(31)。さらに,市場経済の下で労働力のより効率的な利用を追求する使用者によって,女性は家庭責任を負った「負担つきの労働者」として差別的な扱いを受けるようになっただけではなく,保育園・幼稚園の激減により,職業生活を継続するための社会的条件も悪化した。その結果,家族内の誰かに子育てをまかせることのできないときは,より長時間の労働を覚悟してでも職業生活のコストを補いうるだけの相対的な高賃金を得て働き続けるか,職業生活を断念し,家族全体として低い所得に甘んじるかという分かれ道が生まれてきている,と考えられる(32)。

以上のように失業率の高い層は,失業が長期化し,労働の場から離れることによってますます就職の機会を狭くするという悪循環に陥る傾向も高い。たとえば,失業期間が3カ月以下の者は男性は38.2％,女性は19.4％であるのに対して,12カ月を超える者は男性27.1％,女性49.9％と,女性のほうが著しく長期化する傾向を見せている (98年) (33)。

最後に,失業率という数字の背後にある社会心理的な側面についても注意を向けておこう。

99年8月のなかば過ぎ,ロシア(カリーニングラード州)との国境から20kmのバルトシツェで,道路封鎖という抗議行動を行なっていた農民と警官隊との衝突を1,000人もの住民が取り囲み,住民の一部が石や歩道の敷石などで警官隊を攻撃する,という事件が起こった。この地域では,第一,第二の雇主であった織物工場と建設企業がいずれもつぶれ,ロシア人相手の商売が最大の収入源になっていたが,ロシアにおける98年夏の危機のあおりを受け,バルトシツェの失業率は郡単位で全国最高の29.7％に達していた。8,000人の失業者のうち,手当の受給資格をもっていたのは4分の1にすぎなかった。事件は,こうした希望のない状況の下で起こったのである(34)。

もう一つ例をあげると,ポーランドには「社会援助」という公的扶助制度があり,失業手当の受給期間の切れた失業者たちがここに救いを求めてきている。ある調査によれば,そのような失業者のなかに,「ニュー・リッチ」ならぬ「ニュー・プアー〔nowi biedni〕」とでも言うべき特徴的な人びとがいる,と

いう。これまではきちんとした仕事に就き，相対的な安心感をもって暮らすことを可能にする程度の所得を得，そこそこに設備の整った住居や，時として高価ではないが車ももっているような平均的人間であったのに，失業によって従来の暮らしを劇的に変えられてしまったのが，この人びとである。彼らは，罪もないのに犠牲となっていると感じ，熱心な求職の努力が実を結ばないとしばしば意気阻喪する。社会援助を受けるということは，人生における敗北の証拠にほかならず，援助を受けることを恥とする意識に苛まれている。心理的には，失業の痛みを最も強く感じているのが彼らであるにもかかわらず，生業に就くことをむしろ回避しながら，いわば制度に寄生しているごく一部の人たちほど援助を求める上で戦闘的ではなく，低資格で蓄えもなく，従来から恒常的に制度に依存せざるをえない人たちほど貧しくはないがゆえに，彼らが援助を受けられるチャンスはむしろ限られている，という(35)。

5 ＜隠れた失業＞と＜隠れた就業＞——失業の現実の規模——

　失業率についてのもう一つの論点は，登録失業者についての数字が，実質的に失業者と見なすべき者の数をどの程度正確に表現していると言えるか，という問題である。

　まず，登録失業者の数は，誰を登録失業者として認定するかという法制度によって左右される。この問題が国際比較に際して念頭に置かれなければならないのは言うまでもないが，一国の枠内においても，法制度上の定義や要件を変更することによって，登録失業者の数を変化させることができる(36)。ポーランドでは，89年12月の雇用法が，労働実績の有無を問わず，それまで労働関係になかった者にも最低報酬相当額の失業手当を支給するとしたため，申請が殺到した（専業主婦だった者や学卒者と考えられる）。そこで，90年7月には早くも法改正が行なわれ，登録に先立つ12カ月のあいだに少なくとも180日間労働関係にあった者などに受給資格が限定された(37)。これは，失業者の定義そのものではないが，このような変更が登録申請への動機づけに影響を及ぼし，

結局は登録失業者の数に何がしかの影響を及ぼすことは明らかであろう。
　より重要なのは，登録失業者以外の者のなかに，実質的には失業者と見なすべき者がいる可能性がある，という問題である。
　まず，①形の上では就業している労働者のなかに，過剰労働力でありながら，未だに放出されないでいる者が含まれている可能性がある（＜隠れた失業＞）。じゅうぶんな人員整理を行なわないままに赤字を増大させ，補助金に頼ったり租税や社会保険料の滞納などの問題を生みだしているとすれば（たとえば石炭業の場合），未放出の過剰労働力の存在について語ることができるかもしれない。ロシアでは，非自発的なパートタイム労働と強制的な（無給または一部有給の）休暇という現象が広がっており，「公式の」隠れた失業として注目されている(38)。
　次に，労働する能力も意思もありながら，就業の機会を維持または獲得する見通しが持てないために，労働市場からの撤退を形の上では自発的に選択している場合が考えられる（＜潜在的失業＞）。一つは，②年金生活への早期移行であり，ポーランドでは90年代のはじめに，年金財政に負担を与えながら制度的にこれを促進した(39)。もう一つは③前記のような環境に置かれた女性の，強いられた専業主婦化である。
　一方，④登録失業者や，場合によっては①の＜隠れた失業＞者のなかにも，事実上働いている者がいる。一定の限度でこれを容認する場合もありうるが，失業者としての地位と両立しないとする制度の下では，＜隠れた就業＞ということになる。また，⑤およそ公式の制度（労働契約や失業登録）によって捕捉されていない者による＜隠れた就業＞もありうる。これらの「グレイゾーン」現象が生まれる重要な原因は，賃金に付加された社会保険料などの負担を免れようとする動機が使用者側に働き，労働法上の保障のないヤミの雇用であっても失業よりはましという判断が労働者側でもなされる，ということにある。
　最後に，⑥失業者として登録されていながら，実際には働く意思のない者がいる可能性もある（＜名目的失業＞）。前述したように，失業手当の受給資格が緩やかであるなど，失業者としての地位そのものにメリットがある場合には，

図9-2 ＜隠れた失業＞と＜隠れた就業＞

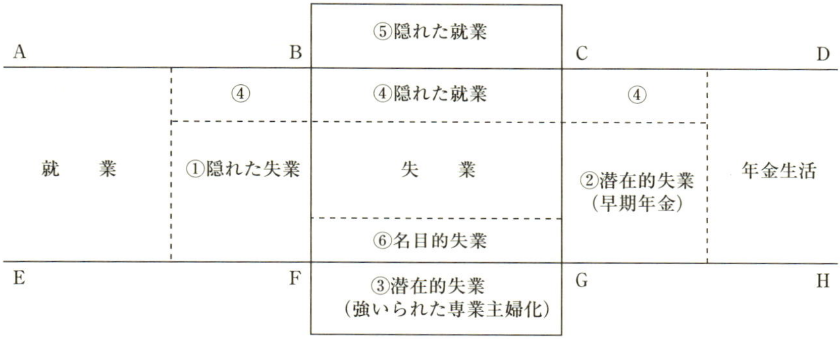

```
A           B   ⑤隠れた就業   C           D
                ④
                ④隠れた就業   ④
      ①隠れた失業
就　業           失　業       ②潜在的失業   年金生活
                            （早期年金）
                ⑥名目的失業
E           F   ③潜在的失業   G           H
                （強いられた専業主婦化）
```

ABFE：就業者
BCGF：登録失業者
CDHG：年金生活者

生じうる現象である[40]。

　これらの現象の発生原因と規模を探ることは，失業の実際の水準を明らかにし，国際比較を意味のあるものにするだけでなく，制度と現実とのズレに注意を促し，とられるべき政策についての示唆を与えることにもなるであろう[41]（図9-2参照）。

6　失業対策のモデル

　さて，旧社会主義国は，大規模な失業という，かつて直面したことのなかった新しい問題に，どのように対処しようとしているのであろうか。

　そこには，脱社会主義的な転換期に特有な方策を見ることもできる。たとえば，ポーランドでは，国有企業を私有化するために多様な方法がとられているが，その一つとして戦略的投資家に売却するという方法がある。その際，契約にあたって，投資についての約束とならんで，「社会的パケット」「エコロジー・パケット」と呼ばれる特別の条件を定める場合が多い。社会的パケットに含まれるのは，従業員の労働条件や従業員による自社株購入の促進にかかわる取り決めなどであるが，最も重視されているのが一定期間は雇用を維持する

という約束である。1～3年程度の所定期間内に雇用を吸収する力をつけることができないかぎり，人員整理を先送りするものにすぎないが，それでも私有化に対する従業員の同意を取りつける上で，一定の役割を果たしている[42]。

しかし，基本的には，すでに長年にわたって失業対策を試みてきた資本主義諸国と異なる特別な処方箋があるわけではない。だが，雇用問題に対してどのようなアプローチをとるべきかについての考え方の違いも存在している。ここでは，国際的動向を参照しながら最も包括的な雇用政策体系を提示しているM.カバイの主張を紹介しておこう（図9-3）。

カバイによれば，失業対策の目的は，①失業手当や社会援助によって失業の結果を緩和する，②失対労働・仲介労働[43]・職業訓練などを通じて失業者を一時的に活性化することにより，失業の結果を緩和する，③失業を生み出す要因を分析し，除去する，④有効需要の増大，投資，輸出の拡大，生産力の有効利用，小企業の発展などを通じて，社会=経済政策の有機的一部分としての生産的雇用促進戦略を打ち立てる，という四つに整理することができる。

これらのうち，①②に主眼を置いたものを，カバイは「労働市場政策モデル」と呼んでいる（①を目的とする消極的政策と②を目的とする積極的政策とに分かれる）。このモデルにおいては，失業対策の主要な手段は労働市場プログラムのための公的基金であり，政策の主要な執行者は労働省とそれに服属する公的雇用機関である。ここでは，雇用は経済過程の有機的一部分としてではなく，その残余的（residual）な問題として扱われている。②を含んだ労働市場政策モデルは，失業率が2～3％を超えない程度であった50～60年代にヨーロッパに現われたものであって，それを著しく超えるような構造的失業を想定したものではなかった，という。

これに対して，③④に主眼を置きながら，補完的機能を果たすべき①②をも包含するものとしてカバイが提起するのが，「マクロ経済的雇用促進モデル」である。これは，アメリカ・日本を含め失業対策で成功を収めている諸国で採用されているものとされる。このモデルにおいては，経済官庁が独自に下す決定の帰結（失業）のあと始末をもっぱら労働省が引き受けるというのではなく，

図9-3 マクロ経済的雇用促進モデル（M. カバイ）

マクロ経済的・セクター別・地域別雇用促進政策
1. 二重的経済発展戦略の手段・用具の策定
2. インフレを伴わない有効需要増大を刺激することによる雇用増大
3. 現存する職場の交替性の増大とよりよい利用による雇用増大
4. 耕地のよりよい利用と農村における加工業・手工業の発展による雇用増大
5. 投資の刺激と外貨準備の一部を経済成長のために利用することによる雇用増大
6. 手工業の発展を刺激することによる雇用増大
7. 中小企業の発展を刺激することによる雇用増大
8. 輸出と輸入の最適化による雇用の増大
9. 住宅建設の発展による雇用増大
10. リストラの促進と現存する職場の合理的な保護による雇用増大
11. 雇用への課税の縮小による雇用増大
12. 企業所得にたいする減税による雇用増大

労働市場プログラムの有効性の向上
1. 労働基金の利用効率の向上による雇用増大
2. 積極的諸プログラムへの支出分の増大とそれらの有効性の向上
3. 三者契約の導入と不足・過剰職業の恒常的モニタリングとによる失業者の訓練の著しい拡大とその有効性の向上
4. 資格を補うことを望む学卒者その他の失業者のための手当に代わる奨学金
5. 教育と労働需要との調整による学卒者の雇用機会の拡大
6. 労働市場における失業者の活性化（求職の動機づけの強化）による雇用拡大
7. 失対労働・仲介労働後の失業手当支給期間の12カ月から6カ月への短縮
8. 失業手当の動機づけ機能を高めるような失業保険制度改革
9. 雇用＝発展基金の創設と独立採算制への段階的移行

労働市場の規制緩和と弾力的雇用形態の拡大
1. 労働事務所の非独占化と民間職業紹介所の拡大
2. 失業率の低い都市での失業手当期間の6カ月への制限
3. ポストと労働時間のシェアリングおよび労働時間の組織形態の弾力化による雇用の可能性の拡大
4. パートタイム労働の拡大に資するような諸条件の創出
5. 応急的・短期的雇用の拡大．応急的雇用の専門的紹介所の設置
6. 労働資源の空間的可動性を促進する手段の拡大

雇用促進・失業縮小の制度的条件
1. 閣僚会議府に失業対策プログラムを調整するための官庁間グループを設置（副首相が指導）
2. 労働＝社会政策省に経済的決定の雇用への影響を分析する専門家グループを設置
3. 労働事務所における雇用構造を職業紹介・職業相談を強化する方向で修正
4. 訓練・失対事業・仲介労働・手当支給システムの研究・評価・有効性向上の方法の策定と導入
5. 地域雇用評議会の役割の強化
6. 労働事務所職員の訓練の拡大

出展：M.Kabaj, Efektywność makroekonomicznych programów przeciwdziałania bezrobociu, W：M. Bednarski（red.）, *Aktywne formy przeciwdziałania bezrobociu w Polsce. Narzędzia i instytucje,* Warszawa, 1996, s. 335-336にもとづき、一部簡略化して作成．

経済官庁による決定そのものが，雇用に及ぼす影響を考慮に入れながら，すなわち雇用に対する共同責任を負いながら行なわれるようにすることが重視されている[44]。

ポーランドにおいては，体制転換の当初からこれら二つのモデルが対抗していたが，政府によって採用されたのは基本的に「労働市場政策モデル」であった[45]。このモデルの枠内で，上記の①について，雇用に向かう努力を回避して手当に依存する層が堆積するのを防ぐために，手当の受給資格，手当の額，受給者に求められる規律をより厳しくしてゆく一方，②の方向をきめ細かくしてゆくことが試みられている。特に高い失業の脅威に見舞われている地域を指定し，特別な対策をとること，1年以上失職している者，単身で子どもを育てる者または配偶者も失業者である者，職業的専門をもたずまたは職業的資格が低い者，学校卒業者，国営農場の解散の結果として失職した者，刑事施設から出所した者，兵役を終えた者など，長期失業の脅威にさらされている者のための特別プログラムを実施すること，などがそれである[46]。しかし，すでに述べたように構造的失業の壁は厚く，「マクロ経済的雇用促進モデル」――その個々の構成要素の是非はともかく――のような広い視野で考えざるをえないことは確かであるように思われる[47]。

7 「早すぎた福祉国家」のゆくえ――改革か解体か？――

ポスト社会主義諸国における失業問題が示しているのは，競争という圧力から守られ，経済的停滞という犠牲によって贖われた＜社会的安全と相対的平等＞を特徴とする社会から，経済成長のもたらす豊かさへの希求によってつき動かされ，＜社会的リスクと拡大する不平等＞をともなう競争的社会への転換の過程が，急速に進行しつつあるということにほかならない。この過程は，完全雇用を前提として組み立てられてきた生活保障システムのさまざまな構成要素を揺り動かしている。

第一に，企業は「社会的雇用」を維持する責任から解放されただけではなく，

各種の福祉的機能をも経済合理性という観点から見なおし，重荷となる機能（たとえば保育園や住宅）をさしあたり(48)放棄しようとしている（＜企業福祉＞の縮小）(49)。これらの機能が企業に付着していることは，労働者の放出を社会的に困難にする要因となるから，企業福祉の縮小には，労働力の流動性を高めるための条件整備という意味づけも与えられている(50)。

　それでは，企業が切り離した福祉機能の受け皿は，どこかに用意されるのであろうか。

　一つの可能性は，福祉が市場原理に従う私的ビジネスの対象となる，という方向である（＜企業福祉＞から＜福祉企業＞へ）。市場経済化が，長期的にはそのような福祉企業の顧客となりうる層を着実に増やしてゆくことは事実であろう。しかし，この道が福祉サービスへのアクセスをめぐる格差を拡大する道であることも確かである。そこで，もう一つの，より平等主義的な可能性は，地方自治体が受け皿となるという方向である（＜企業福祉＞から＜地域福祉＞へ）。地方自治の再生・強化は，中央集権的な社会主義時代の統治システムから脱却する上での主要課題の一つとなっている。しかし，再生途上にある地方自治体がこのような機能を財政的に支えきれない危険性，あるいは地域的な経済格差がそのまま地方自治体間格差となって現われる危険性も，決して小さなものではない。

　第二に，年金制度も抜本的な改革の対象となっている。有力となっている改革の方向は，①強制保険の捕捉対象を所得の一部に限定し，他の部分を任意の私的年金（企業年金を含む）に振り向けることを奨励する，②社会保険における社会連帯的要素を薄め，年金給付と保険料負担との対応関係を個人単位で強化する，③年金の支給開始年齢を引き上げるか弾力化する，というものである。このような改革は，社会の高齢化を控えて，肥大化した公的な年金負担を縮小するという必要によって迫られたものであると同時に，有価証券市場における機関投資家として機能する私的な年金基金を，年金制度の中心的な担い手の一つとして作り出すことをも狙いとしている(51)。これは，現役時代に生ずる所得や労働経歴の格差を老後にもおおむね直線的に延伸するものであると同時に，

老後における給付の水準を市場の生み出す不確実性に委ねるものでもあるが，ポーランドはすでに，99年1月からこのような新しい道に踏み出している。

第三に，社会主義時代の公的扶助（ポーランドでは「社会援助」と呼ばれる）制度は，労働能力ある者は労働所得によって生きることができるという前提のもとで，物質的援助の制度としては，社会保険などの制度から漏れているか，それに基づく給付が不十分であるために物質的必要を充足することのできない重度の障害者や子だくさんの家族，あるいはアルコール依存症，犯罪，家族の崩壊など主として社会的病理現象と結びついた困難を抱えた人びとを主な対象とした，周辺的な制度にとどまっていた。同時に，高齢化の進展や多世代家族の崩壊にともなって，家族状態や健康状態を理由としたさまざま人的サービスの形での援助の必要性が高まっていることも自覚されつつあった[52]。

しかし，脱社会主義化は，大量の失業者，とりわけ失業手当の切れた長期失業者をはじめとする新しい貧困層を生みだし，彼らの生活を支える最後の砦としての社会援助制度の役割をクローズアップしている[53]。さらに，上記のような方向での年金改革は，将来，「年金だけでは食べていけない」高齢者を生みだし，その一部を社会援助制度に向かわせることになるかもしれない。とすれば，ますます高まる高齢者や障害者などに対する地域や施設での人的サービスの必要性と競合する。ここではカトリック系団体を含む非政府組織（NGO）が新しい担い手として登場しており[54]，NGOや＜福祉企業＞と地方自治体を担い手とする社会援助制度との役割分担のあり方が問われてゆくであろう。

第四に，失業問題は家族にも多面的な影響を与えている。失業者（特に長期失業者）を抱えた家族は，所得の低下，健康への悪影響，いらだち・不眠症・恐怖・うつのような心理的症状，アルコール依存症，失業によって失われた権威を近親者への暴力によって代替的に誇示しようとする傾向，子どもの養育環境の悪化，そして離婚など，数多くの困難を抱えている[55]。このようななかで，早期に年金生活に移行した祖母が孫の面倒をみたり，相対的に高水準の年金を得ている親が子の家計を助けたりする世代間援助の重要性が高まってい

る(56)。

　重要なのは，社会政策の想定する家族モデルのゆくえである。社会主義時代には，夫婦が共働きでそれぞれ一人前の賃金を受け取り，家事・育児の仕事はしだいに社会の手に委ねてゆくというパートナー的家族が，公式に認められた家族モデルとなっていた。同時に，男性は家族を養い，女性は子どもを産み育てることを主要な役割とするという伝統的な家族モデルも根強く維持されていた。現実の家族はこれら二つの家族モデルの混合形態をなし，夫婦共働きと働く妻による家庭内労働というストレスをはらんだ組み合わせが支配的であった。市場経済化が労働市場における女性のハンディキャップを顕在化させた今，労働市場における男女平等の徹底を，家庭内における性別役割分業の克服と結びつけて追求する立場と，女性の専業主婦化をむしろ本来的な姿への回帰と見なし，それに沿って賃金・手当・租税などの諸制度を組み替えてゆこうとする立場とがせめぎ合っている(57)。

　ハンガリーの経済学者J.コルナイは，社会主義時代のハンガリー，とりわけ70年代以降における社会＝経済政策を「早すぎた福祉国家」と特徴づけている。外国や"明日"の世代への負債を膨らませながら"今日"の消費を重視し，経済的能力を上回る社会支出を行なっている国家，というのがその意味である。コルナイは，そのような国家の形成を，何よりも56年の悲劇的事件の記憶に由来する「平和と安寧」への志向という特殊ハンガリー的な条件に即して説明している(58)。この時期のポーランドにおける社会＝経済政策の歩みはより起伏（ブームと危機）に満ちており(59)，ハンガリーのような「共産主義的グヤーシ」と称されるほどの安定した消費生活水準について語ることはできない。にもかかわらず，ポーランドもまた，失速していった経済の土台の上に，ある種の「福祉国家」的システム（国家的生活保障システム）を築いてきたことも，冒頭で述べたように事実である。しかも，91年以降は，対GDP比の社会支出でハンガリーに追いつき，旧ソ連・東欧諸国のなかでは最高水準の30〜32％に達している（ただし，早期の年金移行を促し，しかも対賃金比約70％という高い給付水準を保障したため，社会支出の約50％を年金支出が占めるという不均

衡な支出構造がもたらされた)⁽⁶⁰⁾。ここからどこへ向かおうとしているのであろうか？

どこへという問いについて考えるとき，避けて通ることのできないのが，経済のグローバル化という要因である。グローバル化は，国家の壁によってぼかされていた国際競争力の差をあぶり出す。EUという共通市場への参入を目指すポーランドにとって競争力の源泉となっているのは相対的な低賃金であるが，その賃金のEU諸国よりも急速な上昇傾向と賃金外の労働コスト（特に賃金の45％にも及ぶ社会保険料）の重さは，低賃金効果をますます打ち消しつつある。こうして，企業の租税・租税外負担の軽減が，競争力を強化するためにも，そして失業を減らすためにも不可避の課題として提起されている⁽⁶¹⁾。これが，社会支出全体の切りつめと支出構造の変更（年金から教育など「人的投資」への重点移行）という課題と連動することは言うまでもない⁽⁶²⁾。

果たして「早すぎた福祉国家」は"解体"されなければならないのであろうか，それとも"改革"を必要としているのであろうか？ その"解体"は，ポスト社会主義の新しいシステムに対する社会の信頼，正統性を掘り崩すことにはならないであろうか？ それでは，"解体"と"改革"とは何によって区別されるのであろうか？ 自治体は，企業は，非政府組織は，家族は，どのような役割を受け持つべきなのであろうか？⁽⁶³⁾ 問いは尽きない。

注
（１） 本項の内容について詳しくは，小森田「ポーランドの社会福祉」（『世界の社会福祉②ロシア・ポーランド』旬報社，1998年）239～261頁を参照。一部，同書と記述の重なる点があることをお断りしておく。
（２） 実際には，このような可能性を現実のものとすべき国家の計画化能力には限界があり，また独自の利害をもった企業や個々の労働者が常に上からの指令どおりに行動するわけでもないので，指令的計画経済の「計画性」の水準を過度に強調し，単純化された像を描くことは適切ではない。いま，この点に立ち入ることはできないが，社会主義経済の実像に迫る上では，欠かすことのできない視点である。
（３） 農業について言うと，ソ連では宅地付属地における副業をともなう協同組合

（コルホーズ）と国有企業（ソフホーズ）とによってほぼ覆いつくされていた。しかし，56年に集団化政策を放棄したポーランドでは，社会主義諸国のなかでは（ユーゴスラヴィアとならんで）例外的に個人農が支配的であり，そのまま今日に至っている。
(4) 必要とされる労働経歴は男性25年に対して女性は20年，年金年齢はそれぞれ65歳と60歳というように，5年の差がつけられていた。このような格差は，社会主義時代には女性に対する「特典」として当然視されていた。
(5) このような構造のいっそう徹底した形態が，中国におけるいわゆる「単位主義」である。鈴木賢によれば，単位とは「労働を媒介として全人民を組織化し，政治・行政・経済・思想のあらゆる面から支援・管理・支配する現代中国の政治体制の基層システム」にほかならない（木間正道・鈴木賢・高見澤磨『現代中国法入門』有斐閣，1998年，251頁）。
(6) このような仕組みが，企業の大規模化に適合的であること，企業間格差をともなうこと，「企業城下町」的地域を生みだしやすいこと，にも注意しておこう。
(7) 問題の性格上，「過剰」の規模を一義的に算出することは不可能である。このテーマを先駆的に取りあげたある論者は，①経済的に正当化しえない女性の「慈善的雇用」，②人為的に短縮された労働時間，③利用されていない労働時間，④国家行政の「人口過剰」，⑤軍隊の不必要な拡張，⑥不適格な者の勉学継続のそれぞれについて，80年代の時点での「隠れた失業」の規模を試算し，合計すると社会化セクターにおける雇用の50％に達する，と論じた（J. Nowicki, Paradoksy pełnego zatrudnienia w Polsce, Warszawa, 1990, s. 63-72）。このいささか挑発的な議論も，産業構造上の問題にはふれていない。
(8) このような前提を脅かす失業について公然と語ることはほとんどタブーに近く，事実上それについて論じる場合でも，89年に始まる転換の前夜まで，「一時的に仕事のない（czasowo pozostający bez pracy）」といった婉曲な言い回しが好まれていた（Z. Góral, M. Włodarczyk, Prawne problemy rynku pracy, w: H. Lewandowski (red.), Polskie prawo pracy w okresie transformacji w oświetleniu prawa wspólnotowego, Warszawa, 1997, s. 149）。
(9) バルツェロヴィチ・プログラムについては，前掲小森田「ポーランドの社会福祉」272～275頁を参照。
(10) ポーランドでは，このことはすでに88年12月の経済活動法によって認められていた。小森田「ポーランドにおける『経済活動の自由』の原則の確立——社会主義と『規制緩和』」（橋本寿朗・中川淳司編『規制緩和の政治経済学』有斐閣，2000年）を参照。
(11) ただし，教育・医療という公的サービスの水準を急速に低下させることは困難なので，ここでは人員削減よりも賃金抑制という対応がなされる可能性が高い。

(12) 前掲小森田「ポーランドの社会福祉」321～324頁，吉野悦雄訳・評注『ポーランドの雇用法と解雇法』日本労働研究機構，1990年を参照。
(13) ある論者は，5～7％程度の摩擦的失業は，社会的に許容されるだけでなく，労働規律を強化し，働き口をめぐる競争を生み出すことによって「人的資本」への投資（教育）への関心を高め，労働力の再配置を必要とするリストラを促進するなどの経済的メリットがある，と述べている（E. Kryńska, *Socjalne skutki zmian w zatrudnieniu i dochodach z pracy w okresie przebudowy*, Warszawa, 1999, s. 29-30）。
(14) 「ショック療法」に批判的な立場からの問題整理として，佐藤経明『ポスト社会主義の経済体制』岩波書店，1997年，159頁以下を参照。
(15) P. Bożyk, *Polityka gospodarcza Polski 1985-2000*, Warszawa, 1995, s. 102-103.
(16) Kryńska, *op. cit.*, s. 24.
(17) ポーランドでは，社会主義時代の末期から西側，特にドイツへの出稼ぎが盛んであった。EU加盟が実現し，しかも労働力の自由移動の原則がそのまま適用されれば，労働人口減が予測されているEU諸国の労働市場がポーランドの膨れ上がる労働力を吸収してくれる，という期待もないわけではない（Bożyk, *op.cit.*, s. 104）。しかし，西側でポーランド人に提供される労働が魅力の乏しい低賃金労働となる反面，高度な資格をもった西側の人材が国内でポーランド人労働者を駆逐するのではないか，という危惧も語られている（G. Zielińska, Problemy pracy w perspektywie XXI wieku, w: Instytut Pracy i Spraw Socjalnych, *Praca i polityka społeczna w perspektywie XXI wieku*, Warszawa, 1998, s. 27）。
(18) もう少し小刻みに見ると，94年のはじめがピークであった。Kryńska, *op. cit.*, s. 18.
(19) 94年には同時に，仕事を失う前に私的セクターに雇用されていた失業者が増加する，という現象が観察されている。国有セクターから吐き出された者がより労働集約的な私的セクターによって吸収されるという流れだけでなく，私的セクターにおける雇用もまた不安定であり，新たな失業の発生源となっているのである（G. Koptas, Polityka wobec bezrobotnych, w: S. Golinowska (red.), *Polityka społeczna w latach 1994-1996*, Warszawa, 1996, s. 265）。
(20) GDPの下降局面では失業率も急速に上がっているが，前者の低下の度合いのほうがより大きい。また，GDPが上昇しても，失業率の低下の度合いはよりゆるやかである。雇用は，GDPの変化に対して，弾力性がより少ないのである。
(21) Główny Urząd Statystyczny, *Bezrobocie rejestrowane w Polsce I kwartał 1999*, Warszawa, 1999.
(22) いわゆる中欧諸国における最近の経済動向については，『中欧諸国の移行期経済の展開と投資環境』ロシア東欧貿易会，1999年を参照。

(23) 大津定美「労働市場とソーシャル・ネット」,大津定美・吉井昌彦編『経済システム転換と労働市場の展開——ロシア・中・東欧』日本評論社,1999年,3～6頁を参照。
(24) 前掲小森田「ポーランドの社会福祉」296頁を参照。
(25) はっきりとした地域的偏差は,たとえばハンガリーでも見られる。失業率の高い東部と低い西部とに分岐し,96年では,首都ブダペシュトの5.1％に対して東北部のサボルチ・サトマールでは18.6％に達している（田中宏「ハンガリーの体制転換期における労働市場」,大津・吉井編『経済システム転換と労働市場の展開』238頁を参照）。
(26) Kryńska, op. cit., s. 26.
(27) Koptas, op. cit., s. 274-275, S. Golinowska i inne, *Dzieci w trudnych sytuacjach*, Warszawa, 1996, s. 60-61.
(28) Głowny Urząd Statystyczny, *Mały rocznik statystyczny 1999*, Warszawa, 1999, s. 161, 165. 99年9月から,6.3.3制に改める教育改革が始まっている。
(29) Kryńska, op. cit., s. 24-25.
(30) Głowny Urząd Statystyczny, op. cit., s. 106.
(31) R. Siemieńska, *Kobiety: nowe wyzwania. Starcie przeszłości z teraźniejszością*, Warszawa, 1996, s. 12.
(32) 前掲小森田「ポーランドの社会福祉」379～381頁を参照。
(33) Głowny Urząd Statystyczny, op. cit., s. 106.
(34) *Gezata Wyborcza*, 21-22. 08. 1999.
(35) 前掲小森田「ポーランドの社会福祉」366-367頁。終身雇用を前提に人生設計してきたにもかかわらず,突然リストラに見舞われることになった日本のサラリーマンの境遇に,一脈通ずるところがあるのではなかろうか。
(36) 現行法である「雇用および失業防止についての法律」（94年12月）の定める失業者の定義については,田口雅弘「ポーランドにおける失業問題の基本構造」,大津・吉井編『経済システム転換と労働市場の展開』182～183頁を参照。
(37) その後,96年12月に,1年半のあいだに365日と要件がいっそう厳しくされた（前掲小森田「ポーランドの社会福祉」324頁）。
(38) 前掲大津定美「労働市場とソーシャル・ネット」9～10頁,S. アウクツィオンニュク,S. カペリシュニコフ「ロシアの企業はなぜ労働力抱え込みを続けるのか」,大津・吉井編『経済システム転換と労働市場の展開』を参照。もっとも,どこまでを"本来は"放出されるべき"過剰な"労働者と見なし,それが残っていることを"不正常"と考えるかは,必ずしも自明ではない。たとえば,労働者の同意や賃金水準の問題はあるにせよ,ワーク・シェアリングのような形をとってでも人員整理をできるだけ回避することが,失業にともなう直接的コスト（手

当などの費用）や間接的コスト（社会的安定に及ぼす否定的影響）をも考慮すれば，より望ましい選択と判断されることがありうるからである。

(39) 前掲小森田「ポーランドの社会福祉」338〜339頁を参照。
(40) 田口雅弘氏は，①〜⑦のような現象の規模を推計した上で，「ポーランドの失業問題は統計数字に示されているほど深刻ではない」という主張を裏づける材料もこれを反駁する材料も存在する，と結論づけている（前掲田口論文，164〜175頁を参照）。
(41) ポーランドでは，雇用法制の引き締めによって④や⑥の問題に対処しようとしている（小森田「ポーランドの社会福祉」325〜325頁を参照）。しかし，「グレイゾーン」を解消するためには，社会保険料負担をはじめ労働コストの軽減を図ることが何より必要である，という主張が有力になされている。
(42) A. Dobroczyńska i inni, *Prywatyzacja kapitałowa w Polsce,* Toruń, 1998, s. 92-104.
(43) 失対労働（robota publiczna）は，地方自治体または政府行政機関がその資金によって組織する作業を遂行するための雇用，仲介労働（praca interwencyjna）は地区労働事務所と使用者との契約に基づき，12カ月を上限として使用者に賃金・社会保険料の補助を与えて行なわせる雇用。
(44) M. Kabaj, Efektywność makroekonomicznych programów przeciwdziałania bezrobociu, w: M. Bednarski (red.), *Aktywne formy przeciwdziałania bezrobociu w Polsce. Narzędzia i instytucje,* Warszawa, 1996, s. 310-311.
(45) *Ibid.,* s. 311-314.
(46) 詳しくは，前掲小森田「ポーランドの社会福祉」322〜327頁を参照。また，障害者雇用のための特別の制度とその問題点については，同じく448〜453, 466〜469頁を参照。
(47) カバイは，ポスト社会主義諸国のなかで「マクロ経済的雇用促進モデル」を採用した国としてチェコを挙げている（Kabaj, *op.cit.,* s. 311）。チェコにおける前述したような失業動向に照らし，検証が必要である。
(48) 優秀な労働力を確保するための吸引力として，手厚い企業福祉が改めて見なおされるときが来るかもしれない。
(49) 前掲小森田「ポーランドの社会福祉」297〜300頁を参照。
(50) 世界銀行『世界開発報告1996――計画経済から市場経済へ』1996年，78頁を参照。
(51) 詳しくは，前掲小森田「ポーランドの社会福祉」338〜350頁を参照。
(52) 詳しくは，同上，248〜255頁を参照。
(53) 詳しくは，同上，355〜374頁を参照。
(54) 詳しくは，同上，300〜306頁を参照。
(55) Kryńska, *op. cit.,* s. 31.

第9章　脱社会主義と失業問題　235

(56)　J. スピンスカが，高い年金給付と低い児童給付との不均衡のような社会政策の誤りを是正する緩衝装置としての非公式セクター（ここでは家族）の役割という文脈で，「ポーランドのおばあさん」とならべて「日本の温情主義的な使用者」を引き合いに出しているのは興味深い（J. Supińska, Zdemontować welfare state?, w: Instytut Pracy i Spraw Socjalnych, *op. cit.*, s. 314）。
(57)　詳しくは，前掲小森田「ポーランドの社会福祉」311～313頁を参照。
(58)　コルナイは，「平和と安寧」を最優先する経済政策は90年以降も政治的立場を超えて継承され，95年3月の安定化プログラム（「ボクロシ・パッケージ」）に至ってようやく転機が訪れる，という見方を示している（J. Kornai, *Stabilizacja i wzrost w procesie transformacji. Przypadek gospodarki węgierskiej*, Poznań, 1998, s. 149-167）。コルナイの「早すぎた（早産の）］福祉国家」論とそれに対するハンガリー国内における批判については，堀林巧「ポスト共産主義転換期社会政策論——いくつかの所説紹介を中心に」『金沢大学経済学部論集』第19巻第1号，1998年を参照。
(59)　小森田「脱社会主義と生活保障システムのゆくえ——ポーランドの場合」，東京大学社会科学研究所編『20世紀システム5　国家の多様性と市場』東京大学出版会，1998年，248～259頁を参照。
(60)　このことを強調する労働・社会問題研究所長のS. ゴリノフスカは，コルナイと同様に社会支出の切りつめの必要性を主張するポーランドにおける代表的な論者となっている。S. Golinowska, Państwo opiekuńcze w Polsce na tle porównawczym, w: Instytut Pracy i Spraw Socjalnych, *op. cit.*, s. 237, 241。
(61)　97年9月の議会選挙の結果として成立した連帯選挙行動・自由同盟連立政府において，自由同盟党首として副首相兼財務相に復帰したバルツェロヴィチは，所得税率の軽減と累進性の廃止を目指す「租税革命」を提起した（J. Baczyński, J. Mojkowski, Wielka rewolucja podatkowa Balcerowicza, *Polityka*, Nr. 36, 5. 09. 1998）。
(62)　経済のグローバル化が福祉国家に及ぼすインパクト，そこから生まれる福祉国家の諸類型との関連でのポーランドの位置について，前掲小森田「脱社会主義と生活保障システムのゆくえ——ポーランドの場合」268～271頁を参照。また，アメリカ・日本と比べて高い失業率に悩むEU自身が，「成長・競争・雇用に関する白書」（1993年）において，強制社会保険料のアメリカ・日本なみの水準への引き下げを提起している（Golinowska, *op. cit.*, s. 239）。同白書については，前田充康『EU拡大と労働問題』日本労働研究機構，1998年，76～80頁を参照。
(63)　98年1月に労働・社会問題研究所の35周年を記念して行なわれたシンポジウム「21世紀を展望した労働と社会政策の諸問題」での結語において，スピンスカは，福祉国家の将来について，いかなる原理主義にも陥ることなく，綱渡りをするよ

うに慎重な態度をとるべきことを主張している（Supińska, *op. cit.*, s. 312）。

第10章　失業のマクロ経済学入門

大瀧　雅之

はじめに

　この小論の目的は，経済学における失業の発生メカニズムを平易に紹介することにある。失業に対する経済学の考え方を大別すれば，失業それ自身がまったく問題ではないとする考え方と，それは労働という資源の空費であって大きな問題であるという二つの考え方がある。

　前者の考え方をとるシューレを新古典派経済学（neoclassical economics）と呼び，後者をケインズ経済学（Keynesian economics）と呼ぶ。本論では，これら二つの考え方の違いを基礎的なミクロ経済理論によって説明する。そしてさらに，最近のより進んだ議論として，労働者の動機付け（incentive compatibility）の問題を中心とした失業の理論について解説を加える。

1　新古典派経済学の考え方

　まず，人はなぜ雇われるのかという初歩的な問いから始めよう。人を雇うのは企業であるが，企業は決して慈善のために人を雇うわけではない。企業の目的はあくまで利潤の追求であり，ものを生産しそれを売ることで儲けるために，企業は存在するのである。

　そしてその利潤追求の過程において，人を雇わなければならないから，企業

図10-1　生産関数

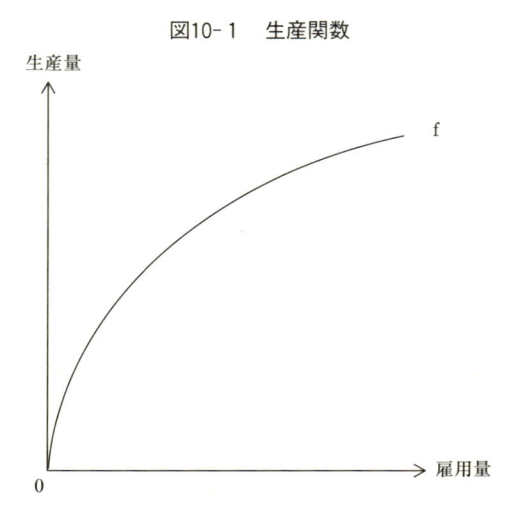

（生産量／雇用量のグラフ、曲線 f）

は求人するのである。したがって，企業は自らの利潤が最も大きくなるように，雇用水準を決めようとすることになる。最近の深刻な不況で，リストラと呼ばれる人員削減が声高に叫ばれているのも，不況でものが売れないために，余分な生産を控えようとする結果，余剰人員を削減しようとしているのである。

したがって労働の需要，言い換えれば求人水準が，どのようなメカニズムによって決定されるかを知るには，企業の利潤と雇用水準のあいだの関係を知らなければならない。さてそこで企業の利潤は，

$$利潤 \equiv 製品の価格 \times 生産量 - 賃金 \times 雇用量 \qquad (1)$$

という関係がある。さらに製品の生産量と雇用量の間には，図10-1に見るように，

$$生産量 = f(雇用量) \qquad (2)$$

という生産関数（production function）という関係がある。

図10-1の生産関数が右上がりの曲線であるのは，より多くの人々を雇えば，それにともなって製品の生産量も増加するからである。さらに生産関数の接線の傾きが次第に小さくなっているのは，追加的に人を1人余分に雇ったときの生産量の増加が，次第に低下することを表わしている。すなわち，企業の経営能力や工場などの資本設備に限界があるとき，たとえ雇用を増加させたとしても，労働の効率は，次第に低下すると考えることが自然なのである。これは経

済学的には，限界生産力逓減の法則を呼ばれている。
　さて，生産関数(2)を利潤の定義式(1)へ代入すると，

　　利潤≡製品の価格×f(雇用量)－賃金×雇用量

という関係が得られる。したがって利潤が最大となる雇用量は，

　　労働1単位当たりの利潤の増加≡
　　製品の価格×(生産量の増加／雇用の増加)－賃金＝0

という条件を満たすことになる。すなわち，これ以上雇用を増やしても利潤が増えないところまで，雇用を増やすことで利潤を最大とすることができるのである。上式を書き換えると

　　生産量の増加／雇用の増加＝賃金／製品の価格≡実質賃金　　(3)

となる。左辺は雇用を1人だけ増やすことでどれだけ生産が増加するかを表わしており，労働の限界生産力（marginal products of labor）と呼ばれる概念である。これに対して右辺は，貨幣ではなく製品の単位で測った賃金で，実質賃金（real wage）と呼ばれる概念である。すなわち，労働の限界生産力と実質賃金が等しくなるように雇用を決定することで，利潤を最大化できるのである。
　ところで労働の限界生産力は，(2)の生産関数の仮定より，雇用水準の上昇とともに低下するから，縦軸に実質賃金を横軸に雇用水準をとると，(3)の公式を満たす労働需要量は図10-2のDD曲線のように，右下がりの曲線となる。これが労働の需要曲線である。言い換えれば，経済全体でどれだけ人を雇おうかという労働の需要は，実質賃金の上昇とともに低下することとなる。
　これに対して労働の供給，すなわち経済全体で働きたいという人数は，どう決定されるのだろうか。ここで考えなくてはならないことは，人は何のために働こうとするかということである。もちろんそこには，「生き甲斐」あるいは勤労を通した「自己実現」という，より深い問題が存在することは否定できない。しかしここでは，純粋に経済的要因だけを取り出して，議論してみよう。

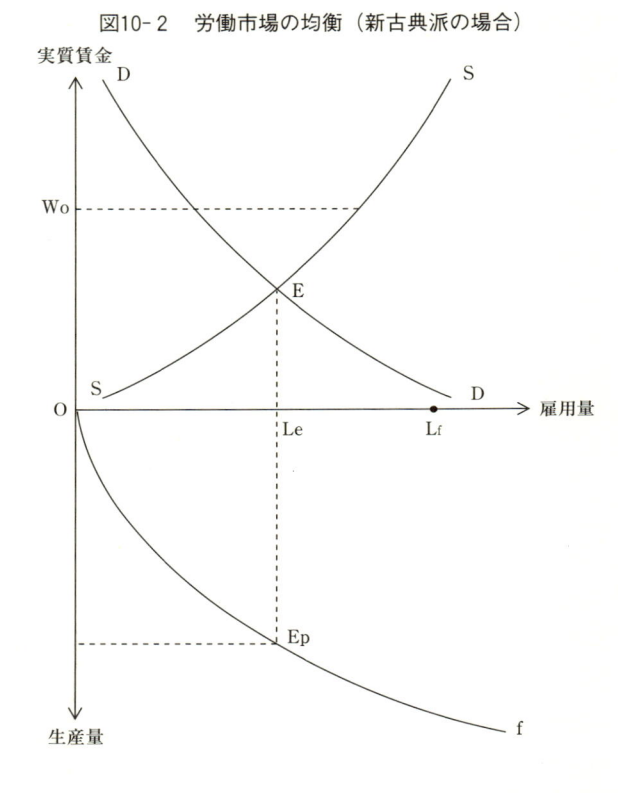

図10-2　労働市場の均衡（新古典派の場合）

すると労働は、やはり賃金という対価を求めてなされると考えることが自然であろう。つまり人は賃金を獲得し、それによってより多くの財を消費し、より高い経済的欲望を充足するために働くと考えるのが、最も基本的な経済学の考え方である。

言い換えれば、人は労働による肉体的苦痛・疲労を我慢する対価として、賃金を獲得し、消費を楽しむと考えるわけである。ところで労働1単位と消費財の交換比率は、どうなるのだろうか。労働1単位を供給すると、それによって賃金が得られる。この賃金で消費財が何単位買えるかは、賃金を消費財の価格で割ればよい。したがって、

労働と消費財の交換比率＝賃金／消費財価格≡実質賃金

という公式が得られることになる。つまり労働と消費財の交換比率が、実質賃金なのである。実質賃金が上昇すると、労働1単位で得られる消費財の量が増えるから、労働者にとってはより有利な条件となる。よって実質賃金の上昇にともなって、働こうとする人が増えることは、何ら不思議ではない。この様子を描いたものが、図10-2のSS曲線であり、これが労働の供給曲線と呼ばれ

る概念である。

　ここで実質賃金が，つねに労働の需給を均衡させるように，すなわちつねに経済が DD 曲線と SS 曲線の交点 E 上に位置するように，伸縮的に決定されると考えるのが，新古典派経済学である。かりに一時的に実質賃金が，W_0 といった具合に均衡水準より高くついた場合を考えてみよう。すると労働市場では，働きたい人が企業の雇おうとする人よりも多いことになり，「非自発的失業」（involuntary unemployment）が発生することとなる。

　しかしながら何の制度的な制約もないとき，経済は長くこのような不均衡状態に留まることはできない。つまりこの場合，失業状態にある人はより低い賃金でも働こうとするであろう。これが市場での賃金の低下をもたらし，経済は最終的に点 E に落ち着くと考えられるわけである。

　さて以上の労働市場の機能に関する考え方が，失業問題にいかなるインサイトを与えるのだろうか。結論を先にすれば，新古典派経済学において失業は何ら深刻な経済問題とならない。したがって，たとえ経済に失業が発生していても，それを救済すべき政策はまったく必要ない，というのが新古典派の主張である。

　ではその主張がいかなる論拠の下で，成り立ちうるのだろうか。そこで再び，図10-2 に戻っていただきたい。図の L_f がこの経済に存在する全労働力人口であるとしよう。すると均衡においては $L_f - L_e$ だけの失業が存在することとなる。しかしこれらの人は，賃金が安すぎるために，「自発的に」働かないのである。すなわち，新古典派マクロ経済学における失業は，すべて，「自発的失業」（voluntary unemployment）に分類されるものであって，働きたくても働けないという「非自発的失業」は，原理的に存在しえない。このため自発的に働かない者を無理に働かせる必要はないわけであるから，失業問題への政府介入は有害であり，慎まれなければならないという主張が導出されることとなる。

　またかりに，「非自発的失業」が存在するとしても，それは労働組合などの既得権益者が，交渉力によって賃金を不当に高くつり上げているからであるという主張がなされることとなる。したがって，経済厚生を高めより多くの労働

者に働いてもらうためには，実質賃金の伸縮的調整能力を阻害する労働組合などの存在を除く必要があるという論理的帰結がもたらされることとなる。

2　ケインズ経済学の考え方

　ケインズの主著『雇用，利子および貨幣に関する一般理論』は，1936に出版されている。この時代は，現在よりはるかに深刻な世界的大不況の時代である。そして今となっては隔世の感があるが，社会主義との緊張関係の中で，資本主義社会の危機が深刻に認識された時代であった。

　このような時代背景に置かれていたにもかかわらず，経済学の主流である新古典派経済学の政策的主張は，第1節で述べたように，市場の働きに身を委ね，政府はなにも介入すべきでないというものであった。これに対してケインズは，市場は新古典派が想定するほど十全な機能を持っていないことを，厳しく認識していた。存在する失業の多くは「非自発的失業」であり，その発生原因は経済全体での購買力の不足，すなわち，有効需要（effective demand）の不足にあると考えたのである。

　ケインズ経済学のエッセンスは，「供給が需要を生み出す」という古典派・新古典派を貫く「セイ法則」（Say's law）を否定したことにある。つまりモノが作られないのは，売れないからであり，売れないモノを余剰人員によって生産しても仕方がないがゆえに，「非自発的失業」が発生すると考えたわけである。

　ここで，セイ法則が第1節の新古典派理論で貫徹していることを確認しておこう。そこで図10-2の第4象限を見ていただきたい。ここでは雇用量と財の生産量の関係，すなわち，(2)式の生産関数が図示されている。そこで新古典派理論が前提とするように，実質賃金が労働市場の均衡を達成するように伸縮的に決定されるならば，財の生産量も，財の需要側の条件とはまったく無関係に，生産関数上の点 E_P で決定される。したがって供給は，つねにそれに見合った需要を作り出すのである。

ところで，セイ法則が否定されるためには，労働者が，（名目）賃金を物価水準に比例して低下させることに反対しなければならない。言い換えれば，物価水準が上昇した際にそれにスライドして（名目）賃金が上昇してはならない。なぜならば財の需要が増加し物価水準が上昇したときに，同時に（名目）賃金が比例して上昇すると，実質賃金は不変に保たれる。このとき労働需要は，第2節の公式(3)によって決定されるから，実質賃金が一定である限り，財の需要が増えても雇用は変化しないのである。

ここで現実的に考えると，労働者が働く意志決定をなすに際して考慮する物価水準は，なにも企業が現在作っている財の諸価格に限られるわけではない。たとえば，自国では生産されない輸入品の価格もそこに含まれることになろう。この場合，労働者にとって重要となる物価水準 P は，

$$P \equiv (自国財価格)^a (輸入財価格)^{1-a} \qquad 0 < a < 1$$

といった各財価格の幾何平均のようなものとのなろう。すると，このとき労働者にとって意味のある実質賃金 w は，企業のそれとは異なって，

$$\begin{aligned} w &= 名目賃金／P \\ &\equiv (名目賃金／自国財価格) \times (自国財価格／輸入財価格)^{1-a} \\ &\equiv 企業にとっての実質賃金 \times (自国財価格／輸入財価格)^{1-a} \end{aligned}$$

として表現されることになる。このとき，輸入財価格が国内価格変動の影響を受けないとしよう。すると自国財の需要が増加しその価格水準が上昇すると，労働者にとっての実質賃金は上昇することとなる。つまり自国財で測った実質賃金（企業にとっての実質賃金）が一定であっても，自国財価格が輸入財に比べて高くなるだけ，より多くの財が購入可能となるのである。

したがって自国財価格の上昇によって労働者は有利となるわけであるから，このとき労働の供給曲線は，図10-3の S'S' のように右方へシフトすることとなる。この結果自国財で測った実質賃金は低下し，雇用量は上昇することとな

図10-3　労働市場の均衡（ケインズ的な場合）

企業の直面する実質賃金

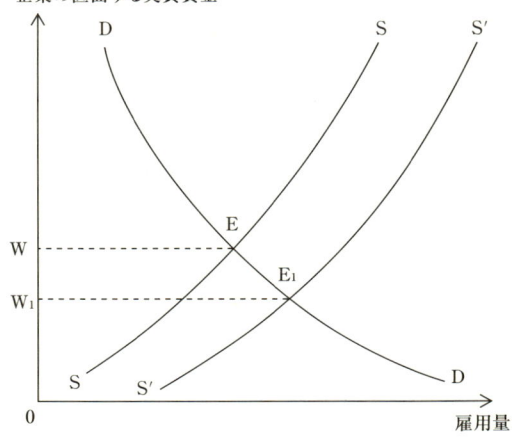

(図：縦軸に企業の直面する実質賃金、横軸に雇用量。需要曲線DDと供給曲線SS、S'S'。均衡点EでW、E₁でW₁)

る。つまり，自国財の価格が上昇して労働条件が有利になる代償として，労働者は自国財で測った実質賃金の切り下げに同意することとなる。この結果企業にとっても，安価な雇用環境が提供され，失業が減少することとなるのである。

以上の議論でケインズ経済学では，セイ法則が成立していないことがわかろう。すなわち自国財の財の需要増に基づく価格上昇の一部は，自国財で測った実質賃金の低下を通じて，雇用水準を押し上げ，財の生産水準を増加させるのである。これは，自国財需要の上昇が比例的な価格水準の上昇によってすべて吸収され，比例的な（名目）賃金の上昇を呼ぶだけであるという，新古典派経済学とは好一対である。

現在のように，自国財に対する需要が停滞し，経済にデフレ圧力がかかっている状態では，この逆のことが起きる。労働者は自国財価格の低下にスライドして，（名目賃金）の切り下げに同意するわけにはいかない。なぜならば，自国財価格の低下によって貧しくなっている上に，スライドして（名目）賃金を切り下げられては，労働意欲を失わざるを得ないからである。

これを図で表現すれば，図10-3とは逆に自国財価格の低下によって，労働供給曲線SSは左方へシフトする。この結果，（名目）賃金は自国財価格ほど低下せず，企業にとっての実質賃金が上昇する。そのため失業が発生することとなるのである。

もちろんこれらの不況を乗り切り，雇用情勢を改善するためには，自国財に対する需要を喚起する拡張的な景気対策が必要なことはいうまでもない。

3 不完全情報下の労働者のインセンティヴ
―――「ディシプリン」の社会的価値―――

前節までで，標準的なマクロ経済学理論による失業発生のメカニズムについての解説は終了した。そこでは，①市場メカニズムに大きな信頼を抱く新古典派経済学において，失業は本質的な経済問題ではなく，政府介入は不要であるという主張が存在することを，②市場メカニズムには限界があり，需要が不足するとそれに見合って余分な財を作らなくなるために余剰人員が解雇され，救済には政府の積極的な有効需要管理政策が必要というケインズ経済学の考え方があることを，それぞれ学んだ。

本節では，少し見方を変えて，労働者の働くインセンティヴという面から失業問題を取り扱うことにしよう。第2節で，労働者は労働の苦痛（これを経済学では労働の不効用とよぶ）と賃金をもとに消費する満足感（効用）を秤量しながら，労働の意思決定を下すと解説した。

さてそこで，労働者がサボっても見つからない限り，所定通りの賃金をもらえる場合を考えてみよう。そして労働者の怠業が見つかる確率を b，労働の効率を e とそれぞれしよう。財単位で測った労働の効率1単位当たりの不効用を δ としよう。このとき労働者が怠けないためには，怠けたときの利得がまじめに働いたときのそれを下回っていなければならない。したがって効率単位での実質賃金を W とすると，

$$W - \delta \geqq (1 - b) W$$

が成り立っていなければならない（サボっていれば賃金はもらえないものとする）。上式を W について解けば，

$$W \geqq \delta / b > \delta$$

となる。

このときもし企業が一方的に賃金をつけられるとするならば，実質賃金は δ

／bに決定されることになる。つまり企業は労働者が働くインセンティヴを持ちうる最低限の実質賃金δよりも，高い水準に賃金をつけざるをえないのである。これは労働者にサボらずにまじめに働いてもらうために支給されるプレミアムと考えることができる。もちろん企業の労働者監視能力が劣りbが低下するにつれて，支払われる賃金は上昇せざるをえない。なぜならば，監視能力が劣化すれば労働者にはサボる魅力がより強くなる。この誘惑を抑えるためには，まじめに働いたときの報酬をより大きくしておく必要があるからである。

ここで企業の生産関数を第2節と同様に考えよう。このとき雇用される人数をL，労働者1人当たりの生産性をeとしよう。すると企業の利潤πは

$$\pi \equiv f(eL) - WeL$$

となる。したがって(3)式に対応する利潤最大化の条件は，

$$f'(eL) - W = 0 \Leftrightarrow f'(eL) = \delta / b \qquad (4)$$

として表現されることになる。留意すべきは，雇用は(4)式で決定されるが，これは現行賃金で働きたいと考えている労働者すべての雇用を保証するわけではないことである。つまり，この議論で発生する失業は，「非自発的失業」である。つまり「非自発的失業」が解消するためには，労働者が働いても失業しても変わらない水準（留保賃金：reservation wage）であるδまで実質賃金は低下しなければならないが，企業にはこのような水準の賃金をオファーするインセンティヴが存在しない。なぜならば，δ／b以下に賃金を下げてしまうと，労働者がまじめに働かなくなるからである。したがって，労働者の勤務状態に関する情報が不完全であるときには，「非自発的失業」が生まれることになる。

さてそこで，(4)式に再び注目していただきたい。そして教育によって労働者の効率eが上昇した場合を考えてみよう。すると実質賃金はδ／eで不変であることから，効率単位での雇用量eLには変化がないことがわかる。したがってこの場合は，経済全体での財の生産量にも変化がないばかりでなく，効率

が上昇しただけ雇用が減少することととなる。つまり個々の労働者の生産性上昇によって,「非自発的失業」が増加するのである。さらに実質賃金は効率とともに上昇するから,失業者と就業者の間での所得分配も,より不平等となる。

このとき,経済全体での経済厚生は不変にとどまる。経済全体での総余剰は,

$$f(eL) - \delta eL$$

で表わされるが,これが変化しないことは,(4)式から明らかであろう。つまり労働効率の上昇は,必ずしも経済厚生を高める働きを持たないばかりではなく,経済の富をある特定の階層に偏らせ所得分配の不平等を助長する恐れがあるのである。

これに対して同じ教育でも,労働効率 e は上昇させないが,労働の不効用 δ を減少させるような教育も考えることができよう。つまり基礎的な教育の充実によって,仕事自身に興味が湧き,それを通じて自己実現できるようになれば,労働に対する苦痛も和らげることができると考えるわけである。ではこのような効率重視ではなく,仕事に対する誠実さを重視する教育が,いかなる経済効果を持つかを分析してみよう。

すると直ちに,(4)式より δ の低下とともに実質賃金が低下し,雇用が上昇することがわかる。つまり労働者が仕事に興味を持つことで怠けるインセンティヴが低下するために,彼らをまじめに働かせるためのプレミアムが低下するのである。この結果,「非自発的失業」は減少し,かつ各家計間での所得分配も平等化する。

さらに経済効率は, δ が低下したときの総余剰の変化を,(4)式を考慮に入れながら計算することで

$$-d\{f(eL) - \delta eL\} / d\delta = -e\{f'(eL) - \delta\}(dL / d\delta) + eL > 0$$

であることがわかる。したがって所得分配だけでなく,経済効率も上昇する。これは,次のようなメカニズムによるものである。すなわち雇用水準の上昇は,財の生産量をも増加させる。たしかに労働者は実質賃金の低下によって一見貧

しくなったように感ずるかもしれないが，それは正しくない。企業のあげた利潤（生産者余剰）もやがては彼らに還元されるからである。したがって雇用増にともなう生産量の上昇は，経済厚生を高める働きがある。これは上式の右辺第1項に現われている。さらに労働の不効用そのものが低下する効果が付け加わって（右辺第2項），労働の不効用を低下させるような教育は，必ず経済厚生を高めるのである。

以上をまとめれば，生産効率を上げる教育よりも仕事自身に興味を持たせ労働の不効用を低下させる教育は，次の2点で優れている。一つは怠業を防止する賃金プレミアムは，生産を阻害する社会的な死重（dead-weight loss）である。したがってこのような社会的な無駄を省く教育は，経済効率の観点からしても非常に有意義である。第二にそのような教育は，実質賃金の低下・「非自発的失業」の解消を通じて，失業者・就業者間の所得分配の不平等を是正する働きがある。これは効率重視の教育が逆に所得分配の不平等・失業の増加を招くこととは，好対照である。

ここでの議論は，教育の公的役割とも関連し興味深い。すなわち，経済学において教育は，一般に，個々の労働者の能力開発に力点が置かれて議論されてきた。たしかに個別主体の議論としては，それは正しい。しかしながら，社会全体という見地に立ったとき，そのような教育は必ずしも望ましいものとは限らないのである。むしろジョン・デューイの強調するように，仕事に対する自発的な取り組みが可能となるような教育こそが，実は社会的な厚生を高め，所得分配の平等に資することができるのである。

むすび

本稿では，マクロ経済学の立場から失業問題にアプローチした。ここでの議論の要諦は以下の通りである。

第一に，市場の働きに厚い信頼を置く新古典派経済学では，失業問題は何ら重要な経済問題とはなり得ない。なぜならば，実質賃金が労働市場を均衡させ

るように，伸縮的に決定されているとするなら，失業している労働者は賃金が低すぎるために，自発的に失業しているからである．

　第二に，家計が企業の生産している財以外を消費しているとき，一般に企業と家計の直面する実質賃金は異なる．この場合，名目賃金は企業の生産財価格にスライドすることはない．すなわち名目賃金に固定性が発生する．企業の生産財への需要の落ち込みにともない当該価格が低下すると，他財がより高価となるために，労働者は名目賃金の引下げに反対するだけの十分な理由がある．したがって企業の直面する実質賃金は上昇し，需要の落ち込みに対応して，生産・雇用が減少することとなる．これが「需要が供給を規定する」というケインズ経済学の考え方である．この考え方をとるなら，失業の防止には，企業の生産財に対する需要を，政府の有効需要喚起政策によって補う必要がある．

　第三に，労働者の勤務態度に関して情報の非対称性が存在するとき，非自発的失業が発生する．すなわちあまりに賃金を低下させると，怠業による利得がまじめに就業したときのそれを上回ってしまい，労働者の規律が保たれないからである．このような文脈において，教育の果たす役割は重要である．すなわち仕事自身に興味を持たせ怠業のインセンティヴを抑止する教育は，労働者のディシプリンを放置し単に生産効率だけを追求する教育より，社会的な見地からすると，資源配分上・所得分配上ともに望ましいのである．

第11章 ＜解説＞失業の統計

松 井 　 博

　　はじめに

　失業に関する統計としては，就業・非就業の状態を毎月調査している労働力調査，年1回詳細な調査を行っている労働力調査特別調査，5年に1回の大規模な調査である就業構造基本調査などがある。一方，労働省の職業安定業務からは，求人数と求職者数の比である有効求人倍率が得られる。このほか，失業の分析には，事業所側からみた雇用状況についての統計なども利用される。
　本解説では，失業の測定方法について説明した後，よく利用される統計の概要を紹介する。

1　失業の測定

(1)　就業と非就業

①就業と非就業の区分
　個々の人の就業・非就業の区分の仕方には，1週間または1日というような特定の短期間に具体的にどのような行動を行っていたかで定義する「アクチュアル方式」（労働力方式）と，1年間というような長期間に主にどのような行動をとっていたか，つまりふだんどのような行動をとっていたかで定義する

「ユージュアル方式」（有業者方式）がある。

アクチュアル方式は，ある一定期間の実際の行動で就業・非就業を厳密に定めることができるものの，ふだん失業している人がたまたまその期間に少しだけアルバイトをしていたような場合でも就業していたことになってしまう。これに対しユージュアル方式は，ふだんの状況で定義するので定義が若干あやふやに思えるが，むしろわれわれの普通の感覚に合っている。この二つの測定方法は「ILO第13回労働統計家会議における決議」（1982年）[※1]で説明されており，その中で，各国は最低限，アクチュアル方式による統計を作成するよう勧告されている。わが国では，国勢調査，労働力調査はアクチュアル方式で，就業構造基本調査はユージュアル方式で調査している。

> ※1　統計調査の国際基準
> 　　各国の統計を整備し，国際比較を可能とする目的で，国際連合などの国際機関は統計調査の調査方法，調査事項の定義などの国際基準を定めている。労働統計については，国際労働機関（ILO）でほぼ5年ごとに各国の労働統計専門家による会議を開催し，国際基準を定めている。第13回会議の「経済活動人口，就業，失業および不完全就業の統計に関する決議」は，就業・失業の概念と定義についての体系的な基準として国際的に広く普及している。この決議の抄訳は，「労働力調査の解説」（総務庁統計局，1993年）に掲載されている。最近では，1998年に開催された第16回の会議で「不完全就業」の定義が改定されている。

②アクチュアル方式

わが国の労働力調査の就業・非就業の区分は，以下のとおりである。

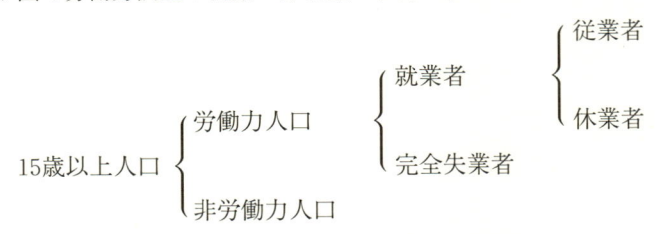

```
                              ┌ 就業者 ┌ 従業者
              ┌ 労働力人口 ┤        └ 休業者
15歳以上人口 ┤              └ 完全失業者
              └ 非労働力人口
```

「従業者」は，各月の末日に終わる1週間（12月は20日から26日まで）の調査期間中に賃金，給料，諸手当，内職収入などの収入をともなう仕事を少しで

もした者と定義されている。仕事を少しでもしたということは，具体的には1時間以上何らかの仕事をしたか否かで判断することになっている。1時間は短く思えるが，ILO基準でも「(統計作成の) 実務目的のためには，『何らかの仕事』とは1時間以上した仕事と解釈してよい」と説明されている。家族従業者の場合は，無給であっても仕事をしたことにしている。「休業者」は，仕事を持ちながら調査期間中に少しも仕事をしなかった者のうち，雇用者で給料，賃金の支払いを受けている者または受けることになっている者，自営業主で自分の経営する事業を持ったままでその仕事を休み始めてから30日にならない者と定義されている。「就業者」は，従業者と休業者の計である。「完全失業者」については次節で説明する。「労働力人口」は，就業者と完全失業者の計で，調査期間中に労働可能であった総人口である。「非労働力人口」は，調査期間中に収入になる仕事を少しもしなかった者のうち，休業者，完全失業者以外の者であり，家事，通学をしている者や高齢者などが該当する。

③ユージュアル方式

わが国の就業構造基本調査の就業・非就業の区分は，以下のとおりである。

$$15歳以上人口 \begin{cases} 有業者 \\ 無業者 \end{cases}$$

「有業者」は，ふだんの状態として収入を目的とした仕事を持っており，調査時点以降もしていくことになっている者および仕事は持っているが現在は休んでいる者をいう。「無業者」は，ふだんまったく仕事をしていない者および仕事をしてもときたま臨時的にしかしない者をいう。

ユージュアル方式による就業・非就業の定義は，歴史的にはアクチュアル方式よりも前からあった定義[※2]であり，日本でも戦前の国勢調査はユージュアル方式を用いていた。しかし，失業の測定の重要性が高まるにつれ，アクチュアル方式のほうが失業等の定義が明確で，回答者の意識の影響も少なくなるという認識が次第に広まり，現在ではアクチュアル方式の定義が国際的にみて主

流となっている。

※2　ユージュアル方式（「労働力調査の解説」（総務庁統計局, 1993年）による）
　　ユージュアル方式は，社会の構成員である各人は工場労働者とか主婦，学生という社会における一定の「身分」をもっており，経済活動人口はそのような区分で把握するのが適当であるとの考え方に基づく。この方式では失業の測定が必ずしも重視されていないが，これには，市場の自動調整機能により失業は一時的にしか存在しないという認識があったことが影響している。

(2) 失業者

①失業者の定義

　労働力調査の完全失業者の定義は，
　①仕事がなくて調査期間中に少しも仕事をしなかったこと（就業者ではない）
　②仕事があればすぐ就くことができること
　③調査期間中に，仕事を探す行動や事業を始める準備をしていたこと（過去の求職活動の結果を待っている場合を含む）
を条件としている。このうち，①は，ある標準時間を定めてそれ以下の短時間就業なら失業状態であると定義することも可能であるが，そのように定義すると，その時間を何時間とするか，本人がより長時間の仕事をしたいと考えていることをどのように把握するかという問題が生じる。②は，調査期間中に労働可能であった者を把握するという意味から当然である。③は，事実に基づいて厳密に定義するという考え方から，回答者の意識の影響を少なくするため，単に仕事をしたいと考えているだけでは完全失業者とせず，調査期間中に求職のための具体的な活動を行なったかどうかを条件としているということである。なお，失業という言葉は前職からの離職を前提にしているように思えるが，このような定義なので，学校を卒業して仕事を探し始めた前職のない者も失業者となる。

　一般的な感覚からすると，「失業したので，アルバイトなど短時間の仕事で

何とか暮らしている」(不完全就業者),「失業しているが, 適当な仕事がありそうにないので, 調査期間中は仕事を探すのをあきらめていた」(求職意欲喪失者, Discouraged Worker と呼ばれる) なども失業と考えたくなる。また, 企業内の余剰人員を指して「企業内失業が多くなっている」(企業内失業者) というようなこともよくいわれる。これらの問題を整理して, 労働力調査の区分の仕方と比較すれば, 次のようになる。

しかし, これらの定義には難しい問題が多い。たとえば,「企業内失業者」

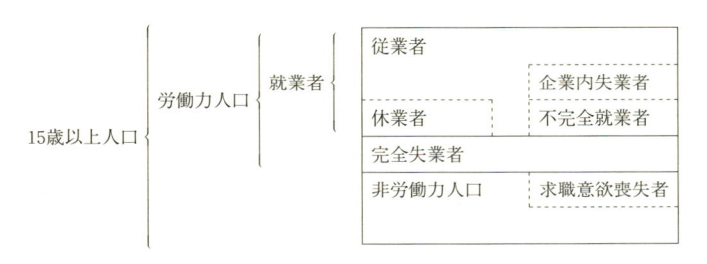

```
                          ┌ 従業者
           ┌ 労働力人口 ┌ 就業者 ┤          ┌ 企業内失業者
15歳以上人口┤         │        └ 休業者 ┤
           │          └ 完全失業者      └ 不完全就業者
           └ 非労働力人口 ─────────── 求職意欲喪失者
```

は, 失業の予備軍という意味はあるが, ある時点で余剰人員が生じたとしてもスキルのある従業員を置いておくことは長期の企業戦略からみて合理的な行動であり, 失業者とみることには無理がある。また, 測定の仕方にも色々な考え方がある。「不完全就業者」は, 前述のとおり, 何時間までなら不完全とみるべきか, また, 本人が短時間の就業を望んでいる場合とどのように区別するか, 具体的には, より長時間の仕事をしたいとの希望とその現実性をどのように確かめるかの問題[※3]がある。さらに,「求職意欲喪失者」については, 仕事をしたいと思っていたとしても, 実際にはちょっと仕事を探してみてすぐあきらめてしまったような人まで失業者に含めてよいのかとの疑問[※4]もある。一方, 現在の完全失業者の定義では, 主婦や学生が"よい条件"のパートやアルバイトの仕事があれば働きたいと考え, 調査期間中たまたま仕事を探していれば失業者となるが, このようなケースでは失業という言葉のもつ深刻さはない。どこまでを「失業」とすべきかは議論が分かれるところであろう。

失業の問題を考えるとき, 本人の意識が重要な要素となることはもちろんであるが, 経済施策などのためにその水準を継続して把握するためには, 変動し

やすい意識によるのではなく，実際の行動に基づいて可能な限り厳密に定義できる指標が望まれる。このような事情から，失業についての国際基準は，上記で説明したようにアクチュアル方式で定義されている。しかし，現在の失業の定義で十分であるということではない。労働を希望している者がその能力を最大限に活用できているかという観点からは，不完全就業者や求職意欲喪失者についても無視できない。これらについて分析したいときには，就業・非就業の状態について詳細に調査している労働力調査特別調査や就業構造基本調査の結果が利用できる。

　※3　不完全就業
　　不完全就業については，ILOの第16回国際労働統計家会議（1998年）で議論され，①追加的就業（より長時間の仕事への転職も含む）を希望し，②仕事があれば追加的就業が可能で，③調査期間中の実際の就業時間が標準的時間より短い就業を「時間に関する不完全就業」として定義し，各国がこれを報告するよう努めるようにとの勧告がなされた（飯島信也「第16回国際労働統計家会議――不完全就業の新しい概念・定義――」『統計』第2号，1999年）。この定義は，アクチュアル方式の中で不完全就業を定義する試みといえるが，追加的就業の希望を本人の意識だけで判断しており，わが国の場合働くことへの意欲が一般に高いことからこの値は高めになる可能性があり，国際比較を行なうときには注意が必要となる。

　※4　求職意欲喪失者
　　労働力調査特別調査の平成11年2月の結果で求職意欲喪失者についてみると，就業を希望している女子の非労働力人口784万人のうち，「適当な仕事がありそうにない」ので求職活動をしていなかった者は348万人であるが，これをすべて求職意欲喪失者とみることには無理がある。この人たちに，「仕事があればすぐ就ける」かを聞くと103万人に減り，さらに「過去1年間に求職活動を行なったか」を聞くと37万人となる。このように，わが国の女性の場合，働くことへの意欲をもつ人は多いが，現実には働くことができる状況になく，また，就業意欲も"希望"のレベルにとどまっていて，実際の求職活動にまで結びつかないことが多い。

ところで，わが国の労働力調査の場合，失業者を完全失業者と呼んでいるが，その定義はILO基準の失業者と基本的には同じである。完全という用語を付けるようになったのは，この用語を用いるようになった当時，仕事が見つから

図11-1 完全失業率の推移

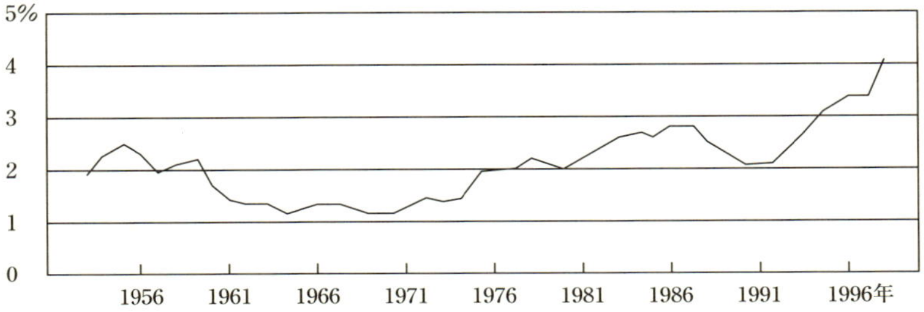

出典:「労働力調査」。

ない人が実家の農業の手伝いをしているような例を「潜在失業」と呼んでいたことから,それとの区別を明確にしようとの考えがあったものと思われる。しかし,「完全」という用語を付けたことは,日本の失業者の定義が各国の定義と違う特殊なものではないかとの誤解を招く原因ともなった。

②失業率

完全失業者が労働力人口に占める割合を完全失業率と呼び,雇用情勢の測定に用いられる。

$$完全失業率 = \frac{完全失業者}{労働力人口} = \frac{完全失業者}{就業者 + 完全失業者}$$

なお,失業者は基本的には雇用されることを求めているということから,分母を「(雇用者または非農林業雇用者)+失業者」とした「雇用失業率」で分析することもある。つまり,雇用失業率では,分母の労働力人口から自営業主と家族従業者を除いている。雇用者の占める割合が変化しているような長期間にわたる失業率の推移を分析するようなときや,開発途上国と比較するようなとき,雇用失業率を用いたほうが適切な場合がある。

図11-1のように,わが国の完全失業率は,高度経済成長期には1%台前半の極めて低い値を続けていたが,1973年の第一次石油危機後2%台に上昇し,

表11-1 年齢10歳階級別完全失業率

	総数	15～24歳	25～34歳	35～44歳	45～54歳	55～64歳	65歳以上
1991年	2.1	4.3	2.3	1.5	1.2	2.5	1.0
1992年	2.2	4.5	2.5	1.5	1.2	2.5	1.0
1993年	2.5	5.1	2.9	1.8	1.5	3.0	1.0
1994年	2.9	5.4	3.4	2.0	1.8	3.6	1.4
1995年	3.2	6.1	3.8	2.2	1.9	3.7	1.3
1996年	3.4	6.6	4.0	2.2	2.0	4.2	1.5
1997年	3.4	6.7	4.2	2.3	2.1	4.0	1.5
1998年	4.1	7.7	4.9	3.0	2.5	5.0	2.1

出典:「労働力調査」。

86年, 87年には2.8%まで上昇した。その後, バブル景気の中で低下し, 1990年, 91年には2.1%となったが, バブル崩壊後の不況の中で上昇を続けており, 98年には4.1%となった。1999年に入っても上昇を続け, 6月, 7月は4.9%と調査史上最高の値を示したが, その後低下に転じ, 11月には4.5%となった。

最近の完全失業率の急上昇は景気後退によるものであるが, 好景気で極端な人手不足となった1990年の失業率が高度経済成長期の2倍近い水準になっていたことからもわかるように, わが国の完全失業率の水準は長期的にみれば上昇している。

最近の完全失業率の上昇の中で注目されているのは, 次のような点である。

⑦若年労働者の失業率が高いこと

年齢階級別の完全失業率は若年層で最も高い(表11-1)。わが国では, いわゆる終身雇用制の下で, 採用は学校からの新卒者を対象として行ない, 採用された者は定年までその会社に勤め続けるという形態が標準的であると考えられている。このような状況の下では, 学校卒業後早い機会に就職しない者はなかなか定職に就くことができない。若年層の高い失業率は, これらの者の年齢が上がるにつれ, 今後のわが国の失業率全体を押し上げる恐れがある。

なお, 年齢階級別の完全失業率は, 年齢が上がるにつれ低下するが, 定年退職による離職者の多くが再就職を希望することから, 55～64歳で再度高くなっている。

④中高年層の失業率が上昇していること

年齢階級別の完全失業率の推移をみると，最近，中高年層で上昇が目立つ。これらの年代で失業した場合，失業者の持つスキルと採用する側の要求とにミスマッチが生じることが多い。また，年功賃金制の下で転職者に適切な処遇を確保することも難しいことから，再就職の困難さは若年失業者を上回ることになる。

表11-2　世帯主との続き柄別完全失業率

	総数	世帯主	世帯主の配偶者	その他の家族	単身世帯
1991年	2.1	1.4	1.5	3.3	3.2
1992年	2.2	1.4	1.4	3.4	3.4
1993年	2.5	1.8	1.7	3.8	3.8
1994年	2.9	2.0	1.9	4.4	4.2
1995年	3.2	2.2	2.0	5.0	4.4
1996年	3.4	2.4	2.0	5.5	4.4
1997年	3.4	2.3	2.0	5.6	4.4
1998年	4.1	2.9	2.5	6.6	5.5

出典：「労働力調査」。

表11-3　求職理由別完全失業者数

(単位：万人)

	総数	非自発的な離職	自発的な離職	学卒未就職	その他
1991年	136	31	55	5	37
1992年	142	32	61	6	36
1993年	166	41	69	7	39
1994年	192	50	78	9	45
1995年	210	55	83	11	50
1996年	225	59	87	13	55
1997年	230	54	95	12	59
1998年	279	85	101	15	68

出典：「労働力調査」。

㋒世帯主の失業率が上昇していること

わが国では，従来，世帯主の失業率は比較的低い水準にあったが，最近，上昇が目立つ（表11-2）。一家の生活を支える世帯主が失業した場合，その影響は大きく，今後の動向が注目されている。

㋓非自発的失業が増加していること

求職理由別に失業者数をみると，最近，非自発的な離職による失業者の増加が目立つ（表11-3）。非自発的な離職とは，契約期間の終了やリストラなどによって前職を離職した場合をいう。当然のことながら，非自発的な離職による失業は，自発的な離職による失業より深刻であると考えられよう。

表11-4　各国の公表失業率および標準化失業率

	1993年	1994年	1995年	1996年	1997年	1998年
公表失業率						
日　本	2.5	2.9	3.2	3.4	3.4	4.1
韓　国	2.8	2.4	2.0	2.0	2.6	6.8
アメリカ	6.9	6.1	5.6	5.4	4.9	4.5
カナダ	11.2	10.4	9.5	9.7	9.2	8.3
イギリス	10.3	9.3	8.2	7.5	5.5	4.7
ドイツ	8.9	9.6	9.4	10.4	11.4	11.2
フランス	11.7	12.3	11.6	12.3	12.5	11.8
標準化失業率						
イギリス	10.4	9.5	8.8	8.2	7.0	—
ドイツ	7.9	8.4	8.2	8.9	10.0	9.7
フランス	11.6	12.3	11.7	12.4	12.4	11.9

出典：日本「労働力調査」、韓国 Monthly Statistics of Korea, アメリカ Employment and Earnings, カナダ Canadian Economics Observer, イギリス ECONOMIC TRENDS, ドイツ「ドイツ連銀資料」、フランス Information Rapides, 標準化失業率 Main Economic Indicators, OECD.

注：日本、イギリス、フランスは、全労働力人口に対する失業率。
　　韓国、アメリカ、カナダ、ドイツは、軍人を除く労働力人口に対する失業率。

③国際比較

　日本，韓国，アメリカ，カナダなどでは，ILO基準に基づいて，個人を対象とする統計調査を行ない，その結果から失業率を計算している。しかし，イギリス，ドイツ，フランスなどの欧州諸国では，職業安定業務または雇用保険業務などの業務資料に基づいて毎月の公表失業率を計算している。このため，これら欧州諸国では，国際比較のために年数回ILO基準に基づく個人を対象とする統計調査を行なっている。その結果に基づき，経済協力開発機構（OECD）では，定義調整を行なった標準化失業率を計算している（表11-4，総務庁統計局『労働力調査年報』による）。通常，新聞などでは各国の公表失業率が報道されるが，標準化失業率とかなり差がある国もあるので注意が必要である。わが国の失業率は近年上昇が目立つものの，欧州諸国に比べればまだ低い水準にある。ただし，最近，アメリカの失業率の低下は著しく，1999年11月の失業率は4.1％と，わが国の4.5％をかなり下回っている。

　なお，わが国の労働力調査に当たるアメリカの雇用統計（Current Population Survey）が公表されると，株価，為替レートが変動することがよくあるが，日本の場合，明瞭な関連がみられないことが多い。その理由は，アメリカの場合，業務量に対応して雇用を比較的柔軟に変動させるため景気動向と失業率が直接に連動するので，集計に時間がかかる国民所得統計の先行指標として雇用統計が利用されるのに対し，日本の場合，企業は景気が悪化しても直ちに

表11-5　失業者の定義調整（1998年2月調査）

(単位：万人)

	総数	男	女
完全失業者	246	151	95
控除項目　完全失業者のうち			
・1月以前の休職者	49	35	14
追加項目　非労働力人口のうち			
・調査週間を除く2月中の休職者で仕事に「すぐ就ける」者*	14	4	11
・3月中の就業が内定している者で仕事に「すぐ就ける」者	11	4	7
調整した完全失業者数	222	124	99

出典：「労働力調査特別調査報告」総務庁統計局，1999年．
注：＊印の「すぐ就ける」者のうち「家事・通学その他のため続けられそうにない」を除く．

は雇用調整を行なわないことが多く，雇用と景気との関連が直接的でないためである．

　統計調査に基づいて失業率を計算している国では，失業者の定義はいずれもILO基準に基づいているが，定義の細部は国情によって若干異なっている．『平成10年労働力調査特別調査報告』（総務庁統計局，1998年）では，日本の完全失業者の定義で各国と異なっている主な点[※5]を調整し，各国で一般に用いられている失業者の定義に合わせた推計を行なっている．その結果によれば，わが国の場合，1カ月よりも前に行なった求職活動の結果を待っている者が多いため，推計した結果は公表失業者数より少なくなっている（表11-5）．

　※5　完全失業者の定義の各国との主な相違
　　　定義の違いの一つは，求職活動期間の取扱いである．ILO基準ではどの期間に仕事を探していたか特に定めてはいないが，各国では，過去1カ月間（4週間）以内に求職活動を行なった場合を失業者としていることが多い．日本では，月末1週間に求職活動を行なった者を失業者とし，これに加えて，以前に行なった求職活動の結果を待っている者も失業者としている．もう一つの相違は，就職内定者の取扱いである．ILO基準では就職内定者を求職要件にかかわらず失業者としているが，日本では，求職活動を行なっていない就職内定者は非労働力人口としている．なお，求職活動を行なっていない就職内定者を失業者に含める国では，1カ月間（4週間）以内の就業が内定している者を対象とするのが一般的である．

2 主要統計の概要

(1) 労働力調査

①調査の概要

　労働力調査は，国民の就業・非就業の実態を明らかにすることを目的として，指定統計第30号※1として総務庁統計局で毎月行なわれている。主要な結果は，労働力状態別の人口，失業率，産業，職業，従業上の地位別就業者数などである。調査は毎月末日（12月は26日）現在で行ない，就業状態については毎月の末日に終わる1週間（12月は20日から26日まで）の事実について調査している。

> ※1　指定統計
> 　わが国の官庁統計は，「統計法」（昭和22年法律第18号）に基づいて行なわれている。この法律では，官庁統計を指定統計，承認統計，届出統計の3種類に分けている。指定統計は，国の基本政策決定に必要で，かつ，国民生活にとって重要な統計として総務庁長官が指定した統計である。承認統計は，国などで作成する指定統計以外の統計で総務庁長官の承認が必要である。届出統計は，主に地方公共団体などで作成する統計で総務庁長官に届け出るだけでよい。なお，指定統計は国民に申告義務が課されているが，承認統計と届出統計には申告義務はない。また，主に意識について調査するいわゆる世論調査は，統計法でいう統計とはみなされない。

　この調査は，1946年9月に連合軍総司令部（GHQ）の指令を受けて始められたもので，その指導の下で，アメリカのMonthly Report on Labor Force（現在のCurrent Population Survey）の調査方法にならって設計され，消費者価格調査（家計調査の前身の調査）とともに，わが国の主要官庁統計として無作為抽出法が本格的に採用された初めての調査である。なお，戦前の失業に関する統計としては，不況のため失業問題の解決が急務となったことに対応して，1925年の国勢調査に付帯して内閣統計局が行なった「失業統計調査」がある。

②調査方法

　労働力調査は標本調査であり，全国の国勢調査調査区から約2,900調査区を抽出し，ここからさらに抽出した約4万世帯およびその世帯員が調査対象となる。就業状態は，世帯員のうち15歳以上の者（約10万人）について調査している。標本抽出は層化2段抽出法[※2]である。調査の企画，調査票の作成，結果の集計などは総務庁統計局で行なっているが，調査員を指導して実際の調査を行なっているのは都道府県である。はじめに，調査員が受け持ち地域の全住戸を訪問して，調査対象地域の地図と住戸の名簿を作成する。次に，都道府県職員がその名簿から調査住戸を無作為抽出する。その上で，調査員は，抽出された住戸を訪問してそこに居住する世帯に調査票を配布し，数日後に再び訪問して世帯で記入済みの調査票を回収する。

　※2　標本調査と層化2段抽出法
　　　統計調査には，調査対象となる全対象を調査する全数調査と，その一部を無作為抽出して調査し，全体がどのようになっているか推定する標本調査がある。層化2段抽出法は，標本を抽出する方法として多くの標本調査で用いられている方法であり，この調査の場合，はじめに全国の国勢調査調査区（1人の国勢調査調査員が担当する地域範囲で，毎回の国勢調査の際に設定される。1995年調査のとき全国を約83万の地域に分けている。おおむね50世帯から構成される）をその調査区の特性で分けて（層化して），各層から必要数の調査区を無作為抽出し，さらに，各調査区内から必要数の世帯を無作為抽出する2段階で標本を抽出している。標本調査の場合，必ず無作為抽出にともなう推定の誤差（標本誤差）があるので，結果の解釈の際には注意が必要である。

　調査世帯の選定には，次のとおり複雑な方法がとられている。①調査区は4カ月間固定され，毎月4分の1の調査区が交代する。②各世帯はその調査区が調査されている期間の前半と後半に分けて別の世帯がそれぞれ2カ月間続けて調査される。③調査区，調査世帯とも半数は前年と同じとする。このような方法により，常に半数の世帯が前月と同じとなり，また，半数の世帯が前年同月

と同じとなる。この方法（ローテーション・サンプリングと呼ばれる標本抽出法）により，前月および前年同月からの動きを安定して把握することができる。また，労働力調査の集計では，推計人口を用いた比推定法[※3]も採用して，月々の結果を安定して把握するようにしている。

> ※3　比推定法
> 　労働力調査は無作為に世帯を抽出するので，たまたま世帯員の多い世帯が多めに抽出されると人口の推計値は多めになり，したがって，就業者数の推計値も多めになってしまう。ところが，全国の人口については，国勢調査の結果とその後の出生・死亡，人口移動の統計に基づいて，推計人口が毎月計算されている。この人口は，標本調査から得られる人口よりも当然正確であると考えられる。そこで，標本調査の結果からは「就業者数÷人口」の割合を計算しておき，その割合を推計人口に乗じて就業者数等を計算する方法があり，比推定法と呼ばれる。

　調査票様式は，268，269ページのとおりであり，世帯ごとの調査票で，1枚の調査票に4人まで記入できる。調査事項は，性，年齢，続き柄，配偶関係など個人の基本的な属性，就業状態，勤め先などの経営組織，事業の種類，企業規模（従業員数），本人の仕事の種類，従業上の地位，就業時間，転職の希望などのほか，就業状態に大きな影響を与える家族の状況などである。なお，268ページの調査票は，1カ月目の調査世帯用であり，2カ月目の調査世帯用では，このうち15歳未満の世帯員の構成についての質問を除き，その代わりに「仕事を探し始めた理由」を調査している。

③結果の利用
　㋐結果の公表
　調査の結果は，原則として，調査月の翌月末に速報結果が公表される。報告書としては，『労働力調査報告』（月報）が調査月の翌々月に刊行されている。また，毎年，年平均値を取りまとめた『労働力調査年報』が刊行されている。なお，基本的な結果については，総務庁統計局・統計センターのインターネットのホームページ[※4]でみることができる。

※4　インターネットの利用

　最近，各省庁では統計情報のインターネットによる提供が進んでおり，調査の概要や基本的な結果などをみることができるようになっている。特に，総務庁統計局・統計センターのホームページ（http://www.stat.go.jp/）は情報量が豊富なので，是非活用されたい。また，各省庁のホームページへは，総務庁統計局・統計センターのホームページからリンクできる。

㋑季節変動の扱い

　労働力調査の結果によれば，就業者数は5，6月に，失業者数は3月に多くなるというような季節的な変化が毎年みられる。このため，たとえば，3月に失業者数が前月に比べ増加したとしても，それだけで失業者数が増加傾向にあるということはできない。このようなとき，二つの分析法がある。一つは，前年同月からの増加率を計算し，その率が前月の率より大きくなったか小さくなったかで傾向を判断する方法であり，もう一つは，統計的な手法で計算された季節調整値を利用する方法である。労働力調査ではこの両方の数値が発表されているので，目的に応じて適当なものを使えばよい。ただし，完全失業率については，季節調整済みの数値を使用することが多い。なお，季節調整値は，毎年末，1年分のデータが集まった段階で再計算され，翌年1月から新しい数値になる。そのとき，過去の数値も遡って改定されるので，分析するときは，そのときに得られる最新の改定値を使うべきである。

㋒長期時系列

　労働力調査は，調査開始以来何回か調査方法等の改定がなされており，それにより結果数値に断層が生じたことがある。このため，改定により結果数値に大きな断層が生じたケースについては，総務庁統計局で補正して接続系列を作成している。最新の報告書に掲載されている過去の数値はこのような補正済みの数値であるため，調査当時の報告書の数値とは異なることがある。

㋓地域別の雇用情勢

　労働力調査は，時系列的な把握を主目的としているため調査事項が限定され

指定統計第30号　㊙

労働力調査調査票（1か月目）

平成　年　月分　　総務庁統計局

この調査票は，統計以外の目的には使用しませんから，ありのままを記入してください。

○ 記入の際には，別にお配りした「**調査票の記入の仕方**」を参照してください。
○ 記入には必ず**黒鉛筆を使用**し，書き間違えた場合は消しゴムできれいに消してください。
○ 答えを記入する**欄が○又は①，②などの場合**は，当てはまる○又は①，②などを●のように**ぬりつぶしてください**。その他の場合は，**点線のわく内に答えを記入**してください。

記入は黒鉛筆で

15歳以上の人について記入する欄―調査月の末日（ただし 12月は26日）現在で15歳以上の人―

項目	1	2	3	4
1 氏名及び男女の別 ・ふだん住んでいる15歳以上の人をもれなく書いてください	男 ○ 女 ○	男 ○ 女 ○	男 ○ 女 ○	男 ○ 女 ○
2 世帯主との続き柄 ・孫の配偶者は**孫**に 兄弟姉妹の配偶者は**兄弟姉妹**に含めます ・世帯主の配偶者の父母・祖父母・兄弟姉妹は それぞれ**父母・祖父母・兄弟姉妹**に含めます	世帯主 ○ 世帯主の配偶者 ○ 子 ○ 子の配偶者 ○ 孫 ○ 父母 ○ 祖父母 ○ 兄弟姉妹 ○ 他の親族 ○ その他 ○	世帯主 ○ 世帯主の配偶者 ○ 子 ○ 子の配偶者 ○ 孫 ○ 父母 ○ 祖父母 ○ 兄弟姉妹 ○ 他の親族 ○ その他 ○	世帯主 ○ 世帯主の配偶者 ○ 子 ○ 子の配偶者 ○ 孫 ○ 父母 ○ 祖父母 ○ 兄弟姉妹 ○ 他の親族 ○ その他 ○	世帯主 ○ 世帯主の配偶者 ○ 子 ○ 子の配偶者 ○ 孫 ○ 父母 ○ 祖父母 ○ 兄弟姉妹 ○ 他の親族 ○ その他 ○
3 出生の年月 ・該当する元号について記入したうえで 年及び月を書いてください ・年及び月については マーク欄にも記入してください	明治 ○ 大正 ○ 昭和 ○　年　月	明治 ○ 大正 ○ 昭和 ○　年　月	明治 ○ 大正 ○ 昭和 ○　年　月	明治 ○ 大正 ○ 昭和 ○　年　月
年 10のケタ	① ② ③ ④ ⑤	① ② ③ ④ ⑤	① ② ③ ④ ⑤	① ② ③ ④ ⑤
年 1のケタ	⓪ ① ② ③ ④ ⑤ ⑥ ⑦ ⑧ ⑨	⓪ ① ② ③ ④ ⑤ ⑥ ⑦ ⑧ ⑨	⓪ ① ② ③ ④ ⑤ ⑥ ⑦ ⑧ ⑨	⓪ ① ② ③ ④ ⑤ ⑥ ⑦ ⑧ ⑨
月	① ② ③ ④ ⑤ ⑥ ⑦ ⑧ ⑨ ⑩ ⑪ ⑫	① ② ③ ④ ⑤ ⑥ ⑦ ⑧ ⑨ ⑩ ⑪ ⑫	① ② ③ ④ ⑤ ⑥ ⑦ ⑧ ⑨ ⑩ ⑪ ⑫	① ② ③ ④ ⑤ ⑥ ⑦ ⑧ ⑨ ⑩ ⑪ ⑫
4 配偶の関係 ・届出の有無に関係なく記入してください	未婚 ○ 有配偶 ○ 死別・離別 ○	未婚 ○ 有配偶 ○ 死別・離別 ○	未婚 ○ 有配偶 ○ 死別・離別 ○	未婚 ○ 有配偶 ○ 死別・離別 ○
5 月末1週間（ただし 12月は20～26日）に**仕事をしたかどうかの別** ・月末1週間に少しでも仕事をしたかどうかについて記入してください ・**仕事**とは 収入をともなう仕事をいい自家営業（個人経営の商店や農家など）の手伝いや内職も含めます （「**調査票の記入の仕方**」参照）	おもに仕事 ○ 通学のかたわらに仕事 ○ 家事などのかたわらに仕事 ○ ／ 仕事を少ししなかった人のうち：仕事を休んでいた ○ 仕事を探していた ○ 通学 ○ 家事 ○ その他（高齢者など） ○ 裏面の6欄から11欄まで記入／5の2欄へ／（記入おわり）	おもに仕事 ○ 通学のかたわらに仕事 ○ 家事などのかたわらに仕事 ○ ／ 仕事を少ししなかった人のうち：仕事を休んでいた ○ 仕事を探していた ○ 通学 ○ 家事 ○ その他（高齢者など） ○ 裏面の6欄から11欄まで記入／5の2欄へ／（記入おわり）	おもに仕事 ○ 通学のかたわらに仕事 ○ 家事などのかたわらに仕事 ○ ／ 仕事を少ししなかった人のうち：仕事を休んでいた ○ 仕事を探していた ○ 通学 ○ 家事 ○ その他（高齢者など） ○ 裏面の6欄から11欄まで記入／5の2欄へ／（記入おわり）	おもに仕事 ○ 通学のかたわらに仕事 ○ 家事などのかたわらに仕事 ○ ／ 仕事を少ししなかった人のうち：仕事を休んでいた ○ 仕事を探していた ○ 通学 ○ 家事 ○ その他（高齢者など） ○ 裏面の6欄から11欄まで記入／5の2欄へ／（記入おわり）
5の2 **探している仕事について** ・5欄で「仕事を探していた」と答えた人だけ記入してください	探している仕事は：おもにしていく仕事 ○→（記入おわり） かたわらにしていく仕事 ○→（記入おわり）	探している仕事は：おもにしていく仕事 ○→（記入おわり） かたわらにしていく仕事 ○→（記入おわり）	探している仕事は：おもにしていく仕事 ○→（記入おわり） かたわらにしていく仕事 ○→（記入おわり）	探している仕事は：おもにしていく仕事 ○→（記入おわり） かたわらにしていく仕事 ○→（記入おわり）

おもに仕事／通学のかたわらに仕事／家事などのかたわらに仕事／仕事を休んでいた　と答えた人は　裏面（6欄から11欄）にも記入してください

15歳未満の人について記入する欄――調査月の末日（ただし 12月は26日）現在で15歳未満の人――

項目	51	52	53	54
1 氏名及び男女の別	男 ○ 女 ○	男 ○ 女 ○	男 ○ 女 ○	男 ○ 女 ○
2 世帯主との続き柄	子 ○ 孫 ○ 兄弟姉妹 ○ 他の親族 ○ その他 ○	子 ○ 孫 ○ 兄弟姉妹 ○ 他の親族 ○ その他 ○	子 ○ 孫 ○ 兄弟姉妹 ○ 他の親族 ○ その他 ○	子 ○ 孫 ○ 兄弟姉妹 ○ 他の親族 ○ その他 ○
3 出生の年月	昭和・平成　年　月	昭和・平成　年　月	昭和・平成　年　月	昭和・平成　年　月

調査員記入欄

調査区符号			世帯符号			世帯人員		
	県番 10のケタ	⓪ ① ② ③ ④		抽出単位番号 100のケタ	⓪ ① ② ③ ④ ⑤ ⑥ ⑦ ⑧ ⑨	15歳以上		⓪ ① ② ③ ④ ⑤ ⑥ ⑦ ⑧ ⑨ ⑩
	県番 1のケタ	⓪ ① ② ③ ④ ⑤ ⑥ ⑦ ⑧ ⑨		抽出単位番号 10のケタ	⓪ ① ② ③ ④ ⑤ ⑥ ⑦ ⑧ ⑨	15歳未満	男	⓪ ① ② ③ ④ ⑤ ⑥ ⑦ ⑧ ⑨ ⑩
	一連番号 100のケタ	⓪ ① ② ③ ④ ⑤ ⑥ ⑦ ⑧ ⑨	—	抽出単位番号 1のケタ	⓪ ① ② ③ ④ ⑤ ⑥ ⑦ ⑧ ⑨		女	⓪ ① ② ③ ④ ⑤ ⑥ ⑦ ⑧ ⑨ ⑩
	一連番号 10のケタ	⓪ ① ② ③ ④ ⑤ ⑥ ⑦ ⑧ ⑨		世帯一連番号 10のケタ	⓪ ① ② ③ ④ ⑤ ⑥ ⑦ ⑧ ⑨	この世帯の調査票　枚のうち　枚目		① ② ③ ④
	一連番号 1のケタ	⓪ ① ② ③ ④ ⑤ ⑥ ⑦ ⑧ ⑨		世帯一連番号 1のケタ	⓪ ① ② ③ ④ ⑤ ⑥ ⑦ ⑧ ⑨			

（第1面）

この調査票は 機械にかけますので 汚したり 折ったり 丸めたり しないでください
世帯では 表も裏も 太わくの中だけに記入してください

第11章 〈解説〉失業の統計

ており，また，標本数も少ないので，詳細な構造分析には向かない。そのような分析には，国勢調査，労働力調査特別調査，就業構造基本調査などを利用されたい。特に，地域別の数値は，毎月の結果からは得られず，四半期，年平均などで地方別（県別ではなく，東北地方などの地方別）の結果が得られるものの，結果数値をみると標本誤差によると思える変動が目立つ地方もあるので，地域別の雇用情勢を分析したいときには，職業安定業務統計の有効求人倍率がよく利用される。

㋕産業・職業分類

産業分類は，日本標準産業分類[※5]を基本として，その大分類と一部中分類からなる分類（31区分）を採用している。ただし，農林業の就業は，雇用情勢以外の季節的・天候的要因による影響が大きいので，多くの表で非農林業をまとめた区分での集計を行なっている。職業分類は，国勢調査の職業分類に基づいて15区分している。

※5 日本標準分類

多くの統計で用いられる基本的な分類については，総務庁統計局で日本標準分類を定めている。産業分類は14の大分類，99の中分類，463の小分類，1,324の細分類から，職業分類は10の大分類，81の中分類，364の小分類からなるいずれも階層型の分類である。なお，分類された結果を利用するときには，関心のある区分だけを抜き出してみるのではなく，全体としてどのような分類体系になっているか確認しないと誤解を生じることがある。また，事業所，個人はいくつかの種類の活動を同時に行なっているのが普通であるが，分類するときにはそのうち主な活動でいずれか一つに分類することになる。したがって，特定の分類の結果数値は，その分類に属するすべての経済活動を合計したものではないことが多い。

(2) 労働力調査特別調査

労働力調査は毎月の就業状況を速やかに把握し，政府の経済施策等に利用することを主な目的としているので，調査事項が限定されており詳細な構造分析はできない。このため，毎年2月に，労働力調査特別調査が承認統計として総務庁統計局で行なわれている（1999年度以降は，毎年2月と8月の2回調査と

なる予定）。

　この調査は，1950年から行なわれていた（当初は，労働力調査臨時調査と呼ばれていた）が，84年までは，そのときそのときのトピックを選んで調査していた。1985年以降は，毎年ほとんど同じ調査事項となっており，時系列分析も可能となっている。この意味で，労働力調査の「特別調査」というより，就業状態に関して継続的に調査している独立した一つの調査として理解すべき調査となっている。

　調査方法は，調査対象，標本数，調査方法等は労働力調査とほぼ同じであるが，1人につき1枚の調査票で詳細に就業状態などを調査している。主な調査事項としては，性，年齢，配偶関係，続き柄，学歴，就業状態，仕事からの年間収入などのほか，就業者については，従業上の地位，雇用形態（パート・アルバイトなどの区分），勤め先などの事業の種類，本人の仕事の種類，企業規模（従業員数），就業時間，短時間就業などの理由，転職などの希望の理由，現職に就いた時期などを，完全失業者については，求職活動の方法，求職活動の期間，最近の求職活動，求職の理由，前職の有無などを，非労働力人口にあたる人については，就業希望の有無，非求職の理由，最近の求職活動，就業の可能性などを，前職のある人については，前職の離職時期，前職の種類，前職の離職理由などを調査している。調査票様式については，報告書を参照されたい。

この調査から分析できるテーマとしては，失業率はその発生率と継続期間から定まるが，この調査からは失業期間が得られることや，不完全就業の実態を把握できること，求職意欲喪失者など非労働力人口について種々の情報が得られることなどを挙げることができる。なお，この調査の結果は，2月の労働力調査の結果と一致するように調整されているので，労働力調査の結果と直接比較して分析できる。

(3)　就業構造基本調査

　国民の就業・非就業の状態を調査し，わが国の就業構造の実態，就業に関す

る意識,就業異動の実態などを詳細に明らかにすることを目的として,指定統計第87号として5年ごとに総務庁統計局で実施されている。この調査は,調査開始当時,潜在失業といわれる人が多数存在したため,それらの実態を把握することも目的としていた。このためアクチュアル方式ではなく,ふだんの就業・非就業の状態で調査する方式(ユージュアル方式)をとっていることに特徴がある。

　1956年の第1回調査以来,77年までは3年ごとに実施されてきたが,15年に一度は国勢調査と重なり都道府県,市区町村の負担が大きくなってしまうため,80年の調査は同時実施を避けて前年の79年に行なわれ,その次の82年以降は5年ごとに実施されている。最新の調査は1997年の第13回の調査である。調査時点は,1977年までは7月1日現在,79年以降は10月1日現在であるので,時系列比較のときには注意が必要である。

　この調査は標本調査であり,全国の国勢調査調査区から約2万9,000調査区を抽出し,さらに,その調査区内に居住する世帯のうち約43万世帯を抽出して,その世帯に居住する15歳以上の世帯員(約110万人)を調査対象としている。労働力調査のおおよそ10倍の標本数があり,また,1人に1枚の調査票で多くの調査事項を調査しているので,地域別の結果表や各種属性をクロスした結果表が得られることが特徴である。主な調査事項としては,性,年齢,配偶関係,続き柄,学歴,1年前の常住地,ユージュアル方式に基づくふだんの就業状態などのほか,有業者について,従業上の地位,雇用形態(パート・アルバイトなどの区分),勤め先の経営組織,事業の種類,仕事の種類,企業規模(従業員数),年間就業日数,就業の規則性,週間就業時間,年間収入,転職などの希望,就業時間延長などの希望,求職活動,1年前との就業異動,就業継続年数,1年前の就業・不就業状態,主な仕事以外の仕事などを,無業者について,就業希望,希望する仕事の形態,求職活動,非求職の理由,求職方法,求職期間,就業希望時期,1年前の就業状態などを,前職のある者について,離職の時期,理由,従業上の地位,勤め先の事業の種類,仕事の種類,企業規模(従業員数),就業継続年数などを調査しているほか,15歳未満の年齢別世帯人員,

15歳以上世帯人員，世帯の収入の種類，世帯全体の年間収入を調査している。調査票様式については，報告書を参照されたい。

　この調査は，就業状態に関して詳細な調査を行なっているが，ユージュアル方式なので，結果数値を労働力調査や国勢調査と直接比較することはできない。しかし，有業者はほぼ就業者に当たるので，この調査から得られる知見は，多くの場合，労働力調査などと組み合わせて分析できる。具体的なテーマとしては，いわゆる潜在失業の分析，追加就業希望・転職希望の分析，就業異動についての分析，副業についての分析，1年前の常住地を調査しているので就業異動との関係による人口移動の分析などが挙げられるほか，標本数が大きく詳細なクロス集計が可能なため，地域別の分析，教育，家族構成（特に，末子の年齢別）などによる女性の就業行動の分析，高齢者の就業行動の分析などがある。

(4) 職業安定業務統計

　この統計は，実際に統計調査を行なって得られる統計ではなく，職業安定業務の業務資料に基づく統計である。公共職業安定所（ハローワーク）に集まった求人票と，求職票に基づいて作成されている。この統計で最もよく利用されるのは有効求人倍率である。これは，有効求人数を有効求職者数で除した値であり，1人の求職者に対しいくつの仕事があるかというように説明されている。有効というのは，求人票，求職票のそれぞれが公共職業安定所に提出されてから3カ月間は有効（もちろん，採用された分の求職票などは除かれる）なので，有効な求人数，求職数で計算しているということである。その月に出てきた求人票，求職票からは新規求人倍率が計算されており，先行指標としての意味がある。

　有効求人倍率は完全失業率より先行性があるので，その意味で雇用情勢の判断によく用いられる。また，完全失業率が地域別に得られないことから，地域別の雇用情勢を把握するためにもよく利用される。ただし，最近では，就職情報誌などで仕事を探す人が増え，公共職業安定所を経由する人は少なくなってきているので，有効求人倍率の水準を長期間で比較することは適当ではない。

集計結果は，原則として調査月の翌月末に労働力調査と同時に公表される。

最近の有効求人倍率は，景気の低迷を受けて低下し，1999年11月は0.49倍と，2人の求職者に対し一つの仕事しかないというように極めて低水準になっており，今後の動向が注目されている。

(5) その他の統計

失業と雇用の分析を行なう際には，事業所側からみた雇用の状況についても把握する必要がある。そのようなとき，下記の統計がよく利用される。

毎月勤労統計調査 事業所を対象として，毎月，労働省で実施している調査で，雇用量，労働時間，給与支給額を調査している。全国調査として，常用労働者30人以上規模の事業所約1万6,700，5〜29人規模の事業所約1万6,500を調査している。このほか，地方調査，常用労働者を1〜4人雇用する事業所を対象とした特別調査も行なっている。

一般に，わが国の企業の場合，経済活動が停滞すると，まず超過勤務などの時間数が減り，次に非正規従業員を減らし，正規の従業員を削減するのは最後になる。このような意味で，この調査の所定外労働時間は失業率として現われる雇用情勢の先行指標としてみることができる。

なお，この調査および雇用動向調査，賃金構造基本統計調査では「パート」の区分の調査も行なっているが，その定義は，「正規の従業員より勤務時間の短い者」となっており，世帯側からの調査である労働力調査特別調査，就業構造基本調査の「勤め先における呼称」による定義と異なっているので，これらの結果数値を直接比較することは適当ではない。

また，労働時間については，この調査および賃金構造基本統計調査で1カ月間の所定内労働時間と所定外労働時間を調査しているほか，世帯側からの調査である労働力調査で月末1週間の労働時間を調査している。このうち，事業所側からの調査では，いわゆる"風呂敷残業"（家に仕事を持ち帰る）や"サービス残業"，"管理職の残業"（超過勤務手当を支給されていない）は把握できないので，含まれないことになる。一方，

世帯側からの調査である労働力調査では，個人からの調査なのでそれらも含んだ時間がとれるが，調査期間が月末1週間に限定されていることや調査期間中の休日が何曜日になるかで時間数が変動するなどの問題がある。このほか労働時間の結果をみるときに注意しなくてはならないのは，パートを含めるか否かである。パートを含めた労働時間は当然少なくなるので，労働時間の国際比較を行なうときなどには注意が必要である。

雇用動向調査 事業所を対象として，年2回，労働省で実施している調査で，年の半期単位で入職・離職の状況を調査している。5人以上の常用労働者を雇用する民営，公営および国営の事業所から抽出した約1万4,000事業所を調査している。個人別の調査も行なっており，上記の事業所に入職し，または離職した常用労働者のうち，抽出した入職者約13万人および離職者約12万人について調査している。

賃金構造基本統計調査 事業所を対象として，年1回，労働省で実施している調査で，従業員の性，年齢，勤続年数，企業規模，学歴，産業別などで賃金を調査している。常用労働者5人以上の約7万事業所を抽出し，労働者については，さらにその事業所から約155万人を抽出して調査している。

周知のとおり，賃金は性別，年齢別，勤続年数別などで大きな差がある。したがって，産業別の賃金水準などを単純な平均値で比較すると，労働者の構成が異なる場合，実態を反映しないことがあるので注意が必要である。また，標準労働者（学校卒業後直ちに就職し，同一企業に継続勤務している者）の賃金も集計している。なお，年間収入を分析したいときは，「きまって支給する給与額」を12倍し，それに「年間賞与その他特別給与額」を合算する。また，階級区分をまとめたいときは，労働者数をウェイトとして加重平均する。

この調査は，従業員の属性別などで賃金を把握することを目的としているので標本数が多いことから，この調査から得られる就業者数を雇用の

総量の指標として利用している例がみられるが，この調査は本来賃金の構造を把握することを目的としているので，就業者数自体を利用することはあまり適当でない。

このほか，失業と雇用の分析では，以下の統計もよく利用される。

国勢調査 5年ごとに行なわれる人口に関する全数調査で，総務庁統計局で実施している。全数調査なので，労働力状態，従業上の地位，産業，職業別の総人口およびそれらをクロスした詳細な人口が得られる。特に，産業，職業小分類別の結果や市区町村別などの結果は標本調査からは得られないものである。なお，国勢調査と労働力調査の失業者の定義は同じであるが，両調査の結果にはかなり差があるので，両者を直接比較することは適当ではない。

事業所・企業統計調査 5年ごとに行なわれる事業所を対象とした全数調査で，総務庁統計局で実施している。経営組織，産業など事業所の詳細な属性別に，従業員数などの統計が得られる。全数調査なので，詳細な産業分類別，企業規模別の従業員数などが事業所の所在地別に得られる。

学校基本調査 学校を対象として，毎年，文部省で実施している全数調査である。この調査では，卒業者の進路を調べているので，学卒者の新規採用の状況を把握できる。

社会生活基本調査 5年ごとに総務庁統計局で実施している調査で，生活時間，過去1年間のスポーツ，趣味などの活動を調査している。労働時間を家事時間，余暇時間などその他の活動時間との関係で分析できる。

家計調査，全国消費実態調査 家計調査は毎月，全国消費実態調査は5年ごとに，総務庁統計局で実施している。これらの調査では，世帯の収入，支出を詳細に調査しているので，女性の就業状況を夫の収入や世帯の支出などとの関係で分析できる。

これらのほか，主に労働省で，労働経済情勢，雇用，賃金，労働条件，労使

関係，労働災害などについて多数の統計を作成している。どのような統計があるか知りたいときは，『統計調査総覧』（毎年刊行，総務庁統計局統計基準部）または『労働統計年報』（毎年刊行，労働省大臣官房政策調査部）などを参照されたい。

【執筆者略歴】（執筆順）

仁田道夫（にった・みちお）
　1948年生まれ。東京大学大学院経済学研究科博士課程修了。東京大学社会科学研究所教授。
　主な業績：『日本の労働者参加』（東京大学出版会，1988年）

佐藤博樹（さとう・ひろき）
　1953年生まれ。一橋大学大学院博士課程修了。東京大学社会科学研究所教授。
　主な業績：『新しい人事労務管理』（共著，有斐閣，1999年）

末廣　昭（すえひろ・あきら）
　1951年生まれ。東京大学大学院経済学研究科修士課程修了。経済学博士。東京大学社会科学研究所教授。
　主な業績：『タイの経済政策――制度・組織・アクター――』（共編著，アジア経済研究所，2000年）

大沢真理（おおさわ・まり）
　1953年生まれ。東京大学大学院経済学研究科博士課程修了。経済学博士。東京大学社会科学研究所教授。
　主な業績：『「福祉政府」への提言』（共著，岩波書店，1999年）

広渡清吾（ひろわたり・せいご）
　1945年生まれ。京都大学法学部卒業。東京大学社会科学研究所教授。
　主な業績：『統一ドイツの法変動――統一の一つの決算』（有信堂，1996年）

小森田秋夫（こもりだ・あきお）
　1946年生まれ。東京大学大学院法学政治学研究科博士課程修了。東京大学社会科学研究所教授。
　主な業績：『世界の社会福祉②ロシア・ポーランド』（共著，旬報社，1998年）

大瀧雅之（おおたき・まさゆき）
　1957年生まれ。東京大学大学院経済学研究科博士課程修了。経済学博士。東京大学社会科学研究所助教授。
　主な業績：『景気循環の理論――現代日本経済の構造――』（東京大学出版会，1994年）

松井　博（まつい・ひろし）
　1947年生まれ。東京理科大学理学部卒業。総務庁統計センター。
　主な業績：「昭和60年国勢調査抽出速報集計における産業・職業小分類符号格付け事務に関する品質管理」（『統計局研究彙報』第46号，1998年3月）

【編著者略歴】

加瀬和俊（かせ・かずとし）

 1949年生まれ。東京大学大学院経済学研究科修士課程修了。
 東京大学社会科学研究所教授。
 主な業績：『戦前日本の失業対策』（日本経済評論社，1998年）

田端博邦（たばた・ひろくに）

 1943年生まれ。早稲田大学大学院法学研究科博士課程修了。
 東京大学社会科学研究所教授。
 主な業績：「生産方式の変化と労使関係——グローバル化への対応」（東京大
  学社会科学研究所『20世紀システム　5　国家の多様性と市場』
  東京大学出版会，1998年，所収）

失業問題の政治と経済

2000年4月10日　第1刷発行　　　定価（本体3200円＋税）

編著者	加　瀬　和　俊
	田　端　博　邦
発行者	栗　原　哲　也

発行所　株式会社　日本経済評論社

〒101-0051　東京都千代田区神田神保町3-2
電話 03-3230-1661　FAX 03-3265-2993
E-mail: nikkeihyo@ma4.justnet.ne.jp
URL: http://www.nikkeihyo.co.jp/
文昇堂印刷・山本製本所
装幀＊渡辺美知子

乱丁落丁はお取替えいたします。　　　　　Printed in Japan
Ⓒ KASE Kazutoshi & TABATA Hirokuni 2000
ISBN4-8188-1192-0

Ⓡ〈日本複写権センター委託出版物〉
本書の全部または一部を無断で複写複製（コピー）することは，著作権法上での例外を除き，禁じられています。本書からの複写を希望される場合は，日本複写権センター（03-3401-2382）にご連絡ください。

加瀬和俊著
戦前日本の失業対策
——救済型公共土木事業の史的分析——
六八〇〇円

就業機会提供政策が集中的に実施された一九二五～三五年の日本の実態にそくして、その立案課程・実施課程の全体像を歴史具体的に分析する。初めての救済型公共事業政策研究。

エコノミスト編集部編
高度成長期への証言（上・下）
各三七〇〇円

高度成長期とはどのような時代であったか。下村治、大来佐武郎、宮崎勇など当時各界を代表していた証言者がいわゆる現場でいかなる行動をとったかを赤裸々に語る。

長島　修著
日本戦時企業論序説
——日本鋼管の場合——
六三〇〇円

戦後日本経済システムの源流は戦時経済にあるとする論に対し、戦時下の鉄鋼企業とくに日本鋼管の経営、技術、組織、労使関係の実態を明らかにし、戦時企業論を再構成する。

進藤栄一著
アジア経済危機を読み解く
——雁は飛んでいるか——
二八〇〇円

九七年タイ・バーツ下落に始まるアジア通貨危機と日本経済の長期低迷の深刻化について、日本とアジアの知的世界が依拠しつづけてきたアジア型発展モデルに焦点を当て再検討する。

L・マンデル著／根本忠明・荒川　隆訳
アメリカクレジット産業の歴史
二八〇〇円

クレジットカードはいつ、どこで、どのような理由で生まれたか？ダイナース・クラブの創業から今日に至るまでの歴史とクレジット業界の技術革新の変遷を詳細にたどる。

（価格は税抜）　　**日本経済評論社**